KB134578

근대 한식의 풍경

근대 한식의
풍경

K-FF 한식재단
KOREAN FOOD FOUNDATION

Hollym

책을 펴내며

역사는 한 민족이 살아온 삶의 궤적입니다. 그 중에서도 음식에 관한 역사에는 다양한 계층의 생활의 흔적들이 생생하게 녹아있습니다. 우리에게는 우리의 역사만큼이나 길고 다양한 음식, 즉 한식의 역사가 있습니다. 이러한 한식문화에 대한 역사는 유네스코 세계기록유산에 등재된 조선왕조실록과 의궤는 물론 수많은 고문헌 속에 기록되어져 있습니다.

그러나 그동안 우리 음식인 한식에 대한 역사적 고찰은 여타 부분에 비해 상당히 소홀했던 것이 사실입니다. 다행히 최근 들어 대장금을 비롯한 드라마가 한류의 원동력으로 작용하면서 자연스럽게 한식의 역사에 대한 관심도 크게 증가하고 있는 추세입니다.

한식재단은 이러한 시대적 추세를 반영하고 우리 음식문화의 본체를 규명하기 위해 흩어져있던 다양한 문헌 속의 음식문화를 발굴하고 이를 복원하여 현대 한식의 콘텐츠로 재생시키는 한국음식 원형복원사업을 추진해 오고 있습니다.

이번에 출간되는 '근대 한식의 풍경'은 호서대학교 산학협력단을 통해 발굴된 한국 근대의 음식관련 문헌 상세해제 300여종을 일반대중이 알기 쉽게 재구성한 것입니다.

이 책에서는 근대 한식의 풍경을 볼 수 있는데 근대 음식의 전통성과 근대성, 전통을 이은 새 시대, 근대 조리서와 그 속의 음식, 서양인의 눈에 비친 근대 조선의 음식 문화 등을 엿볼 수 있으며 근대 한식 관련 문헌에 대한 설명 등도 부록으로 들어 있습니다.

아울러 한식재단은 한식재단 홈페이지(www.hansik.org)와 한식 아카이브(archive.hansik.org)를 통하여 이번에 발간되는 '근대 한식의 풍경'은 물론 그동안 한식과 관련하여 구축한 다양한 음식 콘텐츠를 일반인들에게 제공합니다.

끝으로 이 책이 나오기까지 애써주신 연구진과 집필진 여러분의 노고에 감사의 말씀을 드리며 세 번째 발간되는 한식문화총서인 '근대 한식의 풍경'을 통해 독자 여러분이 한식의 역사에 한 발짝 다가서는 계기가 되어지기를 기대해 봅니다.

2014년 3월
한식재단 이사장

목차

근대 한식의 풍경

1부 근대 음식의 전통성과 근대성

1 근대,
조선을
깨우다

배은석 — 한국외국어대학교

구한말 조선을 방문했던 미국인 천문학자 퍼시벌 로웰의 말처럼 동화 속 궁정과 같았던 조선에는, 서양 열강의 문호개방 요구 속에서 갑작스런 근대의 전환이 이루어졌다. 군국기무처에서는 반 년 동안 무려 208건에 달하는 개혁조치를 의결하기도 했다.

이러한 변화는 정치뿐만 아니라 생활문화 전반에 커다란 변화를 초래하였고, 음식 또한 예외가 아니었다. 서양식 커피와 서양식 호텔이 들어섰고, 일본과 중국의 음식을 비롯한 서양음식들이 수용되었으며, 인공감미료가 도입되어 조선인들은 새로운 맛을 발견하기도 했다.

이 글에서는 근대의 물결 속에서 조선이 나라를 잃고 일본의 식민지로 전락하는 과정을 간략하게 살피고, 이러한 변화 과정에서 생활문화의 변화, 특히 음식의 변화가 일어난 배경을 서술하고자 한다.

퍼시벌 로웰은 조미수호통상사절단의 곁을 보좌하면서 통역을 맡았다.
그 공로를 인정받아 고종의 초청으로 조선을 방문했다. 그는 조선에서 약 3개월간 체류했던 기억을 정리하여
『고요한 아침의 나라 조선(Choson, the Land of the Morning Calm)』을 출간했다.
이 책에는 고종의 어진(御眞)을 포함한 당시의 조선 풍경을 찍은 사진 25매가 들어있다.
위 사진은 미국을 방문했던 사절단 일행이며 왼쪽에서 두 번째가 로웰로 추측된다.

근대와 개혁의 물결

미국의 천문학자인 퍼시벌 로웰(Percival Lowell, 1855~1916)은 한국과 일본 등을 여행하며,『조선』,『극동의 정신』등 여러 권의 기행문을 저술하였고, 특히 고종(高宗)의 사진을 처음으로 촬영하여 한국에 사진술을 소개한 것으로 알려져 있다. 그의 저서『내 기억 속의 조선, 조선 사람들』에서 조선을 다음과 같이 묘사하였다.

그곳에는 마치 동화 속 궁정처럼 거의 모든 것이 몇 세기 전 그대로 고이 간직돼 있다. 그곳에서는 변화란 의미 없는 것이며 시간은 정지해 있다. 그 땅의 주인들은 역사 속에서 나고 죽으며 잊혀져 갔지만 민족만은 여전히 남아 있었다. 북방과 서쪽에 자리 잡은 나라와 친교를 맺었을 뿐 외래인의 접근을 막은 채 그들은 자신들의 두문불출 상태를 오히려 즐기고 있는 듯 보였다. 그들은 갖고 있는 모든 것을 하나의 성역 안에 가두었다. 그것들은 애초 이웃 나라에서 빌려 왔으나, 자기 것으로 잘 소화시킨 결과 마치 처음부터 그들의 생각에서 나온 듯했다. 그리하여 놀라운 현상이 나타나게 된다. '살아있는 화석화', 즉 모든 것이 변하는 세상에서 몇백 년 전의 옷, 예절, 사고방식, 그리고 생활양식 등이 옛 모습 그대로 간직되어 있는 것이다.❶

그의 표현처럼 너무나 조용한 동화 속 궁정과도 같은 정지된 공간이었던 조선은 서양열강의 문호개방 요구와 제국주의의 틈바구니에서 근대를 맞이한다.

근대를 어떻게 규정할 것이냐는 문제는 학자마다 의견이 다르지만, 조선의 근대는 갑오개혁부터 해방까지의 시기라고 할 수 있다. 갑오개혁은 1894년 고종(高宗) 31년에 시행된 정책으로 재래의 문물제도를 버리고 근대적인 서양의 문물제도 및 법식을 받아들여 새 국가체제를 확립하려던 시도이다. 그 중심은 군국기무처(軍國機務處)였는데 반년 동안 무려 208건에 달하는 개혁조치를 의결했다.

이것은 조선의 구질서를 혁파하여 근대국가의 기틀을 다지려는 시도로, 정치·경제·사회 등의 모든 제도에 대한 근대적인 개혁이었다. 정치·사회 개혁의 예로는 청국과의 조약 폐지, 개국 기원의 사용, 문벌(門閥)과 신분 계급의 타파, 인재등용

13

방법의 쇄신, 노비제도의 폐지, 조혼금지, 부녀자의 재가 허용 등이 있었고, 대표적인 경제개혁은 도량형(度量衡)의 통일, 통화정리, 조세의 금납제(金納制), 은행과 회사의 설립 등이 있었다.

청일전쟁(1894~1895)의 와중에서 일본군의 비호 아래 진행된 개혁은 대중의 호응을 얻지 못하여 실효를 거두지 못한 면도 있으나, 이를 기점으로 근대화는 점차적으로 정착되어 갔다.

갑오개혁을 평가하는 데 있어서는 상반된 견해가 있다. 하나는 갑오개혁이 일제(日帝)의 간섭에 의한 타율적인 것이기 때문에 개혁이라고 볼 수 없으며 개혁의 실효성도 없었다고 보는 견해이고, 다른 하나는 갑오개혁은 동학혁명 운동(1894)의 간접적 성과로서 조선 사회의 변화에 대한 민족의식의 자각이라고 보면서 그 진보적인 역할을 적극적으로 평가하는 견해이다.

비운의 황제와
커피

1895년(고종 32년)에는 일본공사 미우라 고로(三浦梧樓)가 주동이 되어 명성황후(明成皇后)를 시해하는 극악무도한 사건이 발생한다. 을미사변 이후 신변에 위협을 느낀 고종과 왕세자는 1896년 2월 11일부터 약 1년간 왕궁을 떠나 러시아 공관으로 거처를 옮긴다.

이러한 비극의 역사 가운데 새로운 맛의 역사가 시작되었으니 바로 '커피'이다. 당시 주한 러시아 공사였던 베베르를 따라 조선에 온 여인 손탁(Antoinette Sontag, 1854~1925)에 의해 고종이 처음 커피를 접하게 됐고 이렇게 고종의 커피 사랑이 시작된다.

아관파천에서 돌아온 고종은 덕수궁에 거처하면서 본격적으로 커피를 즐기기 시작한다. 고종은 덕수궁 내 정관헌(靜觀軒)이라는 서양식 건물에서 커피와 함께 서양 음악을 즐긴 것으로 알려졌다. 고종은 커피를 전해준 손탁에게 정동의 건물 한 채를 하사한다. 이곳에서 조선 최초의 서양식 호텔 '손탁 호텔(Sontag Hotel)'이 탄생하게 된다.

을미사변으로 명성황후가 살해되고, 위협을 느낀 고종은 러시아 공사관으로 거처를 옮겼다.
당시 러시아 공사관의 난간에서 포착된 고종과 신하들의 모습.

대한제국의 성립과
러일전쟁

1897년 2월 고종이 아관파천에서 환궁한 후 독립협회와 일부 수구파가 연합하여 칭제건원(稱帝建元)을 추진, 8월에 연호를 광무(光武)로 고쳤으며, 9월에는 원구단(圜丘壇)을 세웠고, 드디어 1897년 10월 12일 황제 즉위식을 올림으로써 대한제국이 성립되었다.

그러나 1904년에서 1905년에 이르기까지 만주와 조선의 지배권을 두고 러시아와 일본 사이에 전쟁이 벌어졌다. 러일전쟁의 결과 일본은 조선에서는 물론이고 남만주에 대해서도 지배권을 확립하게 되었다.

러일전쟁 당시 조선의 상황을 풍자한 그림엽서는 당시의 정세를 잘 보여주는 자료이다. 엽서 왼쪽 상단에 있는 제목은 '위로(CONSOLATION)'이다. 가슴을 내놓은 채 깨진 항아리를 들고 울고 있는 여인은 조선을 상징하며, 울고 있는 여인을 달래는 듯 어깨에 손을 얹은 다정한 모습의 일본군은 일본 제국주의를 상징한다. 일본군은 조선 여인을 달래면서 무엇인가 말하고 있는데, 그 내용은 엽서 오른쪽 하단에 프랑스어로 쓰여 있다. 문장이 중간에 끊어져 있지만 유추하여 해석하면, "자기야, 내가 만약 당신을 침범하지 않았다면 저기 있는 저 뚱뚱한 수퇘지 같은 러시아군이 당신을 침범했을 것이야"라는 교활한 속삭임이다.

또한 여인이 오른쪽 손에 들고 있는 항아리에는 '조선의 중립성(NEUTRALITÉ DE LA CORÉE)'이라는 글이 보인다. 그러나 이 항아리가 깨진 모습으로 그려짐으로써 조선의 중립성이 깨어진 것을 보여준다.

러일전쟁 당시 조선에 진입한 일본군

러일전쟁을 풍자한 그림 엽서

일제강점기
생활문화의 변화

그림엽서 속의 일본군처럼 일본 제국주의는 조선을 침탈하려는 의
도를 지속적으로 관철시켜갔다. 1905년 11월 17일에 일본의 강요에 의해 을사조
약이 체결되었고, 조선은 외교권을 강탈당하였다. 그 뒤 1910년 8월 22일 한일합
병 조약이 강제 체결되어 8월 29일 공포됨으로써 대한제국은 역사 속으로 사라
졌다. 이후의 시기는 일제가 우리나라를 강제로 점령한 오랜 아픔의 시기이다.

「신장하는 조선」. 일제의 선전물로 활용된 엽서. 1911년과 1933년 조선 산업의
성장세를 다이어그램으로 표현하였다.

쌀 수탈의 전초지 군산항의 모습

러일전쟁의 승리로 일본의 제국주의는 확산되었으며, 조선을 강제점령한 일본의 정치적 선전은 화보나 그림엽서 등으로 제작되어 일본 제국주의의 선전물로 활용되었다.

「신장하는 조선」이라는 엽서는 조선의 지도 위에 1911년과 1933년의 산업을 비교하고 있다. 농업, 공업, 우편, 전신, 전화, 철도, 무역 등의 성장세를 숫자로 표시하여 각 분야의 성과를 시각적으로 보여주고 있다. 그러나 그림에서 나타난 양적 성과는 수탈의 성장을 내포하는 것으로 조선인에게는 착취의 역사를 의미하는 것이다.

일제는 1908년 10월 전주와 군산을 잇는 도로인 전군가도를 설치했다. 이 도로는 일제강점기 쌀 수탈에 주요하게 활용되었다. 당시 호남평야와 논산평야에서 생산된 양질의 쌀은 전군가도를 거쳐 군산항을 통해 일본으로 실려 갔다.

이처럼 쌀밥은커녕 잡곡밥도 먹기 어려웠던 이 시기에 아이러니하게도 중국음식, 일본음식, 서양음식이 수용되고, 인공감미료가 유입되면서 조선인들은 새로운 맛을 발견하게 된다. 따라서 이 시기의 조선음식이 어떤 양상으로 전통을 유지하면서 근대성을 수용하였는가는 매우 흥미로운 연구 주제가 아닐 수 없다.

2

근대성 속의

전통성

배은석 ─ 한국외국어대학교

조선의 근대는 개화와 맞물려 있다. 개화의 국면에서 조선의 근대가 펼쳐졌다. 램프, 시계, 기차, 전차, 자동차, 단발과 양복, 신문과 잡지 등 신기술과 신문명의 보급이 당시 사회에 매우 큰 변화를 예고했다. 특히 새로운 인쇄 기술의 도입은 사회적으로 큰 영향을 미쳤다. 근대식 신문을 통하여 조리법이 연재되기도 했고, 근대 조리서들도 다양하게 출간되었다.

　근대 조리서들은 영양학, 일일권장식단 등 음식에 대한 새로운 개념을 도입하여 널리 알렸고 서양요리 등 외국음식도 소개했다. 그러나 그에 못지 않게 전통 요리와 음식 관련 의례 또한 중요한 내용이었다. 신문에는 조선 전통 요리 만드는 법이 실렸고, 아이 돌상 등 전통의례를 수록한 조리서들도 있었다.

　이 글에서는 근대의 풍경 속에서 전통음식은 어떠한 사회적 변화를 거쳤는지, 그리고 외국의 음식과 새로운 맛은 어떤 경로를 거쳐 조선으로 들어왔는지를 살펴보고자 한다.

인쇄 기술의 발달과
근대 조리서의 탄생

조선음식 관련 근대 문헌자료는 1913년 방신영이 『료리제법(料理製法)』을 펴낸 것이 최초로 알려져 있다. 그러나 안타깝게도 실물이 전하지 않아서 어떤 형태로 인쇄되었는지는 확인할 수 없다. 이 책은 1917년 『조선요리제법(朝鮮料理製法)』이라는 제목으로 발간되었고, 이후 증보 8판을 출판하고 개정판에 이르기까지 스테디셀러로서 입지를 굳혔다. 과학이 발달하고 위생이 보급되는 상황에서, 음식물에 대한 연구와 음식 만드는 법에 대한 연구가 필요함에도 불구하고 조선에는 근대적 의미의 음식 관련 서적이 없는 것을 안타깝게 여겨 조선의 요리만을 정리해 낸 책이다. 글은 어머니께 바치는 헌사로 시작된다.

우리 조선 집집이 우리 동무 손마다 이 책이 놓여있음은 어머님의 크신 사업이요, 크신 선물입니다. 그리하여 이 열매를 어머님 령 앞에 삼가드리나이다.

경오년 섣달 끝날 밤에

첫장의 헌시에는 저자의 민족애, 효심 그리고 전통식문화 계승에 대한 사명감이 나타난다.

애틋한 헌시가 암시하는 바와 같이 방신영이 음식을 배운 것은 그의 어머니를 통해서였다고 한다. '근대적'인 여성이었던 방신영은 음식전문가이면서 이화여전의 교수였다. 근우회 임원으로서 항일여성운동에도 적극적으로 참여하였고, 당시 가난하고 배움이 짧은 여성들을 위해 여학교 설립에 힘썼으며, 여자야학교에서 강의를 하면서 부녀자들의 구직을 통한 자활을 돕기도 하였다.

한편 당시 『조선요리제법(朝鮮料理製法)』의 대중적 인기는 1933년 9월 7일 동아일보기사를 통해 확인할 수 있다.

조선 요리법 문헌에 대한 독자의 질문에 기자의 대답은 한성도서주식회사에서 출간한 방신영의 『조선요리제법』을 추천하고 있다. 이는 처음 출판 당시 『요리제법』이었던 책 제목이 1917년 개정판 이후 『조선요리제법』으로 바뀌었음을 알 수 있는 대목이다.

『조선요리제법(朝鮮料理製法)』에 관한
동아일보 기사 (1933년 9월 7일)

조선요리법

【문】 조선요리법을 기록한 서적의 발행소와 요금을 좀 알려주시오. (양산 일독자)

【답】 방신영씨(方信榮)의 "조선요리제법(朝鮮料理製法)"이 잇습니다. 경성 견지동 한성도서주식회사(堅志洞漢城圖書株式會社)로 무러보십시요. 정가는 一원 二十전 입니다. (S記者)

기사 내용처럼 방신영의 『조선요리제법』은 당시의 식문화를 엿볼 수 있는 귀중한 문화유산임이 분명하다. 내용은 조리 용어에 대한 해석, 중량 비교, 음식 저장법과 해독법을 포함한 주의사항으로부터 시작된다. 이는 고조리서와는 매우 다른 모습으로, 과학적이고 능률적으로 조리법을 설명하고자 하였다. 그래서 「양념 만드는 법」, 「분말 만드는 법」, 「소금에 대하여」, 「기름에 대하여」 등 기초적인 조리 지식이 포함되어 있다. 이처럼 이 책은 우리 음식에 적용되는 계량을 과학적으로 연구하고, 우리 재료를 세세히 설명하였으며, 구전으로 이어지던 우리 음식 제조법의 방대한 양을 한 권의 책으로 정리했다는 점에서 큰 의의를 가진다.

이 책에 수록된 요리를 보면, 도미국수, 방자구이, 부레찜, 왁적이, 제육전유어 등 우리에게는 다소 낯설게 느껴지는 음식들이 소개되어 있다. 근대 한식문헌의 복원 사업은 소멸 위기에 있는 숨겨진 우리 음식문화에 대한 보물찾기라고도 할 수 있을 것이다. 문헌 발굴은 물론이거니와 고증 재현 작업도 물론 필요할 것이다. 또한 이 책에는 시금치수프, 커피차, 로서아수프 등이 포함되어 있는 것으로 보아

『조선무쌍신식요리제법』의 컬러 표지

당시 서양음식이 조선에 유입되고 있었으며, 이를 수용하려는 움직임이 있었음을 알 수 있다.

이용기가 지은 조선음식책 『조선무쌍신식요리제법(朝鮮無雙新式料理製法)』도 근대 조리서로 주목할 만하다. 이 책은 1924년 영창서관에서 발행하였다. 조선 후기 실학자 서유구의 저서 『임원십육지(林園十六志)』 「정조지(鼎俎志)」를 바탕으로 하여 당시의 음식 조리법을 첨가하였다.

특히 이 책은 우리나라 최초로 칼라 도판을 사용한 표지 그림이 유명하다. 표지에는 신선로가 그려져 있고, 그 외에도 다양한 식재료가 배경으로 들어가 있다. 책 제목에 붙은 '무쌍(無雙)'은 '조선요리 만드는 법으로서 이만한 것은 둘도 없다'는 뜻이다. 63영역 790여 종의 음식 조리법이 수록되어 있다.

『조선무쌍신식요리제법』의 서문에는 음식의 유래, 당시의 음식 풍속, 외국 음식을 받아들이는 자세 등을 남성 특유의 관점으로 바라본 조리서임을 밝히고 있다. 조리법 이외에 손님 대접하는 법과 상 차리는 법, 상극이 되는 음식, 임신부가 못 먹는 음식, 우유 먹이는 법 등이 후반부에 소개되고 있다. 조선요리 이외에도 서양요리, 일본요리, 중국요리 만드는 법이 기록되어 있다. 『조선무쌍신식요리제법』은 우리나라 전통 조리법과 현대 조리법을 잇는 교량적 시대의 조리서로 우리나라 조리사 연구에 중요한 자료이다.

신문에 연재된
조리법

1939년에 광한서림에서 출판한 『조선요리법』은 조자호(趙慈鎬)가 지은 조리서로 반가의 조선음식 조리법과 상차림법 등을 소개하고 있다. 양반집의 후손인 조자호는 서울 반가(班家)의 전통음식을 잘 이어받았는데, 특히 병과류를 잘 만들었다. 중앙여자고등학교에서 교사를 역임하였고, 1953년 신신백화점에서 우리나라 최초의 한과점인 '한국다과점'을 개업하고 1964년에는 이화여대 앞으로 옮겨 '호원당'을 경영하였다. '호원당'은 조자호 가(家)의 가업으로 성장하여 현재는 아들과 손자손녀들이 가업을 이어가고 있으며, 이대점, 강남점, L.A.점을 운영하면서 선생의 뜻을 따르고 있다.

『조선요리법』은 1권으로 4·6판, 서문 6면, 목차 14면, 본문 248면으로 구성되어

표1 조자호의 청국장 조리법의 두 가지 사례

제목	음식 중에는 대표적인 조선요리 몇 가지(下)	조선요리법
구분	동아일보 기사(1938년 7월 21일)	조리서 (1938년 광한서림 출판)
음식명	청국장	청국장
재료	흰콩, 양, 사태, 곤자손이, 홀데럭이, 무, 해삼, 점복, 건대구, 파, 마늘, 후추가루, 참기름, 깨소금	흰방콩 찻되 한되, 건대구(소) 한 마리, 점복(중) 두 개, 해삼(대) 네야, 양지머리 반근, 사태 반근, 대창 반근, 뼈도가니 반근, 무 큰 것 한 개, 홀더백이 반근, 간장 쓰는대로, 후추가루 약간, 깨소금 한숟가락쯤, 참기름 반종지, 파 두 개, 마늘 한쪽, 통고추.
조리법	먼저콩을 솥에다 복아서 매에다 반쪽만 되게타서 키로 까불러버리고 솥에너코 물을 붓고 잘삶어건저서 그릇에 담어 더운방에다 한이십사시간쯤 띄웁니다. 콩빛이 좀검으스럼하고 진이나면 잘된것입니다 그 다음 양, 시태, 곤자손이, 홀더럭이, 점복, 해삼, 무, 건대구등을 국거리로 고는데 띠여논콩을 보같은대다 잘싸서 그속에다 너코 삶습니다. 알마치 삶어지면 다 건저서 국거리같이 쓸어 가진양념으로 간마치어가지고 거기다가 콩을 조금만 섞어서 국물과함께 항아리같은데 담어두고 먹을제마다 고초가루좀 너허먹습니다. 다식은뒤에 우에 길음을 죄것습니다.	콩을 타지 않게 볶아서 매에다 반쪽씩 맛나게 타서 껍질은 까불러버리고 솥에다 붓고 물을 부어 삶아서 건져가지고 알맞은 그릇에 담아서 더운 곳에 덮어 두었다가 돌만에 열어보아 진이 나고 떴거든 위에 쓴 곰거리를 전부 무까지 폭 고웁니다. 점복도 불려서 같이 넣고 해삼도 따로 삶아서 바네 갈라 속을 정하게 씻어서 자잘하게 썰어넣고 띠운 콩은 정한자루를 만들어서 담아서 국 끓이는 속에다 넣어 끓여 콩맛을 냅니다. 그래서 다 되면 그릇에 퍼두고 잡수십시오. 통고추는 서너토막 내서 넣고 끕니다. 퍼 놓은 후 다 식거든 기름은 걷고 잡술제마다 고춧가루를 조금 쳐서 잡수십시오.

동아일보에 연재했던 조자호 선생의 조선음식 조리법 「음식 중에는 대표적인 조선요리 몇 가지」

조자호 선생의 가업을 잇고 있는 호원당

있다. 책의 앞부분에 서문으로 조동식·황신덕의 서문과 저자의 자서(自序)가 있다. 조상으로부터 전승되어 오는 음식 만드는 법을 자세하게 서술하여 기록하였으며, 전통의 맛을 후대에 전승시키고자 하는 의도로 저술하였다. 고명 만드는 법과 장 담그는 법을 비롯하여 425가지의 음식과 43가지의 음식, 의례상식을 근대적 문체로 상세하게 기술하였다.

특히 조자호의 조선요리 만드는 법은 동아일보에 연재되는 방식으로 소개되었다. 그 중 한 기사에는 「음식 중에는 대표적인 조선요리 몇 가지(下)」라는 제목에 '손님 청할 때 꼭 참고가 됩니다'라는 부제가 붙어 있다. 그리고 청국장, 청어선, 족채, 원수병, 갈비찜 등의 조리법이 소개되어 있다.

이 기사가 게재된 시점은 1938년으로 『조선요리법』이 출간된 시기보다 조금 앞서 있다. 기사에 소개된 음식들은 그의 저서에도 다뤄지는데 기사와 저서의 내용이 조금 차이를 보인다. [표 1] 저서의 글이 좀 더 자세하고 문어체로 정돈된 것을 확인할 수 있는데 이는 아마도 출판사의 편집 과정에 다듬어진 것으로 보인다. 이 외에도 조자호는 동아일보에 여러 차례 조선요리법에 대한 기사를 썼다.

전통의례와 음식

조자호의 신문 기사와 저서에서는 세시 음식에 대한 내용이 있다. 1938년 7월 21일 동아일보에는 「주부의 자랑이 되는 여름철 조선요리」라는 제목에 '경제되고 제조법도 간단합니다'라는 부제목으로 조리법 소개 기사가 있다. 내용은 떡수단, 초교탕, 추탕의 재료와 만드는 법이 소개되어 있다. 그 외에도 다양한 세시음식의 조리법이 그의 저서에 나타난다.

세시음식의 전통이 근대에도 이어지고 있음을 조자호의 기사와 저서에서 알 수 있다. 또한 『조선요리법』에서 의례에 대한 내용을 주목할 만하다. 혼례상차림, 돌 상차림, 어른 생신 상차림 등 조선인이 갖고 있는 일생의례의 전통이 그대로 담겨 있다.

책에서는 남자아이와 여자아이의 돌상 차리는 법을 구분하여 수록하고, 진설도를 그려두었다. 실제로 근대 시기의 돌상 관련 사진을 살펴보면, 전통적인 의례에 따라 상을 차렸음을 확인할 수 있다. 이처럼 출판이라는 근대의 새로운 기술 속에서도 전통의 명맥은 나름대로 이어지고 있었던 것이다.

한편 조자호는 상차림에 대한 자신의 견해를 다음과 같이 서술하기도 했다.

음식이란 것은 맛도 있어야 하지만은 첫째, 보기에도 먹음직한 감이 돌아야 합니다. 담는 대로 여간 관계가 있는 게 아닙니다. 곬을 찾어 결드릴 것은 한데 결드려야지 결드리지 않고 제각각 담아서 벌려 놓으면 할일 없는 주막집 상이 될 뿐이고 제법 상 모양이 안 납니다. 게다가 음식 맛도 감해지는 것 같습니다. 무슨 음식이고 곬을 찾어 결드릴 것은 반드시 결드려야 합니다.

아기돌차림

떡=흰무리 쑥버무리 송편 팥게미떡 콩찰떡 수수경단 찹쌀경단 녹두찰떡 공기피갈떡 보통 이러합니다.

국=미역국이나 때에 따러 육개장국 곰국 등도 끓입니다. 밥은 흰밥을 지읍니다.

나물=미나리나물(여름에는 오이, 호박) 콩나물 숙주나물 무나물

국이=가리 너비아니 산적

장앗지=장산적 숙란 무장앗지(여름에는 오이장앗지)

자반=암치나 건대구 오징어채나 복어피등 약포

조치=절기에 따러 생선고치장찌개

겨울에는 김쌈 햇김치 햇깍두기 간장

남아 돌상 차리는 법

여러가지 떡을 이반 같은 데 보기 좋게 담고, 활을 만들고 화살을 만듭니다. 색붓 색두루말이 색간지 떡 이것을 전부 많이 뭉텡이로 놓읍니다. 무명실과 색실도 많이 덩어리를 지어 놓고 천자(천자문)는 조부나 그외 유명한 분의 필적을 받읍니다. 어린애가  대접에는 국수를 담고 주발에는 쌀을 담고 국그릇에는 대추를 담읍니다. 이와 같이 다 되면 큰팔고 목판 같은 데다가 쌀을 전과같이 부어 놓고 여러가지를 순서대로 놓고 돈도 지전으로 평소대로 놓아줍니다. 목판 앞에다가 방석을 깔고 무명을 놓고 아기는 옷을 갖춰 입히고 전복을 입힌 후 복건을 씨워 앉히고 돌상을 잡힙니다. 사계삼도 입히는데 전복 속에 입힙니다.

여아 돌상

남아와 다른 것은 천자 대신 반절(언문), 활과 화살대신 색자 가위 실패 등을 놓을 뿐입니다.

남아 돌상

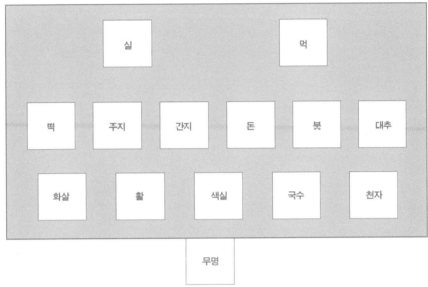

여아 돌상

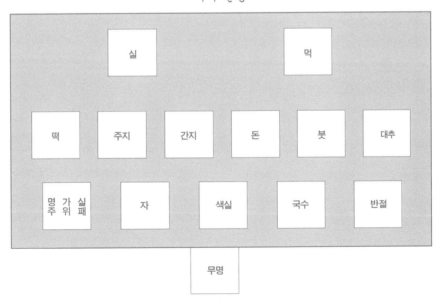

조선음식과
외국음식

1934년에 출판된 이석만(李奭萬)이 지은 『간편조선요리제법(簡便朝鮮料理製法)』은 일반 서민 가정에 풍부한 음식문화를 보급하기 위해 쓰인 책이다. 주변에서 쉽게 접할 수 있는 재료를 활용하였고, 음식마다 알맞은 계절을 명시해 제철음식, 절기음식이라는 한국 음식문화의 특징을 나타내고 있다. 또한 간편한 요리법을 기록하여 재료, 계절에 따라 손쉽게 즐길 수 있는 다양한 음식문화를 보인다. 후식 부분이 타 조리서에 비해 상당 부분을 차지하는 것이 특징이다. 부록에는 당시 유입되었던 일본, 중국, 서양의 요리법에 대한 소개가 있다. 또한 손님 대접하는 법과 상 차리는 법, 상극이 되는 음식물, 임신부가 못 먹는 음식, 우유먹이는 법이 기록되어 있다.

1940년에는 손정규(孫貞圭)의 『조선요리(朝鮮料理)』가 일본어로 발행되었고, 1948년에는 이를 우리말로 번역한 『우리음식』이 나왔다. 일상생활에 많이 쓰이는 조선요리를 추렸으며, 여자의 직분에는 가정생활에 있어 가족을 애호하고 위안하는 음식솜씨가 중요하다 하여 5인분을 기준으로 모든 요리의 재료를 표기하였다. 조선 요리의 종류, 상의 규모와 식기의 종류, 음식과 기명, 재료 써는 법과 빛의 배합 등이 기록되어 있다. 식기 및 상의 종류를 설명할 때는 사진자료와 함께 그림자료를 활용하고 있다.

또한 『조선요리(朝鮮料理)』에는 반류에서 다양한 밥 만드는 법이 소개된 것 외에 우육류, 어패류, 해초류 등을 활용하는 법 등 다양한 요리법이 총망라되어 있다. 그 외에도 조리방법 및 식기류의 그림이 매우 자세하게 삽화로 실려 있는 것이 특징이다.

손정규의 조리서에는 계절별 찻상 및 식단의 실례, 절기 음식의 소개, 생선 다루는 법과 닭 다루는 법, 빛이 다른 재료 취급법이 기록되어 있다. 특히 계절별 찻상 및 식단의 자세한 실례와 절기 음식에 대한 소개는 우리나라 음식의 특징을 보여주는 것으로 귀중한 연구 자료이다. 또한 빛이 다른 재료의 취급법의 경우, 그 당시 아스파라거스나 토마토 등의 서양 식재료가 어떻게 우리 요리에 적용되었는지를 보여주는 점이 매우 흥미롭다. 이외에도 후식류로 전과와 과자, 병류의 많은 종류와 요리법이 수록되어 있다.

종합적으로 근대 조선의 식문화는 전통과 새로운 문화의 유입이 혼재하는 시기이며, 각 조리서는 조선이 이를 어떻게 수용하고 있는가를 보여주는 중요한 자료라고 할 수 있다. 방신영의 『료리제법』을 필두로 하여 전개되는 식문화의 중요성에 대한 깨달음과 영양에 대한 인식, 과학적 조리방법의 추구, 조미료 등을 가미한 간편한 조리법의 추구와 새로운 맛의 발견 등이 근대 조선음식의 중요한 특징이라고 할 수 있겠다. 또한 다수의 조리서에 서양음식, 일본음식, 중국음식 조리법이 기록되어 있는 것으로 보아 외국 식문화에 대한 태도가 수용적인 자세였다는 것도 알 수 있다.

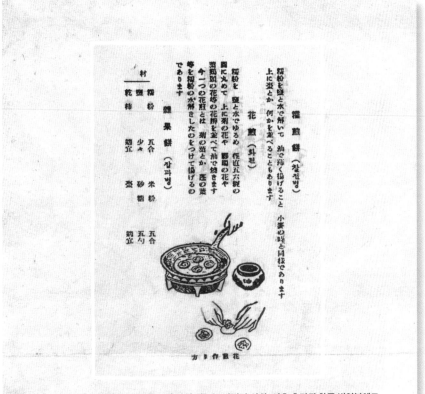

일본어로 간행된 『조선요리(朝鮮料理)』의 화전 만드는 방법과 삽화. 이후 출간된 한글 번역본에도 같은 그림이 수록되어 있다. 손정규의 조리서에는 다양한 조리법 그림이 있어서 이해를 돕는다. 한편 화전 만드는 법은 1611년의 『도문대작(屠門大爵)』에서부터 『음식디미방(飮食知味方)』(1670년), 『증보 산림경제(增補 山林經濟)』(1766년), 『동국세시기(東國歲時記)』(1849년), 『경도잡지(京都雜誌)』(1700년대 말)와 『동국세시기(東國歲時記)』(1849년) 등에도 수록되어 있다.

새로운 맛의 발견,
아지노모도

　　『사계(四季)의 조선요리(朝鮮料理)』는 1935년 영목상점(鈴木商店)에서 발행한 조리서로 조선음식 만드는 법 97가지가 소개되어 있다. 재료의 분량과 종류를 정확히 밝혔으며, 만드는 순서도 명확하게 설명하고 있다. 그 외에 당시 유입된 서양음식 만드는 법 11가지도 같은 방식으로 기술되어 있다.

책의 머리말에 따르면, 시대가 변천함에 따라 유행과 제도가 바뀌는 것처럼 음식도 시대의 흐름을 따라 경제적이면서도 간편하게 만들 수 있는 조리 방법이 필요하다고 역설하고 있다. 그러면서 영목상점(鈴木商店)에서 판매하는 '아지노모도(味の素: 조미료의 일종)'가 경제성, 맛, 영양, 간편함의 모든 요건을 충족하고 있기에 음식의 현대화를 이룰 수 있으며 현대인의 음식 만들기에 이상적인 재료가 될 것이라고 소개하고 있다. 이 책에 소개된 모든 조리법에는 마지막에 '아지노모도를 넣어서 맛을 맞춘다'는 표현이 있다. 책을 출판한 영목상점(鈴木商店)에서 조미료를 판매하기 위한 홍보 수단으로 조리서를 편찬한 의도가 보인다.

1930년대 동아일보에 게재된 아지노모도 광고를 보면, 왼쪽 가장자리에 영목상점이라는 글씨가 보이며, 자신만만한 표정의 여인이 '이것만 잇스면 이 세상 음식은 자유자재로 모다 맛잇게 할 수 잇습니다'라고 말하고 있다. 이는 당시에 인공 감미료가 보급되기 시작하였으며 신문 광고와 조리서 발간에 이르기까지 다양한 홍보를 통하여 판매를 촉진하였음을 알 수 있게 하는 대목이다.

이 외에도 음식 만드는 법이 재료와 함께 소개되는데, 간혹 3인분, 6인분, 9인분 등으로 표시된 것이 있어서 최종 완성된 음식의 양을 가늠하게 해준다. 그 외에 음식 제목 옆에 정월, 사철, 절기를 따라 등의 표시를 하였다.

1930년대 동아일보에 실린 아지노모도 광고

1907년 일본에서 설립된 조미료 회사의 대표 상품. 일본 도쿄대학의 이케다 기쿠나에 박사가 다시마의 감칠맛을 내는 화학 원소가 글루탐산(MSG)임을 발견하고, 이를 추출하여 조미료 개발에 성공했다. 일제강점기 조선에서 대대적인 홍보를 통해 대중적으로 널리 알려졌다. 해방 이후 아지노모토는 조선에서 철수했지만, 미원이 대체상품을 개발하여 오늘날까지 이어지고 있다. 글루탐산의 유해성 논란이 종종 있지만, 아직까지 과학적으로 유해성이 입증된 바는 없다.

영양학과
일일권장식단

　　1935년에는 신구서림에서 이석만의 저서 『일일활용신영양요리법(日日活用新營養料理法)』을 간행하였다. 이 책은 영양학 연구의 필요성과 일상생활에서 영양지식의 중요성을 피력하고 있다.

전체는 7개의 부분으로 나뉘어 있는데 가장 비중 있는 부분은 '영양문제에 대하여'로 6편으로 구성되어 있다.

서론에서는 영양과 영양 연구, 영양 지식의 필요, 생활과 영양, 영양과 건강, 영양소, 식품, 식물에 대하여 개괄적으로 서술하고 있다.

본론에서는 영양소의 화학적 성상과 임무, 식품의 영양가치, 효소와 소화작용, 영양소의 신진대사, 에너지대사, 인체단백질 요구량 등을 다루고 있다.

그 외에 조선음식의 재음미, 제2세부터 제3세까지 아동의 식단과 영양, 요리강좌, 요리의 목적, 영양가 많은 식탁 등이 수록되어 있다. 특히 월별 일일 권장 식단이 소개되고 있다는 점이 주목할 만하다.

이석만은 또한 식품의 함유 성분에 대해서 분류하여 제시하고 있다.

단백질을 함유한 식품은 우육, 돈육, 생선, 계란, 어란, 콩, 두부, 콩젓, 콩나물이고, 함수탄소(탄수화물)를 함유한 식품은 백미, 배아미, 현미, 옥수수, 보리, 조, 밀가루, 면보(빵), 신선한 채소 등이라고 썼다. 지방질을 함유한 식품은 돼지기름, 어간류, 낙화생, 호도, 피, 도야지고기, 오육, 생선 등이라고 적었다.

비타민을 함유한 식품은 좀 더 세분하여 적고 있는데,

비타민A를 함유한 식품은 간, 돼지심장, 뱀장어심장, 뱀장어 간, 뼈, 계란노른자, 밀의 배자, 어간유, 시금치, 일년감(토마토), 생치, 고구마, 호박무잎사귀, 차잎, 바나나, 사과, 궁조개, 김 등이고,

비타민B를 함유한 식품은 돼지 간, 소의 간, 염통, 계란노른자, 당콩, 잘두, 대두, 완두, 팥, 배아 차, 현미밥, 옥수수, 밀가루, 보리, 조, 감자, 황무, 시금치, 일년감(토마토), 가지, 호배차 푸른 부분, 건포도, 사과, 레몬즙, 호도, 잣, 낙고생, 밤, 파인애플, 배, 조금귤, 김 등으로 분류했다.

비타민C를 함유한 식품은 우유, 난황, 편두 콩, 시케가루, 감자, 황무, 시금치, 넉감,

■ 식탁표는

일, 요리의 이름을 기록하고
일, 영양을 주로 삼고
일, 필요한 성분을 골고루 섭취할 수 있도록
일, 식품의 배합과 조리방침을 정해놓고
일, 식품의 분량을 정해서 명확하게 기록해 놓은 것이니

한 번 수고해야하지만 해 놓은 후에는 일주일동안 근실 없이 지낼 수 있고 큰 효과를 가질 것입니다. 식탁표 없이 지낸 결과는 신체허약하고 저항력이 박약하고 발육이 잘 되지 않고 여러 가지 병이 생기는 것입니다.

그런고로 식탁표는 매우 중요한 것이라는 것을 다시 말하고 싶습니다. 식탁표를 작성해서 부엌 벽에 붙이시고 매일 매끼 그대로 실행하신다면 여러분의 댁식구들은 날마다 건강해 지실 것이라고 믿습니다.

식탁표의 필요를 대강 몇 가지 말씀하자면

첫째로 건강입니다. 자신의 건강과 온가족의 건강과 태아와 아이들의 완전한 발육이 될 것입니다. 일가족의 건강은 그 집안을 단단하게 만드는 행복이 됩니다. 집안 식구 중에 한사람이라도 불건강하던지 병석에 누워있게 된다면 가족들의 마음에 얼마나 근심스럽고 구슬픈 안개에 쌓여 지냅니까.

『일일활용신영양요리법』 정월식탁표

생치, 무(껍질 그대로), 옥총, 오이, 호배채, 복숭아, 바나나, 딸기, 능금, 귤레몬즙, 오렌지즙, 검은 딸기, 포도, 귤껍질, 밀감 등을 들어 이런 것들이 각각의 영양 가치를 갖고 있다고 설명하고 있다.

━ 충분한 영양을 얻도록 배치할 것

(1) 충분한 칼로리를 잇게할 것. 칼로리는 우리몸이 활동하는 근원이 되는 것이니 즉 단백질과 지방과 함수탄소가 칼로리의 근원이고

(2) 좋은 단백질을 적당한 양으로 함유케 할것입니다.

(3) 비타민과 무기질이나 비타민은 우리몸의 건강과 아동의 성장을 맡은 영양소이고 무기질은 인, 칼시움, 철, 옥도이니 이것들이 구비하도록 식품을 선택하여야 할 것입니다.

(4) 편식이 되지 않도록 할 것입니다. 편식은 영양상 큰 해가 있습니다. 늘 같은 음식만 먹는다면 어느 한 부분은 병이 나고 마는 것이니 두려운 일입니다.

(5) 변화성이 많아야 합니다. 항상 변하게 늘 바꾸어 만들고 또는 새로운 음식물을 창작해 보도록 하여야 합니다.

(6) 좋고 싫은 것에 주의할 것입니다. 식품에 대해서 즐기고 싫어하는 일은 아이들에게 더 많은 까닭에 자연히 편식을 하게 됩니다. 이에 주의해야 할 것입니다. 편식은 연령과 체질과 어린때 습관 잘못함에 있으니 주의해서 하여야 할 것입니다.

(7) 값싼 식품으로 값비싸게 보이는 요리를 만들도록 조리법에 유의할 것입니다.

(8) 절기에 따라서 식탁표를 만들어야 할 것입니다. 그렇기에 풍성히 나는 것이라야 할 것이니 그렇지 않으면 (일)값이 비싸 (이)많이 다르고 (삼)양분이 변하고 생각해 내기에도 정신과 시간이 많이 허비가 됩니다.

(9) 남겨버리거나 못쓰는 것이 없도록 잘 이용하여서 한 가지 요리를 더 만들도록 할 것입니다.

(10) 식탁표는 간단하게 만들 것입니다. 가지 수도 간단하고 조리방법도 간단히 하도록 주의할 것입니다.

대개 이 몇가지로 주의해야 식탁표를 만드시고 자녀들을 귀중히 여기시거든 어린아이 성장발육에 주의해서 식탁표를 작성하셔야 합니다. 소아가 이유 후에는 완전히 식물에 따라서 자라나고 있으니까 적당히 먹으면 잘 자라고 잘못먹으면 약하고 적고 병들어 쉬 죽는 것입니다.

자라나는 아이들에게는 인체의 성분 전부가 필요하니 그중에 말하자면 단백질은 근육조직의 주성분이고 무기질은 골격조직의 주성분입니다. 아이들이 자라날 동안에는 이 두가지가 절대 필요하니 만일 좋은 단백질을 적당히 먹지 않으면 살이 물르고 파리하게 된다거나 살이 찌기는 해도 돈돈한 살이 못 되 무기질섭취를 잘하게 못하여 배가 자라지 못해서 가늘고 약해서 제대로 자라지 못하고 시들은 나무와 같이 되고 말 것입니다.

전통과 새로움의 혼재 속에
다양성의 발견

　　조선의 근대는 어두운 터널을 지나는 것과도 같은 시련의 시기였
다. 그러나 그 역사의 단면 속에서 지켜져 내려온 가치들이 있다. 그것은 아마도
'전통'이라는 이름으로 불리어질 수 있을 것이다.

이를 몇 가지 측면에서 생각하자면, 첫째, 시절음식의 전승이라는 점이다. 우리민
족은 예부터 농사를 천하의 근본이라 여기며, 농사의 절기에 따른 민속을 이어왔
으며 각 절기에 나는 제철음식을 이용하여 시절음식을 발달시켜왔다. 이러한 세
시풍속과 시절음식에 관한 자료로 후세에 널리 활용되는 것은 1840년경 전후에
홍석모(洪錫謨, 1781~1857)의 의해서 쓰여진『동국세시기(東國歲時記)』이다. 매
달의 풍속을 왕실, 양반, 서민의 순서를 지키며 기술하였고, 각 달의 끝부분에는
「월내(月內)」라고 하여 그 달의 특정한 날을 지정할 수 없는 세시 내용들을 다루
었다. 그 외에『경도잡지』와『열양세시기』도 세시풍속에 대해서 다루고 있다. 이
들 문헌에서 다루는 시절음식이 근대 조리서에도 주요하게 다루어지고 있음을
발견할 수 있다.

둘째, 일생의례 음식문화의 계승이다. 태어나서 죽음에 이르기까지 그 삶의 고비
마다 의례를 행하고 그 의례마다 음식을 차려서 서로 나누고자 하였던 조상들의
사상은 근대에도 이어지고 있다. 그러나 단발령의 시행으로 인하여 관례가 소멸
되어 감으로 인하여 관례음식에 대한 자료를 찾기는 어려운 사항이다.

셋째, 장, 김치 등 발효음식의 계승이다. 대부분의 조리서가 다양한 장과 김치에
대해서 자세하게 기술하고 있는데 이는 발효음식을 매우 귀중하게 보존하려는 음
식 전통의 일면이라고 볼 수 있겠다.

넷째, 음식을 만들거나 차릴 때 정성을 다하는 문화이다. 이는 상차림, 손님접대,
어른 생신상 차림과 상을 올리는 방법에 대해서 자세하게 기록되어 있는 자료들
을 통해서 확인할 수 있다.

그렇다면 조선음식의 근대성은 무엇인가? 몇 가지 주요한 특징을 꼽을 수 있을
것이다.

첫째, 계량화된 조리법을 제시하고 있다는 것이다. 비록 도량형의 통일이 이루어

지지는 못했지만 좀 더 정확한 수치와 기준을 갖고 조리법을 기록하고 있다.

둘째, 영양학에 대한 인식과 일일 권장 영양가에 대해서 인식하고 이를 보급하려는 의지가 나타난다는 점이다.

셋째, 서양음식, 일본음식, 중국음식에 대한 수용적 태도와 이를 조선의 식문화 안으로 끌어들이고 있다는 점이다. 조리서마다 '조선요리'라는 명칭을 사용하면서도 책의 후반부에 외국음식 조리법에 대한 관심과 만드는 방법에 대한 기록이 자주 발견되는 점이 이를 증명한다고 할 수 있을 것이다.

넷째, 조미료의 사용과 간편식의 추구이다. '아지노모도'를 사용하여 맛을 내면 간편하게 조리할 수 있고, 맛도 있다는 기록은 당시 간편식을 추구하면서 새로운 맛을 발견하려는 조리문화를 반영하고 있다.

인류학자 캐롤 M. 코니한은 음식과 인간, 사회, 자연에 대한 관계에 대해서 성찰한 결과 음식이 생물학적 생존에 절대적인 요건이면서 사회와 문화 속에서 중요한 의미와 역할을 지니고 있음을 발견한다. 인간은 음식을 통하여 자연과의 관계를 이루어나가기도 하고, 자기 자신과 자신의 사회적 관계를 동시에 규정한다는 것이다. 인간은 음식을 만들고 분배하고 섭취함으로써, 가족, 친구, 망자 그리고 신과의 중요한 관계를 형성하는데, 음식은 세상에 질서를 제공하고, 현실성에 대한 여러 의미를 표현한다. 그리고 음식의 사회적, 문화적 이용은 인간조건에 대한 많은 통찰력을 제공한다고 보았다. 이렇듯 음식은 그 안에 사회성과 관계성, 현실성 및 질서에 대한 그리고 내세에 대한 신념 등을 모두 내포하고 있다. 그래서 근대 조리서를 통해 당시의 사회를 엿볼 수 있으며, 그 가운데 존재하는 전통성과 근대성을 발견할 수 있는 것이다.

🇲🇮 주

1. 퍼시벌 로웰, 『내 기억 속의 조선, 조선 사람들』, 조경철 옮김, 예담, 2002. 17쪽.

참 고 문 헌

방신영, 『조선요리제법』, 한성도서주식회사, 1939.

빙허각이씨, 『부인필지(婦人必知)』, 1915.

이용기, 『조선무쌍신식요리제법(朝鮮無雙新式料理製法)』, 영창서관, 1924.

이석만, 『간편조선요리제법(簡便朝鮮料理製法)』, 삼문사, 1934.

작자미상, 『조선요리법(朝鮮料理法)』, 영남춘추사(嶺南春秋社), 1934.

이석만, 『일일활용신영양요리법(新營養料理法)』, 신구서림, 1935.

영목상점, 『사계의조선요리』, 영목상점 내외요리출판부, 1935.

조자호, 『조선요리(朝鮮料理)』, 광한서림, 1939.

홍선표, 『조선요리학』, 조광사, 1940.

손정규, 『조선요리』, 일한서방, 1940.

손정규, 『우리음식』, 삼중당(三中堂), 1948.

윤숙자, 『전통부엌과 우리 살림』, 질시루, 2002.

권혁희, 『조선에서 온 사진엽서』, 민음사, 2005.

홍석모, 『동국세시기(東國歲時記)』, 정승모 풀어씀, 풀빛, 2009.

방신영, 『조선요리제법(朝鮮料理製法)』, 윤숙자 엮음, 백산출판사, 2011.

캐롤 M. 코니한, 『음식과 몸의 인류학』, 김정희 옮김, 갈무리, 2005.

김환표, 『쌀밥 전쟁』, 인물과사상사, 2006.

퍼시벌 로웰, 『내 기억 속의 조선, 조선 사람들』, 조경철 옮김, 예담, 2002. 17쪽.

홍선표 외, 『근대의 첫 경험 ─개화기 일상 문화를 중심으로─』, 이화여자대학교출판부, 2006.

근대 한식의 풍경

2부

전통을
이어

시대를

열
다

1 방신영과 이용기,

그리고
20세기 조리서

주영하 ─ 한국학중앙연구원

식민지 시기는 다른 말로 하면 조리서 출판의 시대였다. 방신영의 『조선요리제법』(1917)을 비롯하여, 이용기의 『조선무쌍신식요리제법』(1924), 조자호의 『조선요리법』(1939), 손정규의 『조선요리』(1940), 홍선표의 『조선요리학』(1940) 등이 대표적이다.

이 중에서도 특히 방신영과 이용기는 흥미로운 인물이다. 방신영은 여성으로서 과감하게 최초의 근대식 요리서를 펴낸 저자이며, 이용기는 남성임에도 불구하고 요리서를 펴낸 매우 특이한 인물이다. 그들 사이의 인연 또한 각별하다. 이용기는 방신영의 책에 서문을 쓸 정도로 조리서 집필을 독려하였다.

과연 식민지 시기 조선음식에 대한 사회적 관심은 어떠했을까? 당시 근대식 조리서를 펴낸 저자들은 누구였을까? 이 글은 20세기 초 조리서 저자들과 그들의 인연을 살펴봄으로써 조선음식이 어떻게 시대에 적응해 가는지를 추적하고 있다.

최초의 근대적 인쇄물로 나온
『조선요리제법』

인류 생활에 제일 필요한 것은 음식이니 음식은 곧 우리 생명을 유지케 하는 것이라. 생명을 귀중히 여기는 자 어찌 식물을 선택지 아니하며, 음식 만드는 법에 대하여 연구치 않으리오. 그러므로 과학이 발달되고 위생사상이 보급된 각국에서는 식물에 대한 연구와 음식 만드는 법에 대한 노력이 적지 아니한 것입니다. 그런데 유독 우리 조선은 이러한 일에 대하여는 더욱이 참참하고 등한히 여길 뿐만 아니라, 촌가정을 들여다보면 좋은 재료를 가지고도 볼품없이 맛없이 만들어 먹는 가정이 얼마나 많은지 말도 할 수 없으며, 깨끗지 못하게 하는 가정도 얼마나 많은지 모르는 것입니다. 제가 이러한 것을 볼 때에는 우리 조선에 가정의 교육까지 제일치 못한 것을 크게 애석히 여기는 동시에 이러한 일에 대하여 도움이 될 만한 책도 한 가지 없음을 더욱 크게 유감으로 여겼습니다. 고로 천견(淺見)을 불구하고 수년 전에 한 책을 편술하여 그 이름을 『조선료리제법』이라 한 일이 있었습니다.

이 글은 1921년에 출판된 『만가필비(萬家必備) 조선요리제법(朝鮮料理製法)』이란 책의 서문에 나온다. 이 책의 저자는 방신영(方信榮, 1890~1977)이다. 그렇다

만가필비 조선요리제법

면 방신영은 누구인가? 방신영은 1890년 경성부 효제동 56번지에서 기독교 신자였던 아버지 방한권과 음식 솜씨가 뛰어나서 주위에 이름이 났던 어머니 최씨 사이의 둘째딸로 태어났다.

그는 1910년 경성 정신여학교를 졸업하고, 광주·군산·금천 등지에서 11년간 교편을 잡았다. 1921년 그는 모교인 서울의 정신여학교 가사과로 자리를 옮겼다. 그야말로 금의환향한 셈이다. 이렇게 된 데는 다분히 그가 쓴 『조선요리제법』이 결정적이었다. 사실 방신영은 28세의 나이였던 1917년에 『조선요리제법』의 저자로 세상에 알려졌다. 이 책은 출간 당시 상당한 인기를 얻었고, 그 결과 모교에서는 방신영을 초빙하지 않을 수 없었다. 그는 왜 이 요리책을 근대적 출판물로 펴낼 생각을 했을까?

그가 남긴 글에 그 대강이 나온다. 어려서부터 상당한 가정에서 여러 가지 음식을 규모 있게 배웠던 방신영에게는 음식 만드는 일이 가장 큰 취미였다.

더 연구하고 더 좀 조직적으로 만들어 보리라는 결심으로 하나씩 하나씩 일부러 실습을 하여가면서 뺄 것은 빼고 더 넣을 것은 더 넣어가며 여러 번이나 시험한 후에 그것을 일일이 글로 써서 책까지 만들었다.

그 과정에서 방신영의 어머니 최씨의 역할이 지대하였다. 1931년판 책의 서문에서 방신영은 어머니의 공로를 직접 밝히기도 했다.

때는 연소하였고 경험도 없었으나 자연으로 일어난 붉은 마음 하나로써 어머님 무릎 앞에서 한 가지 한 가지를 여쭈어보고 조그마한 손으로 적어 만들었습니다.

1917년판 『조선요리제법』에서 방신영은 저자가 아니라 '찬(撰)'자로 나온다. 왜 저자가 아니라 찬자일까? 그는 1921년에 출판한 『조선요리제법』에서 그 사정을 다음과 같이 밝혔다.

수 년 전에 한 책을 편술하여 그 이름을 『조선료리제법』이라 한 일이 있었습니다. 그러나 본시 경험이 없는 가운데서 된 일이라 미흡한 점이 많았는데, 특별히 부록 중에 「술 만드는 법」 같은 것은 본시 제가 기입한 것이 아니었으므로, 이를 더욱 유감으로 여기는 바 이번에 그 내용을 대개 교정하고 증보하여 일신케 해서 제3판을 출판케 하옵나니

이런 탓에 1921년판 책에서는 방신영이 '저자'라고 당당하게 밝혀져 있다. 당연히 그 내용도 일부 달라졌고, 책 제목은 아예 『조선요리제법』이다.

사실 1918년판 책에는 「약주제조법」을 비롯하여 「과실과 채소 두는 법」, 「기름 짜는 법과 쓰는 법」, 「별록」, 「광주 백당법」, 「연안 식혜법」, 「용인 외지법」 등이 실려 있었다. 그 내용은 대부분 빙허각 이씨가 편한 『규합총서(閨閤叢書)』에서 옮겨온 것이다. 앞에서 방신영은 본인이 처음부터 이 내용을 기입한 것이 아니라고 밝혔다. 아마도 출판하는 과정에서 '약주제조법'과 같은 내용이 들어가야 더 잘 팔린다고 출판사에서 생각했기 때문은 아니었을까? 기독교 집안 출신이었던 방신영의 입장에서는 어릴 때부터 술 담그는 모습을 보지 못했기 때문에 누군가 다른 책의 것을 옮겨와 넣어도 크게 문제를 삼지 못했던 것은 아니었을까?

방신영의 진정한 조리서는
1921년판

그래도 1921년판에서 그 사정을 밝혔으니 그 기개가 대단하다. 하지만 1921년판 책에서도 조선후기 조리서에 지속되었던 음식 만드는 방법의 서술 방식은 그대로 유지되었다. 가령 미역국 조리법을 어떻게 적었는지 살펴보자. 독자의 이해를 돕기 위해 지금의 한국어로 옮겼다.

미역을 물에 담가 확실히 불려 깨끗하게 빨아서 간장과 기름과 고기를 익혀서 넣고 한참 주물러서 솥에 넣고 불을 조금씩 때어 솥이 깨지지 아니할 만큼 한참 볶다가 물을 붓고 간을 맞추어 다시 한참 끓여서 먹나니라. 또 홍합과 강고도리(물치다래의 살_필자)를 넣어 끓이면 맛이 매우 좋으니라.

이렇듯이 조선시대부터 유지된 음식 조리법의 서술은 요사이 요리책에 나오는 방식과는 달랐다. 마치 어머니가 딸에게, 시어머니가 며느리에게 조리법을 이야기하듯이 적었다. 하지만 1931년판 『조선요리제법』에서는 그 서술방식이 바뀌었다. 먼저 그 전에 없던 '재료'에 대한 서술이 추가되었다.

미역(빨아서 썰은 것 반사발) 파 한뿌리 고기 이십문(二十匁) 물 세사발 간장 한종자 깨소금 반숟가락 기름 반숟가락

그렇다면 조리법을 살펴보자. 이 역시 지금의 한국어이다.

미역을 정하게 빨아서(욱어서 맑은 물 나도록 빨 것이라) 잘게 썰어 솥에 넣고 고기를 잘게 이겨 넣고 파도 잘게 이겨 넣고 기름과 깨소금을 치고 그대로 불을 때어 볶다가 고기가 익은 후에 간장을 치고 저어가면서 볶아가지고 물을 붓고 다시 끓이나니 한소끔 펄펄 끓은 후에는 완화로 한 십오 분쯤 더 끓여서 푸나니라.

조리법을 자세히 읽어보면 1921년판의 내용과 1931년판의 내용이 약간 다르다는

49

사실을 확인할 수 있다. 특히 재료 서술에서 '고기 이십문'의 '문(匁)'은 일본식 한자로 관(貫)의 1,000분의 1인 3.75g을 가리킨다.

왜 『조선요리제법』에 이런 일이 생겼을까? 그 이유는 방신영이 1925년부터 2년 동안 일본 도쿄에 있었던 영양학교(栄養学校)로 유학을 갔기 때문이다. 이 영양학교는 일본 영양학의 아버지라고 불리는 사이키 타다스(佐伯 矩, 1886~1959)가 1924년에 개교한 영양학 교육기관이었다. 오늘날 사이키영양전문학교(佐伯栄養専門学校)로 이름을 바꾼 이 학교는 아시아에서 최초로 설립된 영양학 전문학교였다.

1926년 유학을 마치고 귀국한 방신영은 신문에 소개될 정도로 화제였다(『조선일보』 1926년 3월 23일자, 「금년 해외에서 업을 마칠 여성들(8)」). 이미 『조선요리제법』의 출판으로 이름이 났던 그에 대한 당시 조선 지식인들의 관심 덕택이었다. 당시 지식인들은 방신영을 조선 최초의 근대 영양학자라고 높게 평가했다. 그에 알맞게 방신영의 주장은 신문지상에 자주 소개되었다. 가령 『동아일보』 1927년 1월 3일자에 이런 기사가 있다.

50

조선요리는 다른 나라 음식에 비하여 영양의 가치가 떨어집니다. 또 만드는 시간이 불규칙하며, 중량이 너무 많아 경제적으로 보아 남의 나라 음식보다 훨씬 떨어집니다. 가정에 주부되는 이는 특별히 음식에 대한 이 세 가지 점(영양의 가치, 시간과 경제)을 연구하고 개량하여 나아갈 필요가 있다고 생각합니다.

그 결과가 1931년판 『조선요리제법』에 반영되었다. 앞에서 살펴본 재료를 별도로 표기하는 조리법 서술과 함께 이 책의 목차에는 '료리용어에 해석', '중량비고', '주의할 사항' 등의 항목이 들어갔다. 특히 '중량비고'에서는 조선의 종래 계량 단위를 '문'으로 환산하는 계산표가 제시되었다.

가령 '간장 한종자'는 '26문'이라고 했다. 그렇다면 대략 97.5g이 된다. 하지만 도량형이 통일되지 않았던 당시 조선에서 계량 단위는 매우 혼란스러웠다. 같은 종자만 해도 '기름 한종자'는 '19문', '물 한종자'는 '20문', '설탕 한종자'는 '11문'으로 표기를 하였다. 비록 '문'으로 통일시켰지만, 방신영은 조선음식의 조리법에서 불분명한 계량 단위를 처음으로 정리한 영양학자라고 할 수 있다. 방신영은 1929년에

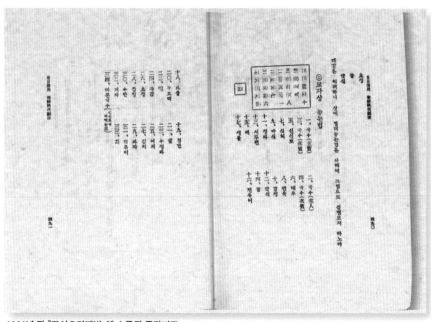

1931년 판 『조선요리제법』에 수록된 중량비고

이화여전에 가사과가 창설되자 그곳으로 자리를 옮겨서 교수가 되었다.

그런데 1933년 방신영은 경성지방법원 민사부에 저작권 침해소송을 낸다. 소송 대상자는 '종로 2정목 84번지 책장사 강의영(姜義永)'이었다. 소송 청구문의 핵심은 다음과 같다.

원고는 『조선료리제법』이라는 책자를 발행하여 오늘까지 제4판을 세상에 내놓았는데 피고는 동책자를 형식만 바꾸어놓고 거의 동일한 내용의 『조선신식료리법(朝鮮新式料理法)』이란 책자를 발행하여 원고의 저작권을 침해하였으니 그 배상으로 전기 금액(2500원)을 내놓으라.

이 소송에서 방신영은 승소를 하였다. 판결 내용은 다음과 같다.

피고는 원고에게 350원을 지불하고 이로부터는 원고의 지은 『조선료리제법』이란 책을 발매하지 말라.

식민지 시기 최고의 베스트셀러 중 하나였던 『조선요리제법』이 겪을 수밖에 없었던 사건이었다.

식민지 시기를 살았던 방신영에게 이화여전 교수와 독신 여성 지식인이라는 현실은 역사의 소용돌이에서 자유로울 수는 없었다. 그는 1927년 5월에 조직된 항일 여성운동단체인 근우회(槿友會)의 창립발기인 명단에도 올랐다. 하지만 같은 학교에 있었던 김활란 등과의 관계 속에서 조직된 이 근우회의 창립멤버들은 1931년에 해산된 이후 친일적 행각을 하는 데 앞장섰다. 방신영 역시 조선총독부가 주도한 생활개선운동에 참여하여 자신의 전문 지식을 제공했지만, 그렇다고 김활란을 따라서 위안부 모집에 나서지는 않았다.

이용기는 왜
『조선요리제법』의 서문을 썼을까?

그렇다고 당대의 사람들이 방신영의 『조선요리제법』을 무조건 칭찬만 하지 않았다. 『조선요리제법』 그대로 음식을 만들면 "짜지 않으면 싱겁고 타지 않으면 설더라"는 험구(險口)도 있었다. 그만큼 조선음식의 근대화와 표준화는 쉽지 않은 일이었다. 그래도 이용기는 1917년판 『조선요리제법』에 서문을 쓸 정도로 방신영의 조리서 출판을 독려하였다. 그는 '韋觀 李用基(위관 이용기)'라는 이름을 이 책의 서문에 밝혀두었다.

세상이 다 아는 이야기이거니와, 어느 집 사랑에서 떡국을 쑤어내오라 하였더니, 떡을 원가래로 쑤어내오니, 남의 집 부인의 일이매, 객들은 웃음을 틀어막고, 떡이 기니 한참 베물어 먹기 좋다하고 먹거니와, 그 주인이야 무슨 모양이리오. 억지로 자기를 기다려 안에 들어가, 아낙의 지각없음과 사람의 모양 흉함을 야단치니, 아무리 금슬이 좋고 어진 남편이기로 가만히 있지 못할 일 아닌가. 그 후에 또 객을 청하야 점심을 차리는데, 국수장국을 하여 내오라 하였더니, 국수를 싹둑싹둑 썰어 장국이라고 내보내니, 이 모양이 어떠한가, 객들이 다른 말은 못하나, 그 중에도 짓궂은 자는 젓가락을 들어가고, 술가락을 내오라 하니, 떡국에 마땅치 못해 하던 남편이, 이번에는 체면도 아무 것도 돌아보지 아니하고, 곧 안으로 들어가서 방망이라 홍두깨라 뵈는 대로 내던지며 야단을 치니, 정신없는 그 부인이 훌쩍훌쩍 울면서 폭백하는 말이, 요전에는 떡국을 길이대로 쑤었다고 꾸지람을 하기에, 이제는 떡보다 더 긴 것을 그냥 하였다가 큰 봉변을 할까 보아, 짧막짤막하게 하였는데, 무슨 야단을 이렇게 하시오 하더라니, 이런 일은 좀 심한 말이어니와, 대체 음식이라는 것은 문견과 솜씨를 몹시 찾는 것이라, 마찬가지 훌륭한 감을 가지고도 맛과 꼴을 만들지 못하고, 조와 격을 어울리지 못하야, 음식 모양이 사나운 때에, 집안 모양이 따라 사나운 사실은, 흔히 있는 일이라, 건지와 국과 소금을 뒤섞기만 한 것이었지 음식이리오.(필자가 읽기 쉽게 하기 위해 쉼표를 붙였다)

몇 번을 읽어도 입가에 웃음이 멈추지 않는다. 이용기는 누구인가? 사실 이용기에 대한 정보는 최근에야 비로소 알려지게 되었다. 그런데 학문 분야에 따라 그에 대한 지식이 약간 다르다.

국문학 연구자들 사이에서는 『교합(校合) 악부(樂府)』라는 책의 저자로 이용기를 언급하는 사람이 몇 명 있다. 이에 비해 식품학자들 사이에서는 『조선무쌍신식요리제법(朝鮮無雙新式料理製法)』의 저자로 알려진다. 『교합 악부』라는 책은 1920년대에 요리옥의 기생들 사이에서 불렸던 노래를 수집하여 적은 책이다. 『조선무쌍신식요리제법』은 그 이름과 같이 조선에서 하나밖에 없는 신식 요리법을 기록한 책이다. 심지어 이용기는 1930년대 후반에 추진된 『조선어큰사전』 편찬 작업에서 속담과 은어 분야 전문어 풀이를 한 사람이기도 하다.

하지만 이 정도의 내용을 빼고 나면 이용기란 인물이 도대체 누구인가에 대해서는 아직도 오리무중이다. 다행히 국문학자 신경숙은 눈 밝게 자료를 찾아서 그에 대해 다음과 같이 언급하였다(신경숙, 「위관 이용기의 저술 활동과 조선적인 것의 추구」, 『어문논집』62, 2010). 신경숙은 이은상이 적어 둔 글을 통해서 이용기의 일생을 다음과 같이 정리했다.

이용기는 경성 토박이로, 말년은 사직동에서 살았다. 젊어서부터 풍류를 좋아하여 오입쟁이로 일생을 살았다. 그러나 주색에 빠지는 방탕아나 활량은 아니고, 기녀들을 상대하여 시가(詩歌)를 화답하는 풍류객으로 깨끗한 선비의 기질을 갖춘 얌전한 인물이었다. 실제 그는 최남선, 권상로, 이은상 등과 교유했으며, 수완이나 처세술도 부릴 줄 몰랐고, 가난했지만 친구들을 좋아했다. 그는 2권의 저술을 남겼다. 그 중 하나가 상 하 두 권짜리 『악부(樂府)』이다. 이 책은 십 년 가까이 가요를 수집하고, 수많은 누더기 종이를 덧대어 완성시킨 가요집이다. 다른 하나는 『연구집(聯句集)』으로 한시문을 모아 만든 책이다. 이 책은 전쟁 통에 소실되어 현재는 전하지 않는다. 또한 그는 많은 장서를 소장하고 있었는데, 특히 소설은 약 2,000여 권이나 소장하고 있었다.

『조선요리제법』의 내용을
옛법이라 비판하다

이 정도를 알게 되니, 이용기가 20세기 초반 서울에 살면서 요리
옥을 드나든 한량이었음을 짐작하게 된다. 하지만 단순한 한량이 아니라, 옛 책
과 한문으로 된 시문(詩文)에도 밝았고 기생들의 노래를 수집할 정도로 조선적
인 것에 대한 애정도 남달랐던 인물이었을 가능성이 많다. 더욱이 조선어 중에서
속담과 은어를 꾀고 있을 정도로 잡다한 이야기 전문가였다. 그래도 그의 음식에
대한 평가와 조리법에 대한 능숙한 이해는 당시 서울 지식인 중에서는 으뜸이었
던 모양이다. 이용기가 죽고 나서 그와의 추억을 되새기며 국어학자 권덕규(權惠
奎, 1890~1950)가 1935년 11월 21일자 『매일신보』에 게재한 글에서도 그러한 진
면목이 드러난다. 글의 제목은 「질엉이(지렁이)를 보고 위관을 생각하며」이다. 글
중에서 이용기의 모습을 그릴 수 있는 부분만 떼어 내어 소개한다.

위관이라 하면 서울서 모모한 사람은 대개 아는 이이다. (중략) 그가 키가 작다하되 졸
작달막하다뿐이지 (중략) 그러면 그가 생전에 가끔 모모(某某) 문사(文士)의 틈에 끼어
알만한 연석(宴席)에 참여하게 되기는 무슨 까닭인가. 그의 장기를 취(取)하야 그랬다
하면 그가 음식솜씨가 있고 자차구리한 이야기-곧 잡담이 일수(一手)인 것도 하나이요
또한 문자의 섭렵도 그 방면으로 하야 들을 것이 있으며 더 나아가 말하면 여항의 풍속-
더욱 서울대가(大家)-양반의 집 이야기 또 더 궁중의 이야기도 많이 아는 고로이며 이
런 이야기를 그만두고 실상 그의 이야기를 한다하면 한말 망명객들을 쫓아 해외에 놀았
음으로 그 방면의 이야기를 알아 그들의 내력을 들을 수 있으며 해외의 지식을 겸한 고로
이다. (중략) 얼마 뒤에 그의 환갑이다. 이때는 자기의 마지막 잔치라 하야 음식을 참 잘
차리었다. 모두가 과연 그 솜씨에 놀랐다. 아-자기 집에서 그의 잔치로는 그만 마지막이
되고 말았다. (중략) 위관은 이용기 고노인(故老人)의 호이다.

이야기꾼이었던 이용기의 진면목은 음식 솜씨에 있었다. 1924년 겨울에 영창서관
에서 펴낸 『조선무쌍신식요리제법』은 그의 그러한 진면목을 그대로 드러낸 작품
이었다. 하지만 이 책의 내용은 오로지 이용기 자신의 경험에서 나온 요리법만을

적은 것은 아니었다. 오히려 자신이 보았던 고문헌이나 다른 요리책에 나오는 내용을 근간으로 삼아서 무려 845가지의 요리법을 소개하였다. 다만 인용한 문헌의 출처를 밝히지 않아 요사이 학자들로부터 추측을 난무하게 만든다. 가령 "『임원십육지(林園十六志)』「정조지(鼎俎志)」를 바탕으로 중요한 사항을 가려내어 국역(國譯)해서 뼈대로 삼고 여기에 새로운 조리법·가공법을 군데군데 삽입해 두었"(이성우)다는 평가를 받는다. 그러나 면밀하게 두 책을 비교하여 내린 결론이 아니기에 이 말이 반드시 옳다고 할 수 없다. 예를 들어 통배추김치에 대한 그의 설명을 살펴보자.

배추를 누른 잎은 다 제쳐 버리고 통으로 속속이 정하게 씻어서 아무 그릇에든지 절이나니 물 한 동이에 소금을 반 되 가량을 타서 배추에 넉넉히 부어 절여 가지고 광주리에 내어 놓아 물이 다 빠지게 해 놓고 마늘·파·고추·생강 채 치고 또 갓·파·미나리와 청각은 한 치 길이씩 썰어 함께 섞어서 배추 잎사귀 틈마다 조금씩 깊이 소를 박고 잎사귀 한 줄기를 잡아 돌려서 배추 허리를 매고 또 무를 정하게 씻어서 칼로 이리저리 비슷비슷 어여서 마치 비늘 박힌 모양으로 한 후에 소금에 절였다가 고명을 그 어 속마다 넣어서 김칫독에 놓나니

바로 이어서 이 방법은 옛날 방법이라고 했다. 아마도 다른 문헌에서 찾은 것이리라. 하지만 앞의 설명처럼 『임원십육지』「정조지」에는 이 내용이 나오지 않는다. 오히려 이 내용은 방신영의 1921년판 『조선요리제법』 '통김치' 부분에서 옮겨온 것이다. 그러면서 자신의 새로운 방법을 제시하였다. "요사이는 통김치 담그는 법이 조금 다르고 모양이 썩 있나니"라고 적었다.

옛날 방법과의 차이는 여러 가지다. 조기를 통째로 넣는다든지, 북어나 건대구를 굵게 썰어 김칫독 바닥에 깐다든지, 낙지나 전복 혹은 소라를 고명으로 넣는다든지, 설렁탕 국물을 식혀서 기름을 걷고 맛좋은 조기젓국을 끓였다가 식혀서 함께 섞어 그릇이 가득 차도록 간을 맞추어 붓는 방법 등이다. 심지어 이런 대목도 있다.

통김치에 넣었던 윈조기를 대가리를 따고 꼭 짜서 몇 개든지 정한 그릇에 한 개씩 놓고 설탕 쳐가며 켜켜이 놓고 돌로 누르고 봉하여 두었다가 수일 후에 꺼내어 쭉쭉 찢어 술안주에 먹으면 절품이니라.

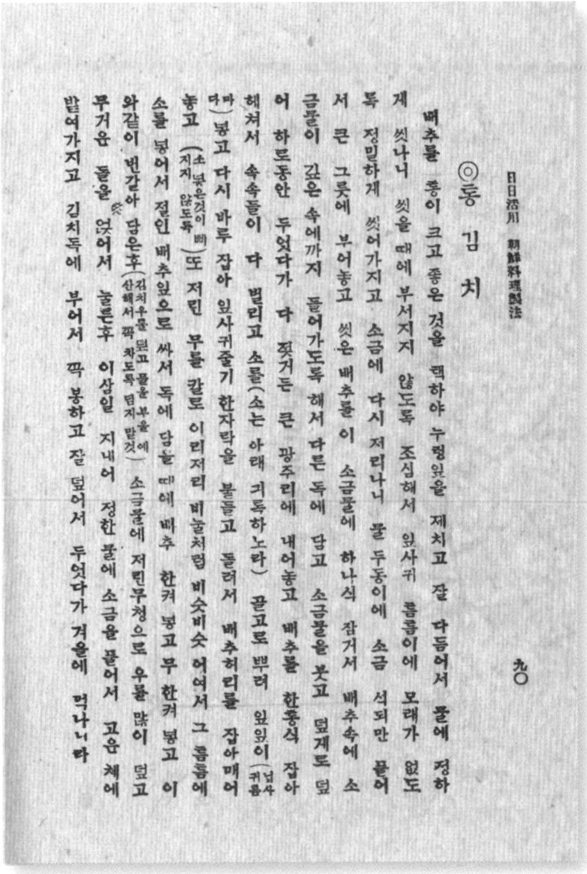

日日活用 朝鮮料理製法 九〇

◎통 김 치

배추를 좋이 크고 좋은 것을 택하야 누렁잎을 제치고 잘 다듬어서 물에 정하게 씻나니 씻을 때에 부서지지 않도록 조심해서 잎사귀 틈틈이에 모래가 없도록 정밀하게 씻어가지고 소금에 다시 저리나니 물 두동이에 소금 서되만 풀어서 큰 그릇에 부어놓고 씻은 배추를 이 소금물에 하나식 잠거서 배추속에 소금물이 깊은 속에까지 들어가도록 해서 다른 독에 담고 소금물을 붓고 덮개로 덮어 하로동안 두었다가 다 젓거든 큰 광주리에 내어놓고 배추를 한통식 잡아헤쳐서 속속들이 다 벌리고 소를(소는 아래 기록하노라) 끝고로 뿌려 잎잎이(잎사귀틈마다)넣고 다시 바로 잡아 잎사귀줄기 한자락을 붙들고 돌려서 배추허리를 잡아매어놓고 (소넣은것이 빠지지 않도록)또 저린 무를 칼로 이리저리 비눌처럼 비슷비슷 어여서 그 틈틈에 소를 넣어서 절인 배추잎으로 싸서 독에 담을 때에 배추 한켜 넣고 무 한켜 넣고 이와같이 번갈아 담은후(김치우를 덮고 물을 부을에 산해서 짝 차도록 덤지말것) 소금물에 저린무청으로 우를 많이 덮고 무거운 돌을 얹어서 눌른후 이삼일 지내어 정한 물에 소금을 풀어서 고운 체에 밭여가지고 김치독에 부어서 짝 봉하고 잘 덮어서 두었다가 겨울에 먹나니라

방신영의 『조선요리제법』 중 통김치 만드는 법

20세기 최초의 조선미식가이자
풍류장이 이용기

역시 술꾼 이용기다운 표현이다. 그러니 이용기의 책이 결코 남의 것을 베꼈다고 폄하받을 이유가 없다. 왜냐하면 그가 덧붙인 내용들은 당시 서울 사람들의 음식에 대한 생각과 조리법을 유감없이 드러내는 훌륭한 사료이기 때문이다.
또 한 가지 예를 들어보자. 이용기는 '편육 먹는 법'이란 항목을 두어 본격적으로 편육에 대해 다루었다. 그런데 그의 편육에 대한 논평이 사뭇 긍정적이지 않다.

편육이란 것은 자래로 식성이요 풍속이요 습관이라 할 만한 것이니 불과 시약 달이듯하여 약은 버리고 약 찌꺼기를 먹는 셈이니 원 좋은 고기 맛은 다 빠진 것이라 무엇에 그리 맛이 있으며 자양인들 되리요.

이렇듯 편육에 대해서 언급하면서 이용기는 오로지 오래된 관습이라 어쩔 수 없이 이 책에 적을 뿐이라는 심정을 밝혔다. 이 책의 다른 항목에서는 주로 '만드는 법'이라 적었지만, 유독 편육에서는 '먹는 법'이라 적은 이유도 여기에 있었다. 그렇다고 편육에 대한 조리법을 소개하지 않은 것은 아니다. 양지머리편육·업진편육·제육편육·쇠머리편육 네 가지의 조리법을 적어 두었다.
앞에서 소개했던 권덕규는 이용기가 하루는 자신의 집에 친구들을 초대한 일을 두고 고자질하듯이 글을 써 두었다.

한번은 자기의 집에 음식이 좀 있으니 놀러오라고 몇몇 친구를 청하였다. 그때에 그의 집은 하남촌(下南村, 지금의 서울 중구 인현동)이다. 여러 친구들의 말이다. 옳다 오늘은 위관의 청이니까 솜씨있는 음식을 좀 먹겠다. 그 어려운 분이 어떻게 준비를 하였나. 자 우리 가 보자. 먹는 것보다 음식솜씨도 볼겸하고 떠났다. 가서보니 집은 말할 수 없이 쓸쓸하다. 그야 그러렸다. 한사(寒士)의 살림인 바에야 왜 말이 있으랴. 일행을 맞아 고두름방에 쓸어넣었것다. 한참 있다가 안을 향하야 말하기를 그 무엇 되었거든 내오너라 하였다. 상이 들어오는데, 그야말로 쥐코 상(床)이라고 물론 지령(간장)에 김치에 새우젓인지 무슨 젓인지 삭아빠져 무엇인지 알아볼 수 없는 젓갈 두어절음 놓았것다. 그리고 소주 한 병을 갖다가 따라 권하였다. 여럿이라 두어 잔씩 돌고 상은 치었다. 일행이 의아하야 (중략) 나중에 정말 다담(茶啖)이 나오려니 하고 속심들만 차리고 앉았으나 그만 감감하다. 그동안에 우스개는 많았다. 일행이 참다 못하야 무엇 좀 안 주느냐 물었다. 그의 대답이 안 되었지마는 술이 한 병 생겼기에 (중략) 여러분과 같이 만나자 한 것이지 내가 무엇이 있나 하였다. 그만이다. 일행은 할 수 없이 나섰다. 술은 자꾸 취한다. 생일잔치 먹자고 이레를 굶은 셈으로 잔뜩 차리고 빈 속에들 갔다가 술도 지독한 소주에 감기어 중로(中路)에서 개천에 빠진 사람에 길을 잃어 허달 사람에 야단이 났었다. 이것도 그가 고인의 작난법으로 한번 친구들을 속여 먹은 것이다.

이것은 풍류다. 결코 근대적이지 않은 풍류다. 하지만 그의 음식에 대한 평가는 지극히 근대적이다. 그래서 필자는 이용기를 20세기 최초의 조선미식가이면서 풍류장이라고 부르고 싶다.

그래도 방신영의 책은 32판까지 이어지다

방신영은 1931년판 『조선요리제법』에서 이 책이 오롯이 자신의 어머니 최씨의 작품이라고 했다. 책머리에 붙여둔 시가 그것을 증명해준다.

우리조선 집집이 우리동무 손마다
이 책이 놓여 있음은 어머님의 크신 사업이오
크신 선물입니다
그리하야 이 열매를 어머님 령 앞에 삼가 드리나이다
- 경오년 섣달 끗날밤에

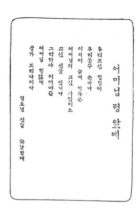

'어머님 령 앞에'라는 제목을 붙인 이 글을 통해서 조선음식의 근대화와 표준화의 출발은 방신영의 어머니 솜씨로부터 비롯되었음을 확인할 수 있다.
방신영은 『동아일보』 1927년 5월 25일자와 5월 26일자 두 차례에 걸쳐서 「영양강화(營養講話)」란 글을 실었다. 그 전문을 당시의 표기에 근거하여 아래에 옮긴다. 먼저 5월 25일자 내용이다.

우리가 음식을 먹는 것은 그저 배가 곱흔 때에 배를 불니기 위해서나 또는 먹고 십흔 욕망을 만족식히기 위해서만 먹는 것이 결코 아닙니다. 음식을 먹는 이치는 기관차에다가 석탄 불을 때는 것이나 맛찬가지임니다. 석탄 불을 때서 물을 끌여가지고 기(其) 증기의 힘으로 기관차는 객차를 꼬을고 무서운 속력으로 다라날 수 잇는 것과 갓치 우리의 몸이라는 기관에는 식물(食物)이 드러가서 기(其) 식물(食物)의 힘으로 생활할 수 잇스며 활동할 수 잇는 것임니다. 만일 음식을 먹지 못하면 도저히 생활할 수 업는 것이외다. 대개 우리의 몸은 십칠 종류의 원소(元素)로 되어 잇는데 우리의 생명이 잇는 동안에는 호흡을 한다거나 혈액이 순환하는 것까지라도 반다시 몸 가온대 잇는 여러 물질들의 힘으로 그러케 되는 것임니다. 알기 쉽게 말하면 우리의 몸 가온대 모든 물질들은 우리가 활동하는 그만큼 시시각각으로 소모된다는 말슴임니다. 그러면 시시각각으로 소모되는 물질을 엇더케 보충하느냐하면 곳 음식으로 보충하는 것이외다. 그런데 우리의 몸 가온대 잇는 십칠 원소들은 엇더한 것을 물론하고 소모되는 것이 올시다(물론 소모되는 정도는 각이(各異)함). 그럼으로 우리가 음식을 먹을 때에 그저 아모 것이나 상관업시 배만 불니기를 위주한다는 것은 근본적으로 이치에 합당치 못한 것이 올시다.

음식을 섭취한 인체에서 발생하는 에너지와 그것으로 인해서 사람이 활동을 가능하게 할 수 있다는 설명은 가장 기초적인 영양학의 이론이다. 이어서 5월 26일 자 내용이다.

물론 주식물은 만히 먹어야만 하겟지만은 주식물 이외에 여러 가지 식물(食物)을 고르게 먹어야만 합니다. 그러케 하여야만 그 여러 가지 음식으로 말매암아 시시각각으로 소모되는 몸의 성분을 골고루 다 충(充)할 수 잇는 것입니다. 음식의 성분은 다 각각 다르기에 몸에 여러 가지 음식을 먹는 가온대 무의식중에 우리의 몸이 요구하는 모든 물질들을 능히 보급하게 되는 것입니다. 한두 가지 음식을 아모리 만히 먹는다고 하더라도 그것만으로는 우리의 몸이 요구하는 바를 도전히 만족식히지 못하는 것입니다. 그런데 우리나라 가정에서는 흔히 갓흔 재료를 가지고 이 모양으로도 만들고 저 모양으로도 만들어서 그것을 때때로 먹으면 물론 조치만은 그 갓흔 재료로 만든 것들을 한때에 먹어놀뿐아니라 계속적으로 놋는 것은 참 안된 일입니다. 물론 영양상으로 합리치 안흘 뿐아니라 식욕 밧게도 영향을 밧는 것이 사실입니다. 아모리 맛잇는 것이라도 항상 보게 되고 또 먹게 되면 나종에는 실증이 나고 맘니다.

음식을 고르게 먹어야 한다는 주장은 영양학의 기초이다. 이러한 그의 생각은 1917년 초반에서부터 시작하여 1943년에 『증보개정조선요리제법』으로 구체화되었다. 해방 이후에도 그의 생각은 변함이 없었다. 1949년에 11판 『조선요리제법』을 냈고, 1954년에 제목을 『우리나라 음식 만드는 법』으로 고쳐서 다시 출판하였다. 그는 재판을 찍을 때마다 내용을 수정하였다. 영양학과 조리학의 교수다운 태도이다. 마침내 1962년에 34판을 낸 후, 그의 작업은 마무리를 짓는다. 이런 의미에서 방신영은 무려 34판에 이르는 매번 다른 『조선요리제법』의 저자였다. 이 점이 그를 한국 최초의 근대적 영양학과 조리학의 선구자로 자리매김하게 해 준다. 이것이 풍류장이 이용기와 다른 점이다.

2 근대 한식의
공로자들

우나리야 — 호서대학교

조선시대 말기, 조선과 외국 사이에 통상조약이 체결되고 국제 교류가 활발해지자, 식생활에서도 커다란 변화가 일어났다. 임오군란 당시 청나라 군대가 조선에 진주하면서 중국음식점이 늘어났고, 일제 강점기 시대에는 당연히 일본요리가 널리 알려졌다. 서양 선교사들이나 서울에 있던 외국어 학교 등을 통해서 서양요리도 활발하게 도입되었다.

한편 조선 왕조가 몰락하면서 궁에서 음식을 담당했던 요리사들이 요리집을 개설하기도 하고, 수라를 담당했던 상궁들이 전통 궁중음식을 민간에 전수해주기도 했다. 그리고 여학교에서 교과과정에 조리학이 포함되면서, 전통 음식이 체계적으로 정리 및 보급되는 계기도 있었다.

역사적으로 어렵고 어두웠던 시기였지만, 우리 음식을 계승하고 발전시키려 노력했던 많은 공로자들 덕택에 우리음식의 맥이 이어졌고, 왕실의 식문화도 대중들에게 공개될 수 있었다. 이 글에서는 이러한 공로자들의 면면을 살펴봄으로써 근대 음식 문화의 특징을 살펴보려 한다.

방신영,
조리법을 체계화한 선구자

방신영 선생(1890~1977)은 서울
에서 출생하여, 기독교 신자였던 부모의 슬하에
서 일찍이 신식교육을 받은 신여성이다. 정신여
학교를 졸업하고 일본의 동경영양학교에 유학하
였다. 광주 수피아 여학교, 경성정신여학교 등에
서 교직생활을 하다가, 1929년 이화여자전문학
교에 가사과가 창설됨에 따라 교수로 부임하여
1952년까지 이화여대 교수로써 재직하였고, 큰
언니의 아들인 이석만의 가족과 함께 살았다. 방

방신영

신영 선생의 조카인 이석만 선생은 이모의 영향으로『간편조선요리제법』(1934)과
『신영양요리법』(1935)을 발간하여 영양학의 기초이론을 설명하고, 제철식단, 제철
재료를 이용한 매일 식단표를 함께 실었다.

방신영 선생의 대표적인 저서는 1913년에 최초의 우리 음식 조리책인『요리제법』
으로 알려져 있다. 그러나 이 책은 현재 남아있지 않아 자세한 내용은 알 수가 없
다. 1917년, 1942년에『조선요리제법』으로 발간되었고, 그 후 1952년 증보 수정판
이『우리나라 음식 만드는 법』으로 제목이 수정되어 발간되었으며, 1958년 또다
시 증보 개정되어, 46년간 30회에 걸쳐 증보 개정되었다. 이화여대를 정년퇴임한
후 1956년에는『음식 관리법』(1957),『다른 나라 음식 만드는 법』(1958)에 중·고
교 실습교과서인『중등요리실습』,『고등요리실습』을 출판하였다.

『요리제법』을 최초로 쓸 당시 방신영 선생은 17살이었다. 어머니의 조리법을 전수
받아, 재료와 분량, 만드는 법을 우리말로 정리하였고, 23세가 되던 해에『조선요
리제법』으로 출간하게 되었다. 책의 내용은 단순요리서의 개념을 넘어 조리과학서
라 할 수 있을 정도이다. 기초조리방법론이라 할 요리용어의 해설, 중량비교, 음식
저장법 등이 실려 있다. 요리용어 해설에는 기명(器名)과 육류 및 생선류의 부분
명칭, 식물의 명칭 등도 수록되어 있어 식품사적 의미에서도 큰 의의가 있다. 그리
고 식품저장의 원리와 남은 음식, 상한 음식의 처리, 해독에 관한 기술은 우리 선

조들의 지혜를 잘 계승하고 있다.

주식류로 밥, 죽, 미음 등 40종, 부식류 28항목 300여 종, 후식류로는 과정류와 화채류가 80여 종, 떡 만드는 법 55종 소개되어 있다. 또한 분말 만드는 법을 종류별로 소개한 점이 이 책의 중요한 부분이라 하겠다. 그리고 많지는 않으나 부분적으로 외국요리가 소개되고 있어 이 시대의 사회상을 엿볼 수 있다.

1942년판 서문에 의하면 저술 동기는 다음과 같다.

그린고토 과학이 발달되고 위생이 보급된 각국에서는 음식물에 대한 연구와 음식 만드는 법에 대하여 크게 노력합니다. 그러나 우리 조선에는 이에 대한 책자도 없는 것을 유감으로 여겨서 천견을 불구하고 책을 저술하였습니다.

이러한 저술동기는 음식사의 선구자 역할을 자임한 것이다. 이화여대 김활란 총장은 책의 서문에 "요리법을 연구하는 학도들은 언제나 그 책상에서 이 책이 떠나지 않을 것입니다"라고 크게 칭찬하였고, 이성우 교수는 "한국 요리의 바이블적 위치"라고 매우 높게 평가하였다. 또한 이화여전에서 가사과를 창설한 모리스(Harriet Morris) 교수에 의해 1943년 미국에서 이 책을 번역한 『Korean Recipes(한식조리법)』라는 제목으로 출간되어, 우리 음식을 처음으로 서구에 전하는 계기가 되었다.

김활란 총장은 서문에서 "우리 여성들은 각 가정에서 아침저녁으로 이 책을 애용할 것"이라 예측하였다. 당시 조교였던 유복덕 선생의 회고에 의하면 과연 책의 판매 부수도 대단했다고 한다.

필자의 집에도 방신영 선생의 저서가 유산으로 남아 있다. 친할머니가 보시던 『조선요리제법』과 외할머니가 보시던 『우리나라 음식 만드는 법』이 모두 방신영 선생의 책이다.

친할머니가 보시던 『조선요리제법』은 1939년경 구입하신 것으로 추정되는데, 보관상태가 좋지 않고 앞뒤 표지가 결락되어 정확한 출판연도를 알 도리가 없다. 전라도 손맛으로 정평이 나 있는 친할머니는 시집을 당시에 부엌일을 전혀 못하셨다고 한다. 서슬퍼런 시집살이를 하는 18살 새색시가 하루는 진밥, 하루는 된밥을 하여 부뚜막 곁에서 겁먹고 울고 있는 모습을 본 남편이 읍내에서 『조선요리제법』

을 사오셨단다. 새벽밥을 지을 때 할아버지께서는 부엌 한켠에서 그날 아침 밥상에 올라갈 국이며 반찬의 조리법을 당신의 새색시에게 읽어주면, 그것에 따라 아침상을 차려 내시면서 시집살이의 고비를 하루 하루 넘기시게 되었다. 내가 기억하는 두분은 서로 말씀도 잘 나누지 않는 무뚝뚝한 부부셨는데, 그런 살가운 신혼의 정이 있으셨나보다. 그 후 시어머니의 혹독한 트레이닝의 결과인지, 아침마다 살뜰하게 요리책을 읽어주는 남편의 과학적 요리 지도때문인지는 알 도리가 없지만, 친할머니는 인근에 소문난 솜씨꾼이 되셨다.

『조선요리제법』이 나주의 한 동네에 사는 시골 신혼부부에게 홍보가 되고, 정지간(전라도에서는 부엌을 이렇게 불렀다)의 살강(선반)에 간직될 정도였으니, 전국적으로 베스트셀러였던 것은 충분히 짐작할 수 있는 일이다.

외할머니가 보시던 책은 청구문화사에서 발간된 『우리나라 음식 만드는 법』(1954)이다. 이 책의 판권지에는 단기 4287년 4월 5일 초판발행이라고 인쇄되어 있고, 방신영 선생의 도장이 빨갛게 찍혀있으며, 책값은 700원이다. 이 책은 이모가 어머니 날 선물로 드린 것이라고 한다.

외갓집은 식구가 많아 살림규모가 매우 컸다. 장을 담는 날이면 외할머니는 장독대에 나와, 이 책을 한 손에 들고, 물과 소금의 양을 '말', '되'로 계량하며 찬모 아주머니들을 진두지휘하셨다고 한다. 외할머니는 필자에게 『우리나라 음식 만드는 법』을 소중한 유품으로 전해주셨다.

이렇듯 시골 할머니들의 손에까지 방신영 선생의 조리서가 건네진 것으로 보아, 당시 우리나라의 여성들에게 활자화된 우리말 요리서가 얼마나 절실했는지를 짐작할 수 있다. 방신영 선생의 저서는 교단에서 우리나라 요리를 강의하면서 쓴 최초의 책이며, 가장 많이 보급된 요리책으로 우리나라 전통요리의 방향을 제시해준 책으로 그 의미가 크다. 전통에 바탕을 둔 요리 솜씨의 방향을 제시하였고 계속적인 수정본을 거듭하여 완성된 요리책의 시초라고 할 수 있다.

『개정증보 조선요리제법』
제3판(1943년). 한글박물관 소장

손정규,
현대식 가사 교과서를 편찬하다

손정규(1896~?) 선생은 경성여자고등보통학교(현 경기여자고등학교) 제1회 졸업생으로, 일본으로 유학하여 도쿄여자고등사범학교에서 수학했다. 도쿄여자고등사범학교는 명문 사범학교여서 손정규 선생은 엘리트 의식이 대단한 졸업생 중 한명이었다.

손정규

도쿄여자고등사범학교를 졸업한 후 손정규 선생은 모교인 경기여자고등학교에 교사로 부임하였다. 『경기 80년사』에서는 당시 선생께서 유일한 여교사로써 학생들의 존경과 인기를 한몸에 받았다고 회고하고 있다. 그 시절 손정규 선생의 동정이 신문과 잡지에 자주 기사화가 될 정도로 유명인사였다. 광복 직후에 서울대학교 사범대학 가정과의 전신인 경성여자사범학교의 초대 학장을 거쳐 서울대학교 초대 여학생처장을 맡기도 했다. 그런데 안타깝게도 전란 중 납치되어 생사불명이 되고 말았다.

손정규 선생은 1949년 우리나라 여자중학교에서 처음 채택된 가사(家事) 교과서를 저술하였고, 일본어로 발행된 선생의 저서 『조선요리』(1940)는 후에 한글로 번역되어 『우리음식』(1948)으로 발간되었다. 또한 전통 궁중요리 분야의 고전인 『궁중요리(宮中料理)』(1950)도 선생의 저서이다. 훗날 이성우 교수는 이 책에 대해서 다음과 같이 평하였다.

우리 조리법을 일본말로 써서 그들에게 우리의 훌륭한 조리를 나아가서는 우리의 문화를 자랑하였고, 또 안으로는 우리 여성들에게 조리를 통하여 자부심을 갖게 하였다.

선생은 특히 궁중음식 및 문화 연구에 많은 관심을 가졌다. 궁중에서 근무하던 아버지를 따라 어릴 때부터 궁중생활을 익히게 되었고, 일제 말기인 1939~1945년에는 전통 한국의 궁중생활연구에 몰두하여 운현궁(雲峴宮)을 출입하면서 상궁들로부터 궁중의전, 궁중요리, 궁중풍습을 전수받게 된 인연으로 궁중에서 사용하던 구절판과 신선로를 제작하여 일반가정에 보급하는 운동을 벌였다. 또한 『도문대작』, 『주방문』 등 조선시대 조리서를 복사하여 배포하기도 했다. 선생의 저서의 인세 기금은 경기여자고등학교 장학금으로 조성되었다.

한국 가정학 정립의 토대를 마련하였던 선생은 늘 단정한 한복차림을 즐기던 미혼의 엘리트 여성이었다. 인민군에 피랍되지 않았다면 학계를 넘어 훌륭한 여성지도자가 되었겠지만, 안타까운 역사로 마음을 저리게 한다.

1940년 일본어로 출간된 『조선요리』 중에서 순대국 만드는 법

조자호,
전통 병과 전문가

고관 양반집의 후손인 조자호 선생은 서울 반가(班家)의 전통요리를 잘 계승하여, 떡과 과자 솜씨로 명성이 높았다. 선생은 구한말의 명문대가 출신으로 비운의 마지막 황제 순종의 황후 윤비(尹妃)와는 이종사촌간이 된다. 큰언니는 민 충정공의 며느리가 되었고, 둘째 언니도 민씨 집안에 출가하였다. 당시 명문가의 딸들은 학교에 보내지 않는 것이 관례였는데 조자호 선생은 공부가 하고 싶어서 가출을 감행하여, 동덕여학교에서 수학하였다. 신식교육을 받은 것이 후에 전통 한식을 일반에 전파하는 활동을 하는 계기가 되었다.

조자호 선생은 1939년에 『조선요리법』을 저술하였다. 내용은 한국음식의 조리법과 상차림법 등을 기술한 것이다. 이 책을 저술할 당시의 선생은 28세였다. 『조선요리법』은 각 가정에 전승되어 오던 맛과 비법을 공개하여 대중적으로 공유하고, 전통적인 우리 맛을 후대에 전승시키고자 하는 의도로 저술하였다. 시절식을 비롯한 425가지의 음식과 43가지의 음식 및 의례상식을 근대적 문체로 상세하게 기술하였다. 선생은 책의 서문에 다음과 같이 밝혔다.

아무리 좋은 음식이라도 요리하는 사람의 편벽된 사욕 때문에 세상에 그 만드는 법이 널리 알려지지 못하는 일이 왕왕 있어 어떤 경우에는 아주 소멸되어 버리는 것도 있으니, 나는 이것을 크게 유감으로 여기어 지금까지 보고 들은 바를 아는 데까지 기술한 것입니다.

조자호 선생은 대대로 음식솜씨가 유명한 집에서 자라난 탓에 솜씨를 이어받았고, 눈으로 보고 먹어본 솜씨와 맛의 기억을 되살려 사라지려는 우리 고유의 음식을 지켜내려고 노력하였다. 조선생 어머니의 '저냐[煎油魚]' 솜씨는 고종 황제가 찬탄할 지경이어서 항간에서는 '대궐 음식과 조 정승 댁 음식을 비교할 때 어느 것이 나을까' 하는 말이 나돌 정도였다고 한다.

또한 조자호 선생은 이종 언니인 윤비와 가깝게 지내면서 자신의 친정인 조선 사대부 집안의 음식과 궁중음식을 두루 익힐 수 있었다. 윤비를 곁에서 모셨던 김 상궁, 성 상궁, 대궐 수라간 나인 출신인 한희순 상궁과 교류하면서 궁중의 음식 조리법을 익혀서 체계화하였다. 그래서 조자호 선생과 한희순 상궁과의 교류를 통해서 궁중음식과 반가음식의 한국 전통음식 가계도를 새롭게 이어가게 하셨다.

조자호 선생은 일본 동경 제과학교에 유학하여 1939년에 졸업하였고 1940년에 박순천, 황신덕, 박승호 선생들과 함께 경성가정여숙(현재 중앙여고의 전신)을 설립, 교사로 취임하여 전통음식과 예법을 복원하는 일에 힘썼다.

특히 조자호 선생은 신문에 한식 조리법을 연재하면서 강습회를 개최하는 등 우리 음식을 일반 대중에게 전파하는 데 힘썼다. 조자호 선생이 1937년부터 1940년 8월까지 동아일보에 연재한 기사들의 제목은 다음과 같다.

- 조선 요리로 본격적인 정월 음식 몇 가지 – 이것쯤 모르시고야 말이 됩니까? 못해 잡수어도 알아는 두십시오.
- 생각만 해도 입맛 나는 봄철의 조선 요리 – 햇것 나는 대로 시험해 보십시오.
- 남녀 아가 구별이 있는 돌상 차리는 법 – 떡은 짝 맞추지 않는 법입니다.
- 봄이 되면 차리기 좋은 환갑잔치 차림
- 봄 타는 입에도 맞는 조선 음식 몇 가지 – 특히 술안주에 적당합니다.
- 첫여름에 차릴 수 있는 생일과 신랑신부의 상
- 주부의 자랑이 되는 여름철 조선 요리 – 경제 되고 제조법도 간단합니다.

70

이와 같이 일반인들에게 전하는 친근한 조리법을 알려 주었다.

1939년 4월 17일부터 6일간 여자기독청년회(YWCA) 주최로 동아일보의 후원을 받아 조 선생의 '춘계요리강습회'가 열렸고 이와 관련된 내용이 10회 연재 되었을 정도로 명성이 매우 높았다.

조자호 선생은 우리 음식과 예법을 지키고 시대에 맞게 복원하기 위해 많은 노력을 하였고, 그러한 활동은 일제 말기 조선총독부의 눈에 거슬리는 것이어서 수시로 경찰서에 끌려가서 많은 고초를 겪기도 하였다.

한국전쟁 이후 1953년 신신백화점에서 우리나라 최초의 한과점인 '한국다과점'을 개업했다. 지금도 유명한 '호원당'의 전신이다. 1965년부터 이화여대 앞으로 매장을 옮겼다. 궁중의 떡 제조비법 등을 호원당에서 되살려냈고, 고종이 찬사를 보냈다는 두텁떡이 호원당의 자랑이다. 호원당은 이승만 대통령 재임 시절부터 오랫

동안 청와대의 크고 작은 행사를 도맡아 할 만큼 명성을 떨친 전통 떡·과자점이다. 후손들이 3대째 가업을 잇고 있고, 미국 L.A. 등지에도 분점이 개설되었다.

호원당의 가업을 이어받은 이는 조자호 선생의 둘째 며느리 최창순씨이다. 최씨는 대학에서 의상학을 전공하고 패션디자이너를 꿈꾸던 의상학도였다. 국제패션학원에서 의상을 가르치던 최씨는 1969년 결혼과 함께 가업을 이어받기 위해 떡 반죽을 주무르는 새로운 인생을 시작하게 된다. 최씨는 당시를 이렇게 회상했다.

반죽하고 재료 써는 법부터 배워야 했지요. 그렇게 자상하시던 시어머니도 떡을 만드는 것을 가르치실 때는 어찌나 엄격하시던지…. 제대로 못할 때는 눈물이 절로 쏙 나올 만큼 호되게 야단치셨어요.

조자호 선생은 우리 전통 한식의 고급화와 체계화를 위해 애쓰고, 한식 조리법을 일반 대중에게 전파하는 일에 힘을 다하셨고, 고급 병과류 제품을 일반인들에게 알리는 일에 앞장 서셨다.

71

1953년 우리나라 최초의 한과점인 '한국다과점'이 입점했던 신신백화점

프란체스카 여사 생신 고임상

해리엇 모리스,
한국 여성을 위한 가정학 교수

해리엇 모리스(Harriet Morris, 1984~?) 선생은 미국 캔자스 출신으로 선교사로 내한하여 이화여자전문학교 교수로 재직했다. 1929년 이화여자전문학교에 가정학과를 창설, 한국 여성을 위한 가정학 교육을 실시했다. 우리나라 가정학의 발달사에서 해리엇 모리스 선생의 영향은 매우 컸다. 처음 가정학이 개설된 당시는 미국 식교육의 영향이 매우 짙었으며, 이를 기초로 하여 한국 가정학은 의식주의 기

해리엇 모리스

본생활을 향상시키는 것을 기초로 하여 발달하게 되었다.

1977년 경향신문 기사에 의하면, 1976년 당시 전국에 8개 대학에만 가정대학이 개설되었고, 이화여대에서 처음으로 가정학 박사학위 과정을 개설한다고 하였다. 방신영 선생의 『조선요리법』을 기초로 하여 1940년 미국에서 『Korean Recipes(조선요리법)』을 출판하여 8,000권이나 판매되었다. 판매수익으로 방신영 선생이 1년간 미국에서 연수를 할 수 있도록 후원하였고, 이화여전의 가정과 시

Korean Recipes

설에도 희사하였다. 현재 이화여대에는 생활환경관 건물이 있는데, 이 건물은 가정과의 창설자이자, 많은 기부금을 희사하신 해리엇 모리스 선생을 기념하기 위하여 '모리스관'이라고 명명하였다. 현재 식품영양학과가 그 건물에 위치하고 있다.

저서로는 한글판 『서양 요리』(1930), 『한국에 맞는 서양요리』(1953)가 있다. 한글판 서양요리책인 『서양 요리』는 아침, 점심, 저녁, 후식으로 메뉴를 분류하여 구성하였다. 『한국에 맞는 서양요리』는 헤리엇 모리스 선생이 수업 중 사용하던 교재를 바탕으로 저술된 것이다. 내용은 각종 음료, 빵, 스프, 샐러드 만들기, 과일, 야채, 생선, 육류 다루기 등의 300여 종의 조리법을 다루고 있다. 이 책은 이화여대 가정과 실습 교재로도 이용되었다. 해리엇 모리스 선생의 제자인 손경희 교수(전 연세대학교 생활과학대학 학장)는 당시 조교로써 수업을 도왔는데, 수업 내용은 서양조리법과 더불어 식품학의 이론적 배경을 설명하여, 합리적이고 과학적인 요리를 지도하였다고 기억하고 있다.

해리엇 모리스 선생은 우리나라 가정학 발전의 기초를 만들었고, 특별히 우리나라 음식 만드는 법을 서구에 알리는 큰 발판을 마련하신 분이다.

한희순,
수랏간에서 평생을 보낸 주방상궁

한희순 상궁(1889~1972)은 조선
의 마지막 상궁이자, 국내 최고의 궁중음식 전
문가들에게 국보급 기술을 전수한 분이다.
2003년 빅히트작 MBC 드라마 〈대장금〉 열풍은
'궁중음식 신드롬'을 낳았다. 장금의 스승 역할
을 맡은 '한상궁'의 모델이 바로 한희순 상궁으
로 알려져 있다.
한희순 상궁은 13세에 궁중에 들어가 소주방에
서 일을 시작했다. 소주방은 잘 알려진 바와 같
이 수라간을 의미한다. 소주방은 왕과 왕비의 조석

**마지막 주방상궁 한희순의
관례복 입은 모습**

상을 차리는 안소주방과 궐내의 크고 작은 잔치나 고위 관료들의 생일상, 그리고
차례, 고사 등을 담당하는 바깥소주방으로 나뉜다.

막내 상궁 시절에는 음식상 차리는 일은 하지 않고 음식재료를 다듬고 설거지를
하거나 대궐에 불 밝히는 일을 도맡았다고 한다. 잔심부름을 하던 한희순 상궁은
특유의 성실한 자세가 주방상궁의 눈에 띄어 고종의 수라상을 차리는 일을 맡게
되었는데, 실수 한 번 없이 수라상을 차려냈다고 한다.

한 상궁이 정식 주방상궁이 된 시점은 잘 알려져 있지 않다. 1926년 순종이 승하
하기 3개월 전 한 상궁이 수라간 궁녀 중 가장 적은 축에 속하는 54원의 월급을
받았다는 기록과, 3~4년 후 궁녀들이 대거 궐밖으로 빠져나갔다는 '설'을 감안한
다면 1930년 무렵, 주방상궁으로 올랐을 가능성을 추측할 뿐이다.

순종이 1910년 일제에 의해 폐위된 이후 한 상궁은 낙선재에서 순종과 윤비를 모
셨다. 특히 황후 윤비에게 온갖 정성을 다하여, 윤비에게는 한 상궁이 벗이자 어
머니와 마찬가지였다고 전해진다.

한희순 상궁의 솜씨는 궁중음식은 물론, 아이스크림이나 수프 등 양식상도 잘 차
렸다고 전한다. 임금과 왕비가 입맛이 없을 때면 신기하게도 그 입맛을 다시 돋
우게 하는 재주도 있었다고도 한다. 제자인 황혜성 교수는 "세상에서 어떤 음식

왕실에 남아 있던 본방 내인들(한희순·박창복·김명길·성옥염)과 황혜성(왼쪽 첫번째)

궁중음식연구원 개원식(1971년) (왼쪽부터 한희순 상궁, 김병설, 황혜성)

이라도 한 번 맛을 보면 양념이 무엇이고, 양이 얼마만큼 들어갔는지 족집게처럼 집어냈다"며 맛을 직감하는 감각이 당대에는 다시 없을 것이라고 회고하였다.

1910년 한일합방 이후부터는 고종은 물론, 순종의 수라상도 도맡아 차렸다. 한국 전쟁 이후 한 상궁으로부터 음식 기술을 전수받은 제자들은 고종과 순종의 식습 관과 성격까지 세세하게 전해들을 수 있었다고 전한다.

순종이 승하하고 궐내의 궁녀 처소가 전부 폐쇄되자 한 상궁은 현재 풍문여고 뒤쪽에 위치한 안국동 별궁에서 생활하며 세 명의 수라간 궁녀와 학생들에게 궁 중음식을 전수했다. 유일한 친족인 조카 한춘남 씨가 전하는 말에 의하면, "포를 햇볕에 말릴 때 파리가 포에 올라오지 않도록 하루종일 부채를 든 궁녀를 포 옆 에서 지키게 할 정도로 정성을 쏟았다"고 할 정도로 음식 조리에 있어서 정성을 강조했고, 조리교육은 엄하고 꼼꼼하게 진행되었다. 한희순 상궁은 궁녀였지만 때 로는 엄하고도 자상한 스승이었다.

한희순 상궁의 직계 제자는 황혜성(전 궁중음식연구원 이사장) 교수이다. 황혜성 교수는 일본 교토여자전문학교에서 유학하고 귀국한 뒤, 1942년 숙명여자전문학교 (현 숙명여자대학교)에서 '조선음식'이란 강의를 했다. 당시 23세였던 황혜성 교수 는 같은 학교의 일본인 교장 오다 쇼고의 소개로 낙선재에 들어가 한 상궁으로부 터 궁중음식을 배우게 되었고, 이후로도 30여 년 전수를 받았으며, 염초애 교수가 그 솜씨를 전수받게 된다. 황혜성 교수의 추천으로 한희순 상궁은 1950년대 중반 부터 숙명여대에서 궁중음식 강사로 후학에게 궁중음식을 전수하기도 하였다.

한희순 상궁이 81세가 되던 해인 1971년 1월 6일, 중요무형문화재 '조선왕조 궁중 음식' 기능보유자 1호로 지정되었고, 그의 제자인 황혜성 교수와 『이조궁정요리통 고(李朝宮廷料理通攷)』를 출간하게 된다. 또 직계 제자인 황혜성 교수의 딸들인 한복려, 한복진, 한복선 세 딸들에게 그 솜씨가 전해지게 되었고, 이제는 손녀딸까 지 이어지게 되어, 명실공히 왕가의 식문화를 전수받은 가문을 탄생시키게 된다.

한희순 상궁은 무형문화재 지정을 받은 지 꼭 1년만에 세상을 떠났다. 한 상궁은 그날 거처하던 방에서 궁중 비단 저고리를 입고 고종과 순종의 사진, 그리고 윤 비의 능을 향해 삼배한 뒤 염불을 외우며 눈을 감았다고 전해진다. 한희순 상궁 은 조선시대 마지막 주방상궁으로서 한국 음식문화의 정수라 할 수 있는 궁중음 식을 현대적으로 되살려 계승 발전시키는 데도 주도적 역할을 하였다.

안순환과 손수남,
대령숙수 출신 요릿집 요리사

대령숙수(待令熟手)는 조선시대
의 남자 전문조리사이다. 궁중의 잔치인 진연이
나 진찬 때는 대령숙수들이 음식을 만든다. 대
령숙수는 세습에 의해 대대로 그 기술을 전수
했고, 궁밖에 살면서 궁중의 잔치 때 궁에 들어
와 음식을 만들었다. 수랏간 여자 상궁들이 왕
을 위한 일상식을 조리했다면, 대령숙수는 왕이
진연을 베풀 때 연회용 음식을 만든 사람들이라
할 수 있다.

안순환

수랏간 상궁과 대령숙수의 업무는 분명하게 구분되었다. 솜씨가 좋은 숙수들은
대부분 대를 이어가며 궁궐에서 일을 했지만, 조선말 나라가 망하자 일반 요릿집
으로 나가 일을 하게 되었고, 이는 궁중의 연회음식이 일반에게도 알려지는 계기
가 되었다.

명월관 설립자 안순환(1871~1942)은 대령숙수로 연향음식을 책임지던 숙수이
며, 전선사 사장으로도 일했다. 그 시절에 두가지 직책을 맡은 것으로 보아 그의
능력이 대단했음을 짐작할 수 있다.

안순환은 1903년 무렵 황토마루(현 동아일보사 터)에 조선 최초의 요릿집 명월
관을 개설했다. 당시 우리나라에는 지금과 같은 요릿집이 존재하지 않았다. 손님
은 집으로 불러 대접하는 것이 일반적인 방법이었다. 당시 고관대작들은 외국의
공사관들과 만남을 위해 요릿집을 이용했다. 당시 서울에는 소공동을 중심으로
청요릿집들이 있었고, 진고개를 중심으로 일본요릿집이 있었다. 서울에 대거 진
출한 일본인들은 충무로 일대를 중심으로 하여 집단적으로 거류하게 되었다. 자
연히 술과 여자가 있는 일본요릿집이 문을 열었다. 청요릿집이나 일본요릿집이 저
마다 성업 중이니 자연 우수한 조선음식을 전문으로 하는 요릿집이 문을 연다면
분명 성공할 수 있다고 판단했을 것이다.

명월관은 회색의 2층 한양(韓洋) 절충식 건물로, 아래층은 온돌이며, 2층은 마루 바닥을 깔고 대문은 서쪽으로 냈다. 마당에서 직접 2층으로 올라가도록 화강석으로 계단을 놓은 명월관은 호화롭고 웅장하면서도 정연한 자태를 느낄 수 있었다. 조선음식을 판매하고 연회장으로서의 역할을 수행하며 교자상을 배달까지 해 주는 요릿집의 탄생은 그야말로 획기적인 일이었다.

명월관에서는 조선의 왕가음식, 일본음식, 서양음식을 함께 내놓았다. 명월관 음식은 그 당시 전국 기생집의 표본이 되기도 하였고, 특히 한정식의 한 맥을 만들게 되었다.

명월관은 민가의 일상식이나 잔치음식이 아니라 연회의 주안상이 주가 되는 요릿집이었기에 요리에서 멋과 맛의 조화는 필수적인 것이었다. 궁중에는 겸상(兼床)이란 것이 없었으므로 사람 한 명당 본상과 곁상을 마련하였다. 그러나 명월관에서는 은그릇에 탕조치, 장산적, 삼합장과, 김치, 튀각, 편육, 숙채, 생채젓갈, 포자반 등으로 12첩상을 차렸다. 거기에 별찬으로 육회, 어회, 어채, 수란을 곁들인 왕실만의 요리를 그대로 적용하였다. 그래서 명월관은 장안의 최상급 요리를 접할 수 있는 곳으로 인기를 끌었다.

그는 독상 문화였던 음식상차림을 여럿이 함께 먹을 수 있는 교자상으로 개발하여 이후 한정식의 원형을 만들어냈다. 또한 궁중음식을 개량하여 술상차림인 건교자(乾交子)와 밥상차림인 식교자(食交子)를 개발하였다. 원래 교자(交子)란 궁중연회가 끝난 후에 임금이 민간에 하사하는 사찬(賜饌) 중에 한 상에 30인분의 음식을 차리거나, 한 그릇에 10인분의 메밀국수를 담아 하사한 음식상으로, 여러 명이 둘러앉아 먹었다. 그러나 안순환이 관에서 교자상 음식을 새롭게 개발하면서 4인이 둘러앉아 먹을 수 있도록 조정하였다. 이 상차림이 현재 한정식의 원조라 할 수 있다.

교자상에 올라오는 요리는 약주, 신선로, 전골, 찌개, 찜, 육포, 어포 같은 포, 건어, 전, 편, 회, 생채류, 나박김치, 초간장, 간장, 겨자즙, 과일, 떡과 한과 등이었다. 다양한 한상 차림에서 가장 주목을 받았던 요리는 신선로(神仙爐)였다. 상의 가장 중앙에 오르는 신선로는 '먹어서 입이 즐겁다'라는 뜻의 열구자탕(悅口子湯)이라고도 했다. 명월관 냉면은 매우 유명하여 고종도 즐겨했다고 전해지고 있고, 근대 조리서인 『부인필지』에도 '명월관 냉면' 조리법이 기술되어 있을 정도이다.

안순환은 명월관의 최고 경영자로서 명월관에 오는 손님들을 자부심으로 맞이하였다. 명월관에 찾아 온 손님들을 보며 이방 저방 돌아다니며 요리가 어떠한가를 묻는 것이 흡사 현대의 레스토랑 오너들이 손님을 응대하는 모습과 유사하였다.

명월관으로 명성과 부를 축적한 안순환은 명월관 화재 이후 명월관의 상호를 판매하는 사업적 마인드를 가졌다. 그 후에는 다시 식도원을 설립하였고 성공적으로 운영하여 두번째로 요릿집을 성공시켰다.

1919년 3월 1일 민족대표 33인이 독립선언서를 낭독한 곳도 명월관의 분점이었던 태화관(泰和館)이었다. 이날부터 명월관 인사동 분점의 영업은 정지되었다. 이처럼 명월관은 기생집의 시초라는 세간의 숱한 오명과 함께 우리 역사의 잊지 못할 장소로 기억되는 곳이 되었다.

안순환과 함께 중요하게 기억해야 할 대령숙수 출신 요리사로 손수남이 있었다. 손수남 숙수는 충남 아산 출신으로 12세 때인 1910년 안국동 별궁의 숙설고의 숙수로 들어갔다. 숙수들의 교육은 매우 엄격하여, 칼등으로 머리를 맞아가며 조리기술을 익혔다고 전한다.

순종에게 음식을 올린 최고 책임자 숙수였던 손수남은 조선왕조가 해체된 이후 당대의 최고 요릿집인 대한관, 태선관, 명월관 등에서 요리를 만들었다.

손수남 숙수의 인터뷰 기사 내용에 보면, 당시 큰 상점 매상이 100원이 채 못 되었을 때, 요릿집 요리사는 2~300원씩 한복 허리띠에 띠고 다니며 돈을 쓸 정도였다고 한다. 당시 요릿집에서 숙수들을 스카웃하기 위해 노력했였고, 처우 또한 매우 좋았던 것으로 추정된다.

조선식 건물과 서양식 건물 양식을 혼합한 최초의 조선음식 요릿집 명월관

인사동에 있었던 명월관의 분점 태화관. 이곳에서 민족대표 33인의 독립선언서 낭독이 있었다.
그 뒤 태화관의 영업이 정지되었다.

참고문헌

『경기여고 80년사』, 경기여자고등학교, 1988

『우리가 정말 알아야 할 우리 음식 백가지 2』, 현암사, 2011

『이화칠십년사(梨花七十年史)』, 이화여자대학교출판부, 1957

『한국민족문화대백과』, 한국학중앙연구원,

강인희, 『한국식생활사』, 삼영사, 2000

월간식당 1987.4 조선조 궁중 요리사 손수남 옹, 66-67

이성우, 『힌국·식경대진(韓國食經大典)』, 향분사, 1981

이성우, 『한국요리문화사』, 향문사, 1985

한복진, 『우리생활 100년·음식』, 현암사, 2002

황교익, 『한국음식문화 박물지』, 따비, 2011

http://food.co.kr/

http://ilyo.co.kr/

http://www.aflnews.co.kr/

http://www.cyworld.com/eunayoon/

http://www.howondang.co.kr

http://www.kyosu.net/news/

근대 한식의 풍경

3부

근대 조리서와 그 속의 음식

1 근대의 조리서

한복진 — 전주대학교

일제강점기에는 여학교에서 여성교육을 하면서 가사과 과목으로 조리 실습이 필수과목이 되었고, 또한 이를 위한 교재도 필요하게 되었다. 그리하여 1920년대 여자사범학교와 여자대학 가정과에서 한국조리, 서양조리, 일본조리 교재들이 출간되었다. 일부 지식인들은 일본과 미국 등지에 유학하여 식품학, 영양학, 조리학 등을 배우고 돌아와 관련 서적을 출간하였고, 한국음식도 조리과학적 체계를 갖추게 되었다.

근대의 조리서는 대부분 한글 납활자의 인쇄본이고, 때로 일어와 영어로 된 책도 출간되었다. 드물게 필사체와 등사본으로 된 조리서도 있었다. 일부 조리서에는 음식의 재료나 조리 과정, 완성 모습을 그림 혹은 흑백사진으로 수록하여 보다 쉽게 요리를 이해할 수 있도록 배려하였다. 이 글에서는 근대기의 중요한 조리서들을 하나하나 살펴봄으로써 근대 한국음식이 조리과학으로 체계화된 과정을 살펴보고자 한다.

반찬등속(1913년)
(饌饍繕冊)

『반찬등속』은 충청북도 청주시 일대 에 살았던 이가 쓴 서적으로, 20세기 초 충청도지 역의 식생활 문화를 알려주는 문헌이다. 이 책은 앞 뒤 표지 2장을 포함하여 전체가 32장으로 된 필사 본으로, 한글로 쓰인 조리서와 한문으로 쓰인 문자 책으로 표지에는 "반츤하는 등속, 饌饍繕冊"이라 적었고, '계축납월 이십사일'이라 적혀있으니 연대

는 1913년이다. 찬자 미상이었던 이 책이 19세기 말 진주강씨 집안의 며느리인 밀 양손씨가 제작해 1913년 손자가 재정리한 것으로 조사됐다. 그리고 이 책은 음식 이외에 혼례용품이나 생활가구들을 적고 있다.

이 책은 평소 집에서 해먹었던 반찬에 해당하는 조리법이 많아서 전체 46종 중 25종이 찬물에 해당되며, 이는 서명에서도 알 수 있듯이 평소에 밥과 함께 먹었 던 반찬을 위주로 서술하였기 때문이다.

김치는 7종으로 무김치, 깍두기(1)(2), 고초김치(1)(2), 오이김치(1)(2)이고. 짠지는

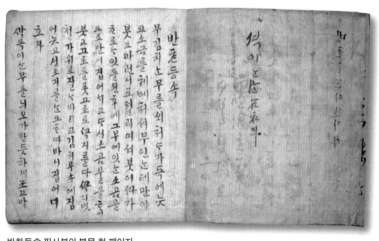

반찬등속 필사본의 본문 첫 페이지

10종으로 짠지, 무짠지, 고춧잎짠지, 배추짠지, 마늘짠지, 북어짠지, 파짠지, 박짠지, 전복짠지, 콩짠지이고, 기타 반찬은 9종으로 참등나무순과 토면쥬거리, 북어무침, 북어대강이, 가물치회, 오리고기, 육회, 전골지짐, 고추장 맛나게 먹는 법과 만두가 나온다. 음료와 술은 5종으로 슈증과(수정과), 식혜, 과주, 약주, 연잎술이고, 과자는 5종으로 산자, 과즐, 중박기, 박고지, 정과(생강, 모과, 연근)이고, 떡은 10종으로 증편, 백편, 꿀떡, 곶감떡, 화병, 송편, 염주떡, 흰떡 오래 두는 법과 약밥과 주악이 들어간다.

김치에는 충청도이 특징으로 생조기를 난도히여 많은 것이 특징이고, 갓뎅기(깍뚜기)는 무를 썰어 새우젓과 고추를 다져 넣었다. 짠지 종류로 무, 고초잎, 북어, 전복, 파, 박 등이 있는데 거의 재료를 소금에 절이거나 말려서 진간장을 부어 절인 장아찌이고, 콩짠지는 북어대가리를 한데 넣고 조린 찬이다. 전골지짐에는 쇠골과 고기가 쓰였고, 만두는 메밀가루로 반죽하여 배추와 고기를 소로 넣어 국에 넣어 삶았다.

과자류 중 산자는 밀가루로 반죽한 바탕을 기름에 지져서 엿을 바르고 찹쌀 튀밥을 묻혔고, 과즐은 밀가루로 만든 약과이고, 약밥에는 곶감과 생강을 넣은 것이 특이하다. 연입셔(연잎주)는 밥과 누룩을 연잎에 싸서 4일만에 먹는 특이한 술이고, 수정과는 곶감을 꿀물에 담근 것이다.

부인필지(1915년)
(婦人必知)

　　빙허각 이씨가 지은 가정백과서인 『규합총서』는 1815년경에 나왔고, 『간본 규합총서』(1869)는 원저에서 어려운 문장이나 번잡한 것을 빼고 가정의 식생활에 필요한 것만을 뽑고, 여기에 몇 조목을 첨가하여 목판으로 간행한 책이다. 그 후 가정생활에 긴히 필요한 것만을 뽑아내고 사회의 변천에 따라 새로운 내용을 보충한 한글 필사본 『부인필지』(1921)는 상·하 2권 1책으로 구성되어 있다. 표지에 '婦女必知 單', '夫人必知' '婦人弼支' 로 적혀있고, 총32매 분량의 소책자이다. 음식은 상권에 기록되어 있는데 낙장되어 없어진 부분이 있다.

『부인필지』 상권에는 약주제품, 장초제품, 반죽제품, 다품, 침채제품, 어육품, 상극류, 채소류, 병과류 등의 만드는 법과 조리과정의 주의점 등이 기록되어 있다. 과채수장법, 여러 가지 과일의 독, 여러 가지 기름수취법 등에 관한 내용도 수록되어 있다. 하권에는 의복, 방적, 잠상, 도침법, 세의법, 좀 못 먹게 하는 법, 수놓는 법, 사물, 물류상감 등 일상생활에 필요한 내용이 서술되어 있다.

이 책은 기존의 『규합총서』에 비해 음청류나 술, 기름에 관한 새로운 조문이 추가되어 있고, 1900년대 초 당시의 새로운 지식과 세상의 변화에 맞춰 개변된 요리가 추가되었다. 그 중 '명월 생치채'는 "꿩(생치)을 백숙으로 고아 국물을 기름기 없이 하여 동치미국에 합하고 생치 살을 찢어 넣는다."고 한 꿩김치이고, '명월관 냉면'은 "동치미국에 국수를 만다. 무·배·유자를 얇게 저며 넣고, 제육을 썰고 달걀을 부쳐 채 썰어 넣는다. 후추·배·잣을 넣는다."고 하였다. 국수에 유자를 넣고 후추를 뿌린 점이 흥미롭다.

부인필지 필사본 본문

조선료리제법 등
방신영의 한국음식 저서(1913~1952년)

저자 나이 만23세 때인 1913년에 『료리제법』이 처음 나왔다고 하나 원본 출처가 불분명하여 진위를 파악하기 어렵다. 1917년에 출간된 『조선요리제법』은 언문책으로 정가 40전인데, 어머니에게 배운 전통음식을 바탕으로 고급의 조선요리법 350칙과 부록편 외국요리 40종의 제법을 기술한 책이다. 초판은 1917년에 신문관에서 발행되었는데 초판부터 5판까지 1만 부가 팔렸고, 1934년에 증보 6판으로 내용을 대폭 수정 보완하여 1942년에는 24판까지 발행했던 당시의 베스트셀러였다. 1943년에는 영문판 『한국음식』, 1946년에 『조선음식 만드는 법』이 나왔고, 1952년에 『우리나라 음식 만드는 법』이 나왔다. 방신영이 펴낸 일련의 저서들은 [표 2]와 같다. 전통 한국음식을 시대의 변천과 독자 대상에 맞추어 계속적인 수정본을 거듭했다.

방신영은 한국음식 수백 종을 최초로 계량화한 조리법으로 정리함으로써 한식의 조리과학적인 발전과 대중화에 기여하였다. 재료의 계량단위는 숟가락, 종자, 보시기, 홉, 되, 근, 개, 마리 등으로 표기하였고, 조리단위를 몇인분인지 명기하고 있다.

『조선요리제법』 3판(1921년)에는 위관 이용기의 서문이 있고, 저자 서문은 없으며, 정가 50전, 분량은 150쪽이다. 대부분 한국음식이고 뒷부분에 일본과 서양, 중국요리가 약간 나오고 있다.

차례를 보면 전체를 29장으로 나누어 1장 「국 만드는 법」부터 25장 「장·초 만드는 법」까지는 조선음식 238종을 조리법별로 구분하고 있다. 주식류는 밥 8종, 죽 11종, 미음 5종, 암죽 3종으로 계 27종이고, 찬물류는 국 32종, 찌개 11종, 지짐이 5종, 나물 17종, 무침 4종, 포 8종, 전유어 6종, 산적 4종, 찜 5종, 회 2종, 잡종 30종, 어채 1종, 침채 12종, 젓 4종, 장·초 9종으로 계 110종이고, 병과류는 떡 46종, 다

	서명	연대	발행	비고
1	요리제법	1913	신문관	준비단계
2	조선료리제법(朝鮮料理製法)	1917	신문관	만가필비(萬家必備)의 보감(寶鑑)
	조선료리제법(朝鮮料理製法)	1921	광익서관	3판 이용기 서문, 정가 50전
	증보 조선료리제법(朝鮮料理製法)	1936	한성도서주식회사	증보 7판 주부의 동무
	일일활용 조선료리제법(朝鮮料理製法)	1939	한성도서주식회사	증보 9판 김활란, 정인보 서문
	증보개정 조선료리제법(朝鮮料理製法)	1942	광익서관	증보개정 김활란 머리말
3	한국음식 영문판	1943	미국에서 출간	모리스역
4	조선음식 만드는 법	1946	대양공사	가로쓰기, 이극로 머릿말 표지:홉과 계량스푼 546쪽+부록
5	우리나라 음식 만드는 법	1952 1958 1962	청구문화사 장충도서 국민서관	가로쓰기, 33版 부록: 각종가루 만드는법, 초만 드는법, 닭 잡는법
6	동서양과자제조법	1952	봉문관	
7	음식관리법	1956	금룡도서주식회사	
8	다른나라 음식 만드는 법	1957	국민서관	조숙임 공저
9	중등요리실습	1958	장충도서주식회사	
10	고등요리실습	1958	장충도서주식회사	

식 9종, 정과 17종, 유밀과 9종, 강정 6종, 차 4종, 화채 10종으로 계 101종이 있다. 외국요리는 일본요리 19종, 서양요리 26종, 지나(중국)요리 12종이 나오고, 마지막 장에서는 접빈하는 법과 상 차리는 법, 음식을 먹을 제 주의할 일 12가지, 상극류와 우유 먹이는 법 등이 나온다.

『조선요리제법』 개정증보판(1942년)은 전체를 60장으로 나누어 전반부에는 요리의 기초와 식품의 일반지식을 다루고, 기본적인 양념과 장류와 초, 김치 등을 다루었다. 1장은 요리 용어의 해석으로 기명(器皿)과 식품에 대한 명칭과 생산지를 적었고, 2장 중량, 3장 주의할 사항은 음식저장법, 남은 음식, 상한 음식, 해독에 대해 적혀있다. 그리고 양념법, 분말 만들기, 소금, 기름, 당류가 나온다. 이어서 저장발효음식인 장 만드는 법에는 메주 쑤는 법과 장 17종, 초 7종, 젓 5종, 포 5종, 김치 29종, 장아찌 18종, 자반 9종, 마른 것 13종이 있다.

『조선요리제법』 광고(『청춘』1917년 5월호)

주식류는 밥 12종, 떡국 5종, 만두 4종, 국수 5종과 유동식으로 죽 16종, 의이 3종, 미음 4종, 암죽 4종이 있다. 찬물은 국 41종, 찬국 3종, 즙 3종, 나물 23종, 전유어 15종, 찌개13종, 지짐이 6종, 찜 10종, 쌈 8종, 적 10종, 구이 9종, 조림 8종, 무침 7종, 어채 2종, 편육 5종, 회 5종, 묵 4종, 두부·족편, 볶음 10종과 잡록에 16종이 있다. 잡록에는 조리법 구분이 애매한 것을 모아두었는데 게장·마늘선·장떡·강회가 나오고, 계란음식으로 완숙으로 삶은 계란인 팽란과 반숙인 수란, 알쌈이 있다. 밑반찬이 되는 김자반·매듭자반·튀각·콩자반·전복쌈·해삼초·전복초·홍합초·명란 등이 있다.

병과류와 음청류, 차도 다양하게 나와 있다. 떡은 시루편과 송편 등 27종, 기름에 지진 주악은 전병과 화전을 포함하여 8종, 단자 9종과 경단과 구절판·빈대떡·밀쌈이 포함되어 있다. 특이한 떡으로 귤병떡·잡과병·석탐병·두텁떡 등이 나온다. 유밀과는 약과·중백기·만두과·약식 4종이 있는데 약식은 떡에 해당하니 잘못

들어있다. 과편 4종, 정과 11종, 강정 11종, 엿 7종, 엿강정 7종, 숙실과 4종, 다식 9종, 유밀과 4종, 화채 15종이 나오고 차는 오미자차·국화차·매화차·포도차·삼차 등 5종이 나온다.

책 마지막 부분에는 상 차리는 법에 교자상 식단의 음식명과 반배도가 실려 있다. 잔치를 봄·여름·가을·겨울로 계절에 따라 구분하였으며, 환갑차림·혼인차림·보통생일·돌차림을 구분하였다. 교자상 식단은 신선로, 과자, 시루편, 꿀, 경단, 수정과, 찜, 잡채, 전유어, 식혜, 누르미, 편육, 초장, 잡탕, 김치, 과실, 떡볶이, 약식, 어채, 다식, 국수, 과줄, 수란, 정과 등을 차렸고, 보통 손님 식단으로 국수, 편, 삼색과일, 수정과(여름에는 화채), 식혜, 전유어, 누르미, 편육, 김치, 초장, 꿀, 약식으로 차렸다. 그리고 마지막 장에는 어린아이 젖 먹이는 법으로 우유 먹이는 법을 실었다. 분유와 생유를 성장 시기에 따라 농도를 달리하는 방법과 젖먹이는 시간도 명확히 쓰여 있다.

간편조선요리제법(1934년)
(簡便朝鮮料理製法)

방신영의 조카인 이석만이 펴낸 책으로, 본래 방신영이 지은 『조선요리제법』(1917)을 간추려서 『간편조선요리제법』(1934)이라 하였다. 4·6배판 활자본으로 서문, 목차 13면, 본문 140면, 부록 44면으로 총 197면이고, 내용은 조리법 순으로 국, 찌개, 지짐이, 나물, 무침, 포, 전유어, 산적, 쌈, 회, 잡종, 다식, 정과, 어채와 화채, 유밀과, 강정, 밥, 죽, 미음, 암죽, 떡, 침채, 젓, 장, 초 등 일상 가정에서 필요한 주식과 찬물, 병과와 음료, 그리고 보존음식인 김치, 장, 초와 301가지의 우리음식 만드는 법을 상세히 적고 있다.

외국요리는 일본요리 22종, 서양요리 26종 그리고 지나요리(중국요리)12종 등 총 60종의 외국음식에 대한 다양한 조리법을 정리했고, 먹기 알맞은 계절도 명시하였다. 책의 마지막에는 접빈하는 법과 상 차리는 법, 상극류, 우유 먹이는 법이 적혀 있다.

사계의 조선요리(1934년)
(四季の朝鮮料理)

1934년 아지노모도(味の素)의 본포인 스즈키상점(鈴木商店)에서 발행한 한국음식 조리서로 한국음식 97가지가 소개되어 있다. 재료의 분량과 종류를 정확히 밝히고 있으며, 만드는 순서도 명확하게 설명하고 있다. 그 외에 당시 유입된 서양음식 만드는 법 11가지도 같은 방식으로 기술되어 있다. 6인분 기준으로 조리법을 구성하였고, 모든 음식에 기본 필수양념으로 자사 제품인 아지노모도를 첨가시켜서 맛을 내도록 하였다.

아지노모도는 우마미(旨味) 조미료로 1908년 이케타 기쿠나에 박사가 다시마의 맛있는 성분이 아미노산의 일종인 글루타민산임을 발견하고 그 특유한 감칠맛을 우마미(Umami)라고 하였다. 일본 아지노모도 회사에서 글루타민산 성분을 주성분으로 한 조미료 글루타민산 나트륨(MSG monosodium glutamate)의 제조 특허를 세계 최초로 획득하여 이를 생산함으로써 1900년도 초반기부터 세계 각지로 수출하였고, 일제강점기에 우리의 한국음식에도 많이 쓰이게 되었다.

머리말에 따르면 시대가 변천함에 따라 유행과 제도가 바뀌는 것처럼 음식도 시대의 흐름을 따라 경제적이면서도 간편하게 만들 수 있는 조리 방법이 필요하다고 역설하고 있다. 그러면서 '아지노모도'는 경제성, 맛, 영양, 간편함의 모든 요건을 충족하고 있기에 음식의 현대화를 이룰 수 있으며 현대인의 음식 만들기에 이상적인 재료가 될 것이라고 소개하고 있다. 이 책에 소개된 모든 조리법에는 마지막에 '아지노모도를 넣어서 맛을 맞춘다.'는 표현이 있어서 책의 발행처인 스즈키상점에서 조미료 판매를 위한 홍보물로 편찬한 의도가 보인다.

음식 만드는 법이 재료와 함께 소개하는데 분량이 3인분, 6인분, 9인분 등으로 표시되어 있고, 음식명 옆에 정월, 사철, 절기를 표시하였다.

내용은 조리별로 나누어 국 15종, 의이·국수·만두 7종, 찜 9종, 전유어 5종, 적·구이 8종, 초·볶음 7종, 채소 6종, 전채 6종, 조림 3종, 쌈 4종, 장아찌 4종, 찌개 4종, 기타 7종, 회 4종, 후식 8종의 97종이다. 밥과 죽은 없고, 의이와 국수, 만두 7종과 후식으로 녹말편, 앵도편과 찬 음료인 책면, 화채, 수정과, 보리수단 등을 빼고는 일상적인 찬물 60여 종이 있다

조선요리법(1934년)
(朝鮮料理法)

찬자 미상의 영남춘추사에 나온 『조선요리법』(1934)은 여름철 한국음식 21종을 소개하고 있다. 서문에 "과학상 견지로 (보아) 영양상 충분한 정도 내에서 될 수 있는 대로 경제되고 맛있고 간편한 하기 요리법을 소개합니다"라고 하였다.

내용은 일반적으로 잘 알려진 평이한 음식들인데 주식으로 밀국수, 국수장국, 날떡국, 잣죽, 어만두 등 5종, 찬물 중에 국·찌개로 신선로, 육개장, 미역장국, 된장찌개, 명란젓찌개, 송이찌개, 잉어지짐이 등 7종과 그밖의 찬물로 배추전, 살코기산적, 잡채, 깻잎쌈, 떡볶기, 알쌈, 못소, 외장아찌 등 8종과 음료인 보리수단이 나온다. '못소'는 말린 해삼을 불려서 뱃속에 소를 넣고 지진 해삼전유어이다.

조선무쌍신식요리제법(1936년)
(朝鮮無雙新式料理製法)

이용기(李用基)가 지은 『조선무쌍신식요리제법』은 1936년에 초판, 1943년에는 영창서관에서 증보판을 발간했다. 책의 크기는 가로 15㎝, 세로 22㎝이며, 연활자본으로 목차 13면, 서론 6면, 총293면의 분량으로 63영역 790여 종의 음식 조리법을 수록하였다.

이 책의 내용은 『임원십육지』 「정조지(鼎俎志)」의 중요 사항을 국역하여 뼈대로 삼고, 여기에 새로운 조리법과 가공법을 삽입하였다. 당시의 음식 풍속, 음식을 준비하는 사람의 마음가짐, 음식접대법, 상차림법을 먼저 서술하였고 향토음식과 서양, 중국, 일본 등의 외국요리 80여 가지의 조리법과 재료 고르는 법 등을 덧붙여 쓰고 있다. 그리고 음식책으로 최초로 표지에 채색 삽화를 썼고, 신선로와 여러 가지 식품 삽화를 재미나게 그려 넣었다.

저자 이용기는 방신영이 지은 『조선요리제법』(1921)의 서문을 썼다. 서문 내용으로 보아 방신영보다 나이가 많고 실제로 조리 경험이 있고 유식한 분으로 짐작된다.

『조선무쌍신식요리제법』은 전통적 음식을 시대의 조류에 융화시키려는 온고지신(溫古之新)의 정신이 깃들어 있는 아주 훌륭한 요리책이다. 음식의 유래나 다른 고장 음식과의 비교, 당시의 음식 풍속, 외국 음식을 받아들이는 자세 등에 대하여 견해를 분명히 밝혔다. 이 책은 우리나라 전통조리와 현대조리를 잇는 교량적 시대의 조리서로 우리나라 조리사 연구에 필요한 자료라 볼 수 있다.

책의 내용은 63영역으로 나누었다. 각 조리법마다 총론으로 시작하는데, 각 항목에 대한 개설과 역사적 일화와 유래를 적고, 당시 식품의 수급과 생산, 유통에 대해서 설명하고 있다. 전반부에는 1장에 손님 대접하는 법, 상 차리는 법, 상극되는 음식들, 아해 밴 이가 못 먹는 것, 우유 먹는 법이 나온다.

특히 발효저장식품의 내용이 아주 충실한 편으로 '장 담그는 법' 항목에는 장 만드는 법뿐만이 아니라 장에 얽힌 풍습과 장 담기 준비와 장독관리 등을 소상히 알려주고 있다. 특히 장맛이 변한 것 고치는 법, 메주 만드는 법, 장 담글 때 조심할 일, 장 담글 때 넣는 물건, 장 담그는 데 기(忌)타는 일, 장을 담그는 날 등이 나오고, 이어서 콩장, 팥장, 대맥장, 집장, 하절집장, 가집장, 무장, 어장, 청태장 만드는 법과 장 담가 속히 되는법, 급히 청장 만드는 법이 나온다. 고추장 담그는 법에는 급히 고초장 만드는 법과 팥고초장 만들기와 이어서 벼락장, 두부장, 비지장, 잡장, 그리고 된장은 싱거운 된장과 짠 된장 만들기를 세심하게 나누어 설명하고 있다.

술 담는 법에는 누룩 만들기 7종과 술밑 만들기와 51종의 술담는 법과 소주 고는 법 9종이 나와 있다. 더불어 초 담기와 식초 간수법 등이 14종이 나온다. 젓 만드는 법은 새우젓부터 어리굴젓, 뱅어젓, 감동젓, 하란젓 등 21종이 나온다. 김치 담그는 법은 29종, 장아찌 만드는 법은 21종 나온다.

주식은 밥 12종, 국수 12종, 만두 12종, 죽 15종, 미음·응이·암죽 11종이 나오고, 찬물은 조리법별로 분류하여 국 58종, 창국 3종, 전유어 32종, 나물 33종, 생채 7종, 지짐이 13종, 찌개 23종, 찜 11종, 적 18종, 구이 18종, 회 24종, 편육 5종, 어채 6종, 백숙 9종, 묵 5종, 선 4종, 포 10종, 마른 것 16종, 자반 10종, 볶음 6종, 조림 12종, 무침 6종, 쌈 9종 등과 두부만들기 4종이 나온다. 부록에는 찬물 중에 조리법 구분에서 빠진 콩자반, 튀각, 매듭자반 등 마른 찬과 육류즙과 계란 음식과 못소와 미나리강회, 볶은 고추장 등 20종이 있다.

병과와 음료는 떡 86종, 숙실과 4종, 유밀과 9종, 미시 2종, 화채 12종, 차 12종, 다식 7종, 편 4종, 정과 14종, 점과 6종, 강정 11종, 엿 8종 등이 나온다.

후반부에는 양념 만드는 법 8종, 각색가루 만드는 법 4종, 소금 만드는 법 3종, 타락 만드는 법 3종, 기름 쓰는 법 9종이 나온다. 우유의 가공품인 타락(駝酪) 만들기까지 음식에 관한 것이라면 빠짐없이 수록하였다. 그리고 음식 만드는 법을 상당히 구체적으로 적었기에 음식을 재현하기에 도움이 되는 편이다.

이 책의 음식 종목과 내용은 방신영의 『조선요리제법』에 나온 모든 음식에 더 보태어 790항목이 충실하게 쓰여 있다.

할팽연구(1937년)
(割烹研究)

경성여자사범학교 가사연구회에서 펴낸 『할팽연구』(1937)는 일어 판의 조리실습 교재로 비매품이다. 할팽(割烹, かっぽう)은 썰어 삶아서 음식을 조리하는 것과 완성된 요리를 뜻하는 일본어이다. 이 책은 1쪽에 1가지 음식씩 편집하여 음식명, 시기, 기구 그리고 완성 그림이 있다. 재료 칸에는 실제 수업 때 필요한 분량을 6인 실습대 1대 분량과 1학급 8대 50인 분량이 정확하게 적혀 있다. 하단에는 조리법을 번호를 붙여서 소상히 적었고, 어렵고 복잡한 조리과정은 그림을 덧붙였다. 목차에 앞서서 '가사과 실습에 대하여' 항에는 예습 및 준비, 학습, 복습의 요령이 나오고, 실습실 비품 그림과 일람표가 나온다. 이 책의 내용은 전반부 일본요리, 후반부 한국요리로 되어있다.

일본요리는 조리법별로 정연하게 구분하여 밥 6종, 면 2종, 국 4종, 초회 4종, 나물 3종, 조림(정월 요리 포함) 33종, 구이 10종, 튀김 5종, 떡죽 4종, 음료 2종, 화과자

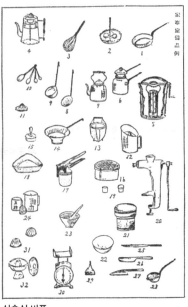

실습실 비품

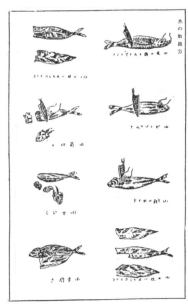

생선 손질하는 법

17종이 있고, 닭 다루기와 야채썰기를 그림으로 설명하였다. 기타 항에는 생선회, 계란찜, 게요리, 소고기 스키야키(전골), 닭 다루기 등으로 총 72종이 나온다.

후반부에 나오는 한국요리는 가장 먼저 소고기 조미, 그리고 주식류는 조밥, 팥죽, 온면, 밀국수, 고기만두 등 5종, 찬물류로 완자탕, 신선로, 미역국, 숭어찜, 소고기찜, 나물은 외생채, 가지나물, 무나물, 콩나물, 묵무침, 미나리강회, 잡채 등 7종이고, 전·구이류는 민어전유어, 호박전, 두부부침, 김구이, 내장전, 소고기구이 등 6종이다. 그 외에 장조림, 수란, 북어무침, 튀각, 뱅어포구이, 풋김치, 통김치 등 7종이 있다. 후식인 떡류로 전병, 경단, 송편, 떡볶이 등 4종과 음료로 화채와 배수정과 2종을 포함하여 총 38종이 나온다.

조선요리법(1938년)
(朝鮮料理法)

저자 조자호(趙慈鎬, 1912-1976)는
서울 양반 가문의 자제로 반가의 전통요리를 잘 계
승한 인물이다. 그의 나이 28세에 가정에 전승되어
오던 맛과 조리비법을 공개해서 대중적으로 공유하
고, 전통직인 우리 맛을 후대에도 진승시기고자 하는
의도에서 『조선요리법』(1938)을 저술하였다. 이 책은
4·6배판, 서문6면, 목차 14면, 본문 248면으로 세로
쓰기이고, 증보판은 1943년에 나왔다. 이 책 서문에
다음과 같이 집필 이유를 밝혔다.

현재 조선요리라 하는 것은 대부분이 외국요리와 혼합된 것이 많으므로 순전한 조선요리
를 찾기에는 고난합니다. ······ 아무리 좋은 음식이라도 요리하는 사람의 편벽된 사욕 때
문에 널리 세상에 그 만드는 법이 알려지지 못하는 일이 왕왕히 있어 어떤 경우에는 아무
소멸되어 버리는 것도 있으니, 나는 이것을 크게 유감으로 여기어 지금까지 보고들은 바
를 아는 데까지 기술한 것입니다.

저자는 박순천, 황신덕, 박승호 등과 더불어 중앙여자고등학교를 설립하였고, 그
곳에서 교편을 잡았으며, 경성여자상업학교, 진주여자고등학교, 서울대학교 가정
대학, 숙명여자대학교 등에서 한국조리를 강의하였다.

이 책은 내용을 35장으로 나누어 고명, 장 담그기, 가루 만들기, 김장 등과 찬물
을 조리법별로 나누어 약 400종의 음식에 대하여 소상하게 설명하고 있다. 전반
부에 한국음식 전반에 쓰이는 고명, 메주와 장 담그는 법 6종, 가루 만들기 6종이
나온다. 특히 첫장의 고명에서는 지단, 완자, 파지단, 미나리지단, 모루기(완자) 이
외에 상에서 쓰이는 윤집, 겨자집, 초장, 초젓국 만들기를 상세히 설명하고 있다.

주식은 죽류 8종과 미음과 양집류 5종이 나오는데 밥과 국수·만두류가 없다.

찬물류 중에는 먼저 김장 6종, 햇김치 14종이 나오고, 국물이 있는 찬물로는 맑은

장국류 18종, 장국류 14종, 토장국류 9종, 창국 4종, 조치류 9종, 전골류 12종, 구자와 찜류 10종 등이고, 일반 찬물은 나물 16종, 생채류 8종, 쌈류 3종, 갈랍류 21종, 회류 25종, 구이류 23종, 잡채류 6종, 조림류 15종, 자반과 포류 19종, 장아찌류 10종, 젓갈 담는 법 8종 등이 나온다.

병과와 음료류는 약식과 갖은 편류 11종, 떡종류 26종, 정과류 9종, 화채류 16종, 생실과 웃기 4종이 나오는데, 필자의 특기로 알려져 있는 강정, 유밀과 등은 나오지 않는다. 특히 필자는 노년에 떡과 과자 솜씨로 명성이 높아 우리나라 최초의 병과점인 '호원당'을 오랫동안 운영하였다.

마지막 부분에는 음식 곁드리는 법으로 자반접시, 장아찌접시, 생실과와 편, 마른 술안주, 정과 등을 곁드리는 법이 나오고, 음식을 절기에 따라 분할하여 사철 공통음식, 이월·삼월, 사월·오월, 유월·칠월, 팔월·구월 등 계절에 알맞은 음식을 예시하였다.

상 보는 법에는 미음상, 조미음상, 양집상, 죽상, 원미상, 으이상, 반상설계, 점심상, 돌상차리는 법, 곁들이는 이유를 수록하고, 어른 생신상을 차리는데 1~3월, 4~6월, 7~9월, 10~12월로 기간을 나누었고, 아침, 점심, 저녁상의 식단을 예시하였다. 또한 교자상 차림을 설명하였고, 식사 예절로 상 드리는 법, 상 받았을 때와 어른 진지 잡수실 때 몸 가짐법 등을 설명하였다.

가정주부필독(1939년)
(家庭主婦必讀)

경성명저보급회에서 발간한 이정규의 『가정주부필독(家庭主婦必讀)』(1939)은 무슨 목적으로 왜 발간되었는지 알 수가 없다. 서명이 가정주부 필독인데 내용을 보면 외국음식이 반 이상이고, 그 밖에 유아양육법과 세탁법이 나온다.

한국음식은 일반 찬물이 12종, 심지 5종, 병과류 28종으로 총45 종이고, 외국음식 중 일본요리는 3종, 서양요리는 15종, 중국요리가 42종이고, 차와 음료가 9종으로 총 69종이다.

한국음식은 12종으로 요리법 서론과 단품인 감자국, 법국, 완자탕, 닥찜(닭찜), 붕어찜, 송이찜, 오이찜, 애호박찜, 락화상밥(낙화생밥), 두부와 양미나리, 어만두 등이며 김치는 5종으로 채김치, 닭깍두기, 갓김치, 전복김치, 들나물김치 등 이다.

병과류는 28종으로 엿 만드는 법, 잣엿, 깨엿, 콩엿, 대초엿, 밤엿, 강정엿, 귤정과, 인삼, 들죽, 과자, 사탕과자, 번철에 지지는 과자, 도낫설고, 대초가락과자, 옥수수설고, 밀기우리설고, 설고, 녹말편, 앵도편, 모과편, 산사편 등 이다

103

동방불로선제백죽비방(1939년)
(東方不老仙劑百粥秘方)

청두건(靑頭巾)라는 익명의 찬자가 한약재를 넣은 죽 100가지의 만드는 법을 쓴 것으로 1939년 『야담』 5~12권에 실렸는데, 연육죽, 우죽(藕粥), 하비죽(荷鼻粥), 검실죽(茨實粥), 의이죽(薏苡粥), 편두죽(扁豆粥), 어미죽(御米粥), 강죽(畺粥), 향도엽죽(香稻葉粥), 정향과엽죽(丁香瓜葉粥) 등이 나온다. 서문에 "불로장생은 사람마다 원하는 야속한 욕망이다. 삼신산이 어데 있을까. 불로초가 과연 있었던가. 쓸데없는 공상을 하는 장수 갈망증에 빠진 사람들은 활복하고 이에 공개하는 비방백죽 종류를 읽고 실험하여 보라. 강정(強精)과 회춘의 선방으로 문외 불출한 것을 백만 야담 독자에게 선물로 처음 공개하는 바이다" 하였다.

표1 근대의 한국음식 조리서

	서명	연대	편찬자	출판사	비고
1	반찬등속	1913	찬자미상(밀양박씨)		
2	부인필지(婦人必知)	1915	빙허각 이씨 원저, 찬자미상	필사본	
3	요리제법	1913	방신영(方信榮)	불분명	준비단계
4	조선요리제법	1917	방신영	신문관	萬家必備의 寶鑑
5	간편조선요리제법 (簡便朝鮮料理製法)	1934	이석만(李奭萬)	삼문사	
6	사계의 조선요리 (四季의 朝鮮料理)	1934	스즈키(鈴木)상점 味の素本舗	영목상점 內外料理出版部	
7	조선요리법	1934	찬자미상	영남춘추사	
8	조선무쌍신식요리제법 (朝鮮無雙新式料理製法) 증보판	1936 1943	이용기(李用基)	영창서관,한흥서림 진흥서관	
9	할팽연구(割烹硏究)	1937	경성여자사범학교 가사연구회	선광인쇄주식회사	
10	조선요리법(朝鮮料理法)	1938 1943	조자호(趙慈鎬) 경성가정여숙	광한서림	
11	가정주부필독 (家庭主婦必讀)	1939	이정규(李貞圭)	경성명저보급회	
12	동방불로선제백죽비방 (東方不老仙劑百粥秘方)	1939	청두건(靑頭巾)	야담 5-1권	죽10 0가지 만드는법
13	조선요리(朝鮮料理) 일본어판	1940	伊原圭(손정규)	일한서방 경성서방 (1944)	흑백사진,그림 정가1원50전

근대(1910~1950대)에 발간된 한국음식 조리서는 위의 표와 같이 『반찬등속』(1913)부터 『고등요리실습』(1958)까지 26종이 출간되었다. 이 시기에 가장 주목할 책은 방신영(1890~1977)이 쓴 일련의 한국조리서이다. 그는 1913년에 『조선요리제법』을 처음 낸 이후 수차례 증보 개정판을 내면서 수십만 부가 팔려서 전 국민에게 전통 한국음식을 널리 알리는데 크게 공헌하였다. 1900년대 전반기에 여학교와 이화여대에 재직하면서 일본과 미국에 유학하여 식품학, 영양학, 조리학 등을 배워 이를 그의 저서에 반영되었다. 1940년에는 영문판 『한국음식』을 출간하고, 해방 후에는 『우리나라 음식 만드는 법』(1952)이 출간되었다. 그는 전통음식을 현대적 문헌으로 정리한 공로자이며, 그의 저서의 내용이 현대 한국음식의 기준이 되었고, 40년간에 걸친 나온 일련의 조리서는 근대의 한국음식과 한국인의 식생활의 변화를 알 수 있는 귀중한 자료이다.

방신영의 조카 이석만은 『간편조선요리제법』(1934)과 『신영양요리법』(1935) 을 썼

	서명	연대	편찬자	출판사	비고
14	개정증보 조선요리제법	1942	방신영	한성도서주식회사	24판 1949년 450원
15	한국음식 영문판	1943	방신영		
16	조선음식 만드는 법	1946	방신영	대양공사	
17	조선가정요리 (朝鮮家庭料理)	1946	경성여자사범대학 가사과	건국사	
18	우리음식	1948	손성규(孫貞圭)	삼중당	가로쓰기 흑백사진,그림정가 350원 고대 도서관소장
19	가정요리	1940년대?	찬자미상	필사본	
20	조선료리대략	1950	황혜성(黃慧性)	숙명여대 가사과	등사본
21	우리나라 음식 만드는 법	1954 1958	방신영	청구문화사 장충도서출판사	가로쓰기 4·6판 321면 33판
22	음식 만드는 법	1956	조선녀성사		1만부발행 값69원
23	음식관리법	1957	방신영(方信榮)	금룡도서주식회사	
24	이조궁정요리통고	1957	한희순·이혜경·황혜성	학총사	
25	중등요리실습	1958	방신영	장충도서출판사	
26	고등요리실습	1958	방신영	장충도서출판사	

는데 요리뿐 아니라 영양학 기초와 식단표를 작성하여 실었고, 이용기는 『임원십육지』 중의 정조지를 한글로 번역하고 가끔 신식 요리도 추가하여 『조선무쌍신식요리제법』(1936)이라는 방대한 음식 책을 출판했다.

조선요리 일문판(1940년)
(朝鮮料理)

손정규(孫貞圭, 伊原圭, 1896-1950?)
는 『조선요리(朝鮮料理)』(1940)를 일본어로 발행하
여 일본인들에게 우리 음식문화의 우수성을 소개
하였다. 기명(器皿)과 상차림의 흑백사진과 조리법
그림이 있어 이해하기에 쉽게 되어 있다. 광복 후 한
글로 번역하여 「우리음식」(1948)이 삼중당에서 발
행되었다. 저자는 이 책을 낸 연유를 다음과 같이
밝혔다.

우리나라에 훌륭한 전통조리가 있어서 우리의 문화를 상징하고 있으나 일본인들은 의식
적으로 우리의 조리가 그저 초근을 아무렇게나 먹는 것처럼 업신여기려 하였다. 이에 찬
자는 우리의 조리법을 일본말로 써서 그들에게 우리의 훌륭한 조리를 소개하고 나아가서
는 우리의 문화를 자랑하려고 하였다. 또 안으로는 우리 여성들에게 조리를 통하여 자부
심을 갖게하는 한 수단으로 삼고자 하였다.

필자는 서울에서 태어나서 경기여자고등학교의 전신인 한성여고를 1회로 졸업하
고, 일본 동경여자고등사범학교 가사과 강사 및 의친왕궁 부속 이왕직 촉탁을 지
냈다. 일제강점기에 설립된 경성여자사범대학 가사과에 재직하였고, 해방 후에
서울대학교 사범대학으로 바뀐 뒤에도 교수로 재직하였다. 대한가정학회를 창립
하였고, 우리나라에서 처음으로 현대식 가사과 교과서를 편찬하였는데 6.25전쟁
중에 납치당해서 생사불명이 되었다.

조선가정요리(1946년)
(朝鮮家庭料理)

경성여자사범대학 가사과의 교수들이 집필하고, 여자사범대학장인 손정규가 편집 감수한 생활개선강좌 교재이다. 건국사에서 1946년에 발행되었다. 항목별로 필자가 다른데, 총론은 음식과 생활, 음식과 의례, 음식과 기명에 대하여 오성자가 쓰고, 반상음식은 방순경, 주안상주효(술안주)는 김분옥, 일용건강식은 정정자, 내객용 차상은 고인숙, 원족(소풍)·등산용 점심은 이기열이 썼다.

음식과 기명에서는 춘하추동 7첩 반상, 5첩 반상, 3첩반상과 내각용 만찬의 식단의 예가 나온다. 주안상에서는 춘하추동 주안상 술안주거리가 나온다.

107

우리음식(1948년)

필자 손정규는 『조선요리』(1940) 일본
어를 출간한 적이 있는데 이를 한글로 다시 써서 『우
리음식』(1948)으로 가로쓰기 편집으로 삼중당에서
발행하였는데, 임시정가는 350원, 국배판으로 전체
가 204쪽이고 외국음식은 전혀 나오지 않는다.
이 책의 내용은 필자가 수 년간 대학에서 한국조리실
습 과목을 실제로 교육을 하면서 내용을 수정·보완하
여 한국음식 전반에 대하여 조리법뿐만 아니라 식품학,
영양학적 지식과 한국 고유의 음식문화를 잘 알 수 있도록 총 26장으로 나누었다.

전반부 제1에서 제6장까지는 조선요리의 종류, 상의 규모와 식기의 종류, 음식과
기명, 조미료 양념과 고명, 일일의 식사와 단체식, 재료 써는 법과 빛깔의 배합에
대해 다루었고, 후반부 제22장부터는 찻상의 실례, 식단의 실례, 조선요리의 연중
행사, 장담그기가 나오고, 제26장에서는 생선과 닭 다루기, 빛 다른 재료 취급의
소고라 하여 실제 식품에 대한 지식과 처리법을 그림과 사진을 덧붙여 수록했다.

제7장부터 제21장까지는 음식 조리법을 실었는데 반류 13종, 김치류 29종을 제외
하고는 식품군별로 나누어 우육류 27종, 돈육류 6종, 어패류 87종(구이 10종, 전유
어 8종, 조림 19종, 찌개 17종, 국 9종, 기타 14종), 난류 11종, 채소류 68종, 해초류
8종과 특별요리 24종, 이소화성식품(죽, 미음) 16종, 묵과 두부 5종이 나온다.

후반부 제16장부터 18장은 후식류로 음료 16종, 전과와 과자 41종, 병류 34종이
나온다. 제19장 특별요리에는 신선로, 되미국수, 되미찜, 어만두, 구절판, 온면, 냉
면, 닭냉면, 동치미냉면, 국수비빔, 만두, 편수, 떡국, 장국밥, 육개장, 추탕, 설렁탕,
순댓국, 밀쌈, 떡볶이, 잡채, 빈자떡 그리고 식용산채와 '조선식물명휘(朝鮮植物名
彙)'라 하여 식용 식물들이 정리되어 있다. 이 장에는 당시 새롭게 등장하고 유행
한 궁중음식과 식당에서 파는 탕반음식, 유행한 음식으로 당면을 넣은 잡채, 떡
볶이, 빈대떡 등이 들어 있다. 1940년대 시중에는 고급요리집이 생기고 냉면과 탕
반 전문점들이 생겨서 이러한 음식들이 대중적으로 인기를 끌자 특별요리라고 따
로 구분한 듯하다.

가정요리(1940년대)
(家庭料理)

고려대학교 도서관에 소장되어 있는 찬자 미상, 연대미상의 『가정요리』(1940년대)는 필사본 1책 24매, 25.9㎝×17.5㎝, 무괘 13~14행이다. 내용 중에 미미소(美味素) 등 해방 후의 용어가 나오고, 개량 메주 만들기의 신문기사를 책 뒷표지에 붙여 놓은 것으로 보아 연대가 1940년대 후반으로 추측된다. 찬자는 조리 전공의 나이 많은 교사 또는 부인으로 추정된다. 내용은 가정에서 실제 헤먹을 수 있는 가정요리 60여 종을 조리법 구별 없이 재료와 만드는 법 등에 대해 번호를 붙여 정리했다. 이 책에 한국요리 41종과 음료와 정과 등 후식 12종이 있고, 일본식 가정요리 2종, 중국요리 9종이 나온다. 음료는 배숙화채, 곶감수정과, 식혜, 화면, 배화채, 솔잎차로 7종이고, 과자류는 정과류(귤, 모과, 연근)와 율란, 녹말편 등 4종이다.

한국음식 중에 육류와 어패류 음식은 영계찜, 닭전골, 닭찜, 닭고기조림, 갈비찜, 가리찜, 돼지고기 장조림, 잡산적, 어산적, 조개구이, 문어, 생합전골, 대합매운탕 등이고, 채소음식의 종류는 13종으로 배추전골, 콩나물볶음, 두부찜, 가지찜, 가지장아찌, 호박·월과채, 호박찜, 겨자채, 탕평채, 오이쌍채, 오이찜, 오이장아찌, 등근파 장아찌, 고추붓침, 미나리나물, 떡산적, 떡볶기, 토란탕, 냉이국, 애탕국, 토란국 등이고, 김치는 배추김치, 깍두기, 보쌈김치, 장김치 등 4종이고, 국수는 콩국냉면, 김치국냉면 2종이 나온다.

일본식은 계란덮밥과 닭카레찜, 중국식은 돼지고기와 고추볶기, 돼지고기(슈우마이), 만두거죽, 닭튀김, 가지튀김, 제육생채, 지진 완자, 냉채, 햇콩 볶은밥 등이 수록되었다. 채, 볶음, 튀김, 만두 등 한국 가정에서 손쉽게 해먹을 수 있는 새로운 맛의 가정요리들이 들어 있다.

조선료리대략(1950년)

『조선요리대략』(1950)은 황혜성이 숙명여자대학 가사과 교수 재직 중 수업의 실습교재로 등사판 유인물 63쪽이다. 초창기 대학에서 조선요리의 실습교재이면서 구전으로 전해오던 궁중음식을 최초로 명문화한 자료로 그 가치가 매우 크다. 책의 내용은 한국조리에서 알아야할 기초 지식부터 기명과 시절음식 등이다. 음식만들기 설명은 궁중음식을 위주로 되어 있다. 전체를 30장으로 나누어 체계적으로 구성되어 있는데 각 음식에는 재료만 명기하고 분량은 없으며 만드는 법이 아주 간략하게 쓰여 있다.

초반부 1장 상종류에는 수라상, 반상, 돌상, 생신상, 미음상, 으이상, 제상, 식단례가 나오고, 2장 연중 계절음식표는 1월부터 12월까지 월별에 맞는 음식이 나오고, 3장 고명과 양념에는 한국음식에 쓰이는 고명과 양념 18종을 설명하였고, 김치 17종, 우육선택법이 나온다.

궁중의 찬물 조리법은 전골 4종으로 고기전골, 생선전골, 두부전골, 생치전골이고, 찜은 13종으로 주로 육류와 어패류 중 귀한 재료로 만든 것이다. 가리찜, 생선찜, 육찜, 떡찜, 생복찜, 대하찜, 영계찜, 우설찜, 고사리찜, 배추찜, 애호박찜, 가지찜, 어총 등이다. 선은 3종으로 오이선, 호박선, 비웃선이다.

전유어는 26종, 적은 10종, 구이 17종, 조치찌개 14종, 탕·국 36종을 간략히 설명하였다. 주식류 15종, 회 6종, 생채 5종, 편육(수육) 4종, 무침 6종, 마른 반찬 24종, 묵·두부·족편 8종, 조림·장아찌 31종, 좌반·튀각 10종, 나물 24종, 볶음 36종, 젓갈 13종, 죽 16종, 미음 4종, 암죽 3종, 밥 15종, 쌈 5종, 구절판 8종, 도미국수, 정과 11종, 주악 4종이 있다.

장국은 주식류인 국수장국, 떡국, 만두, 어만두, 준치만두, 편수, 깨국, 밀국수, 수제비, 콩국, 메밀만두, 생치만두, 굴린만두, 랭면 등 15종이 있다.

우리나라 음식 만드는 법(1952년)

방신영이 『조선요리제법』(1917) 등 일 련의 저서들을 바탕으로 기존의 내용을 시대에 맞 게 보완하여 『우리나라 음식 만드는 법』(1952)이란 제목의 가로쓰기 한글요리서로 발간했다. 이책은 현 대 한국음식의 모범서라고 할 수 있다. 백낙준과 김 활란의 서문이 있는 초판은 청구문화사에서 발행 하였고, 재판은 1958년 장충도서에서 나왔고, 개정 판은 1962년에 국민서관에서 나왔다.

이 책은 한국음식의 전반에 관하여 48장으로 세부 항목으로 나누었고, 각 항에 속하는 음식들을 일련번호를 붙여서 질서정연하게 정리하였다. 각 음식의 재료 분량에 인분을 명확히 하고, 식품의 계량 단위를 홉과 큰 사시·작은 사시로 정확히 썼으며, 만드는 법은 번호를 넣어서 설명하고 있다. 후 반부 부록편에는 각종 가루 만드는 법, 초 만드는 법, 닭 잡는 법이 나온다.

음식 만드는 법(1956년)

이 책은 남북 분단 이후 평양에서 1956년에 발간된 책이다. 조선녀성사에서 『음식 만드는 법』(1956)이란 제목으로 발행하였고, 발행부수 10,000부 값69원으로 적혀 있다. 세로쓰기 한글판이다. 서문이 없어서 이 책을 만들게 된 연유는 알 수가 없다.

내용은 크게 '영양소와 식료품' 및 '조리편'으로 나누었는데, '영양소와 식료품' 단원에서는 영양소와 식품에 대하여 수준 있는 내용이 나와 있다.

식물성 식품 중에 빵, 홍당무, 양배추, 토마토가 포함되며, 동물성 식품 중에 우유와 빠다가 들어 있다. 이들이 이미 당시 북한에서 일상적인 식품이 되었음을 알 수 있다.

그리고 '빵 만드는 법'에 옥수수가루빵, 좁쌀가루빵, 밀가루빵, 멥쌀가루빵 등 4종이 있고, '과자 만드는법'에 밥과자, 홋토케키(Hot Cake), 찌는 카스테라, 비스켓트, 또나쯔(도우넛), 계란빵, 약과, 밥알과자, 콩엿강정 등 9종이 있는데, 서양식 과자와 빵이 많이 들어 있다. 그리고 찬물 중에 기름튀기(튀김) 항이 8항이나 들어 있어 북한의 일반 가정에도 튀김 음식이 상당히 알려졌음을 짐작할 수 있다.

112

이조궁정요리통고(1957년)
(李朝宮廷料理通攷)

      조선왕조 마지막 주방 상궁 한희순과
제자인 황혜성·이혜경(李惠卿)의 공저로 1957년에
최초의 궁중음식책『이조궁정요리통고』(1957)가 학
총사에서 출간되었다. 전체 239쪽, 정가 12,000원이
다. 내용 중에 음식의 흑백사진 들이 포함되어 있다.
초창기 '대한가정학회'에서 우리나라의 독특한 양식
을 후대에 알려 보존하는 한편 현실이 요구하는 생
활감정에 맞는 생활방식에 관한 연구성과를 「가정
학총서」로 발간하는 기획을 세우고, 제1집으로『이조궁정요리통고』를 발간하였
다. 당시 숙대총장인 임숙재가 쓴 서문에 "과학적이며 영양학적인 검토를 다시 받
아야 할 우리나라의 재래 요리에 있어서 한국 고유의 특색있는 그 진가에 대해
진지하게 합리화를 위하여 연구해 오던 찬자들이 먼저 우리나라의 요리법의 토
대를 이루고 있는 정통이라고 볼 수 있는 궁정요리를 밝힌 이 책자의 출판을 무
한히 기뻐하는 바이다" 고 하였다. 식품영양학과 조리과학적 지식을 바탕으로 필
자가 그동안 구전으로 전해오던 궁중음식 조리법의 분량과 만드는 법을 명확히
기록했다. 궁중음식을 조리법별이 아니라 식품군으로 나눈 것도 특징이다. 음식
조리법과 궁중의 식생활 관련 내용을 소상히 밝힌 책으로 상차림이나 궁정용어
해설이 식품, 요리, 기명, 식습관 등으로 분류 정리되었다.

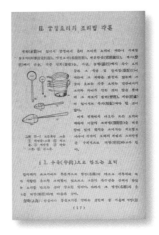

고등요리실습(1958)

방신영이 지은 『고등요리실습』(1958)는
장충도서출판사에서 발행하여 문교부인정교과서로
승인된 책이다. 제1과부터 제64과까지 식품학, 영양
학의 이론과 한식, 중식, 양식, 일식의 메뉴를 주별로
2~3가지씩 정리했다. 실제로 수업을 위한 교재로 이
해를 돕기 위해 흑백사진이 삽입되어 있다.
저자는 서문에서 "음식을 만드는 일은 일종의 과학이
다. 또 커다란 기술이니 학문 중에 큰 학문이고, 여성
과는 떠날 수 없는 기술적 학문이다. 꼭 배워 알아야만 살아갈 수 있는 과학이다.
이것은 실제 생활의 실제적 교육이니 열심히 연구하므로서 과학적인 발전이 있
기를 바란다. 이 책은 고등학교 삼 년 동안에 기초적 지식을 가질 수 있도록 만든
것이며, 가장 쉽고 간단하게 만들어 어린 학생들이 취미 있게 실습할 수 있도록
한 것이다"라고 하였다.

선영대조 서양료리법(1930년)
(鮮英對照 西洋料理法)

1930년 당시 우리나라에 주재하던 외국 부인들의 모임인 '경성서양부인회'에서 서양음식을 소개하기 위해 발간한 책으로 국내 최초의 전문적인 서양음식책이라고 할 수 있다. 제목에서 '선영대조'란 조선어와 영어가 병기되어 있다는 의미다. 서문 2쪽과 목차 1쪽, 그리고 본문 267쪽이다.

전반부에 서양음식 식품별로 조리법을 수록했고, 이어서 후식과 저장음식이 나온다. 세부 내용은 전반부에 Soup, Fish, Meats, Meats Substitutes, Egg, Cheese, Vegetables, Salads, Salad Dressings이 나오고, 후반부에는 후식에 해당되는 Pudding and Desserts, Ices and ice creams, Pies, Cakes, Cake Icings, Cookies 그리고 Bread and Muffins, Beverages, Jellies and Conserves, Pickles, Candies, Sandwiches, Miscellaneous이 나오고, Direction for Making an oven, Glossary 등이 있다.

서문에 Comittee 위원으로 Mrs. J.E.Taylor, Mrs. S.H.Norton, Mrs. J.D Van Buskirk. Mrs. E.M Cable, Mrs. E.W.Koone 5명 이름이 나오는데, 이중 Mrs. E.W.Koone이 머리말에 쓰인 군예빈 선생인 듯하나 구체적으로 누구인지 알 수 없다.

선영대조 서양료리법의 한글 본문

Oriental Culinary Art(1933년)

　　동양음식에 대한 관심이 높아지던 1930년대 초 미국 캘리포니아 로스앤젤레스 소재의 Wetzel 출판사에서 『Oriental Culinary Art』라는 동양요리책이 출간되었다. 분량은 115쪽이며 영문으로 쓴 책이다. 중국, 한국, 일본 그리고 필리핀의 대표적인 음식의 조리법을 모은 저자는 George I. Kwon 과 Pacifico Magpiong 2인인데 George I. Kwon 이 한국인으로 추정된다.

이 책의 목차는 서문, Oriental Food Ingredient와 10장(chapter)으로 구성되어 있으며, 각 장에는 4개국의 요리가 함께 들어있다. 요리의 가짓수는 Soup 13종, Rice 9종, Chop Suey 19종, Noodles 3종, Chow Mein 10종, Eggs 8종, Fish 6종, Suki-yaki 15종, Miscllaneous 20종으로 총 103종이다.

이 책에 실린 한국음식은 미역국, 떡국, 약밥, 다식, 숭어찜, 만두, 승기악탕, 용봉탕, 신선로, 고추장찌개, 전병, 엿강정, 수정과, 생강차, 김치 등 15종이다. 당시 저자는 외국인에 소개하고 싶은 우리나라 음식 선정에 고심하였을 터인데 지금은 흔히 만들지 않는 숭어찜, 승기악탕, 용봉탕, 신선로 등이 포함되어 있다.

서양요리제법(1937년)

이화여자전문학교 가사과 교수로 재직했던 해리엣 모리스(Harriett Morris, 慕理施)가 1937년 전문학교의 조리실습교재로 출판한 초등서양요리법이다. 『서양요리제법』(Laboratory Manual of Western Foods)이라는 제목으로 이화여자전문학교에서 발간하였는데, 분량은 서문 1쪽과 목차 27쪽, 본문 186쪽이며, 정가1원50전이다. 이 책은 36년 후인 1973년 이화여자전문학교 출판부에서 『한국에 맞는 서양요리』로 재구성하여 출간하였다.

저자는 서문에서 "초등서양요리법으로 전문학교 생도를 표준하여 실습시간에 참고가 되도록 한 것입니다. 요리 재료도 용이하게 구매할 수 있고, 또 각 가정에서 흔히 쓰는 재료를 선택함에 노력하였으며 이 책에 실려있는 모든 요리는 거의 전부가 실지로 실습실에서 한 번씩 실습하여 본 것입니다"고 하였다.

이 책은 4편으로 구성되어 제1편 조반(朝飯) 준비와 식사의 개괄, 제2편 주식(晝食) 준비와 식사의 개괄, 제3편 석반(夕飯) 준비와 식사의 개괄, 제4편 특별한 시기의 요리준비와 식사의 개괄로 나뉘어 있다. 실습수업에 맞게 정연하게 잘 정리되어있다. 부록에는 요리기구, 대용할 수 있는 요리재료들, 오븐의 온도, 정량기에 대한 설명이 있다.

이 책은 당시 서양요리와 서양의 음식문화에 대한 경험과 정보가 부족한 시대에 재임한 미국의 여교수가 열성적으로 우리나라 사람들에게 서양의 음식문화를 정확히 전달하고, 실제로 서양의 식품재료, 서양의 식기, 테이블 매너에 이르기까지 총망라한 책이다. 근대 출간된 서양요리책 중에 내용이 가장 충실하다.

2 근대 조리서에 나타난

음식과 식재료

한복진 — 전주대학교

앞에서 살펴본 것처럼, 근대에는 다양한 조리서들이 출판되었다. 그 중에는 대중적인 인기를 누린 책도 있었고, 전통 음식을 체계화한 책도 있었으며, 서양 요리나 일본요리를 소개한 내용도 있었다. 그렇다면 구체적으로 어떤 음식들이 수록되었을까?

근대 조리서에 수록된 한국음식들은 밥이나 국, 찌개, 반찬 등 오늘날 우리에게 익숙한 음식들이 대부분이다. 그러나 도미국수나 꿩조림처럼 요즘은 구경하기 어려운 음식들도 있다. 서양요리 또한 마찬가지다.

이 글에서는 구체적으로 근대 조리서에 등장한 음식들을 살펴봄으로써, 근대기에 전통 음식이 어떻게 체계화되었고, 오늘날과 비교하여 어떤 것들이 사라져갔는지를 검토해 보고자 한다. .

근대 조리서에 나온
주식류

밥

곡물 넣어 지은 흰밥, 보리밥, 현미밥, 찰밥, 조밥, 콩밥, 팥밥, 밤밥, 오곡밥, 찰수수밥 등과 해물과 채소 등을 한데 넣어 지은 굴밥, 무밥, 감자밥, 고구마밥, 비지밥, 콩나물밥, 연어밥과 비빔밥 등이 있다.

잡곡밥 중에 가장 많이 먹던 밥은 팥밥인데 팥알갱이 넣은 팥밥과 팥 삶은 물로 지은 중등밥이 있다. 별밥은 찹쌀이나 멥쌀에 대추, 밤, 검은 콩을 넣고 지었고, 제밥은 찹쌀을 불려서 시루에 쪘는데 이를 고두밥이라 한다.

부빔밥 나물은 무나물, 콩나물, 숙주나물, 도랏나물, 미나리나물, 고사리 나물 등을 솥에 밥과 함께 넣고 비비고, 위에 누루미, 산적, 전유어, 튀각, 지단고명을 얹고, 고춧가루와 고명을 얹었다. 현대의 비빔밥에 생채나 날채소와 계란 노른자 넣고, 고추장을 넣는 것이 보이지 않는다. 부빔은 일왈 뜨겁고, 이왈 기름맛이라 하였으니 뜨겁게 참기름 많이 넣으라 하였다.

죽

흰죽, 깨죽, 녹두죽, 잣죽, 팥죽, 콩죽, 조죽, 흑임자죽, 행인죽, 낙화생(호콩)죽, 장국죽, 아욱죽, 김치죽, 조강죽, 콩나물죽, 시금치죽 등이 있다.

암죽은 젖 없는 어린아이 음식으로 초기 이유식에 알맞은데 밤암죽, 쌀암죽, 식혜암죽이 있고, 의이(웅이)는 녹말, 갈분, 수수, 율무로 만든다.

미음은 쌀미음, 대추미음, 조미음인 송(속)미음이 있다.

특별한 죽으로 묵물죽은 녹두녹말을 만들 때 녹두 간 것을 가라앉혀 웃물에 쌀을 넣어 끓인 죽이고, 청모죽은 덜 익은 푸른색 쌀보리와 멥쌀가루를 섞어 쑨 것이고, 타락죽(우유죽)은 쌀가루에 우유를 넣은 것이다. 술지게미를 넣은 재강죽과 호박범벅 등도 있다.

떡국

떡국, 생떡국, 떡볶이와 수접이(수제비)가 나온다. 떡국은 맑은 장국에 썬은 떡을 넣어 익히고 산적을 구워서 반듯하게 썰어 얹고 후추가루를 뿌린다.

만두

편수, 밀만두, 메밀만두, 동아만두, 규아상, 생치만두, 어만두, 준치만두, 배추만두, 굴린만두 등이 나온다.

국수

국수장국(온면), 밀국수, 국수비빔, 비빔밀국수, 냉면, 장국냉면, 김치국냉면, 교맥면, 콩국냉면, 칼싹두, 수제비 등이 나온다.

온면은 삶은 국수 위에 볶은 고기를 다져서 얹거나 당면을 물에 불려 삶아 넣는다. 왜면이면 물에 넣어 삶아 찬물에 건져 식혀서 한다고 하였다.

국수비빔은 국수 삶아서 무김치나 나박김치와 채 썬 배와 편육, 미나리나물과 볶은 버섯, 알고명을 얹는다.

동절랭면은 삶은 국수 위에 배추김치, 배, 제육편육을 채썰어 얹고, 무김치국에 꿀이나 설탕을 타서 부었다.

하절냉면은 삶은 국수 위에 외나물과 볶은 버섯과 알고명, 실백을 얹고, 식힌 맑은 장국을 붓는다.

근대 조리서에 나온
찬물류

국·탕

육류국으로 골탕, 육개장, 맑은 장국, 미역국, 닭국, 백숙, 초계탕, 잡탕(곰국), 추포탕, 순대국 등이 있다.

어패류국으로 게국, 넙치국, 대구국, 도미국, 민어국, 조기국, 조개국, 준치국, 게탕, 추탕, 설렁탕, 육개장, 완자탕(모리탕) 등과 장국밥이 있다.

채소국으로 연배추탕, 소루쟁이국, 아욱국, 애탕, 외무름국, 토장국, 파국, 콩나물국, 토란국, 호박꽃탕, 초교탕, 초계탕, 참외탕, 송이국, 배추속대국, 무황볶이탕(무국), 곽탕(미역국) 등이 있다.

근대 조리서 중에는 국 항목에 전골·신선로·도미국수와 수잔지·족볶기(주저탕)가 포함되어 있고, 추포탕·어글탕·초교탕·초계탕·골탕·승기악탕 등은 지금 거의 없어진 탕들이다.

육즙은 지금은 거의 없어진 음식인데 육류를 중탕하여 짠 음식으로 양즙, 천엽즙, 육즙 등과 송치곰이 있다.

찬국은 여름철 음식으로 오이, 김, 미역, 파 등이 쓰인다.

주저탕은 쇠족을 짤게 썰어 녹도록 끓인 후에 밀가루를 풀고 골패쪽으로 썰은 무를 넣어 끓여 묽은 죽처럼 만드는데 족볶이라고도 한다.

추포탕은 고기와 탕거리 내장을 솥에 넣고 잘 삶아서 건져 골패쪽(약 주사위 크기)으로 썰고, 오이도 썰어 소금에 절여서 볶아 함께 담고, 간장으로 양념하여 깻국을 만들어 부어서 차게 먹는 복중음식이다.

어글탕 북어껍질을 손질하여 으깬 두부와 데친 숙주와 다진 고기 합하여 북어껍질 안쪽에 붙여서 전처럼 지져서 맑는 장국에 넣어 잠시 끓인 여름철 국이다.

골탕 등골을 갈라서 잘라 전을 부쳐서 맑은 장국에 파와 함께 잠시 끓인다.

초교탕 영계를 삶아서 깻국을 만들어 차게 두고, 마른 전복 해삼 삶아 얇게 썰고, 오이와 표고 볶고, 지단, 배를 골패형으로 썰고, 삶은 고기와 함께 그릇에 담고 깻국은 붓고, 얼음을 띄운 여름음식이다. 임자수탕 또는 깨국탕이라 한다.

수잔지 다시마와 외를 반듯하게 썰어 고기와 한데 끓여 식혀서 먹는 여름음식이다.

도미국수 도미를 손질하여 구워 냄비에 담아 육수를 넣고 끓이고, 미리 준비한 각색전과 지단과 미나리초대를 골패모양으로 썰고, 너비아니와 쑥갓, 볶은 버섯을 넣고 끓여서 먹다가 국수를 넣어 먹는 4월 음식이다.

승기악탕 도미국수와 비슷한데 숭어를 손질하여 간장 발라 구워서 냄비에 담아 물 붓고 양념한 고기 넣고 끓이다가 따로 준비한 무, 숙주나물, 황화채, 미나리, 파 등을 채소와 버섯과 지단을 넣어 한데 끓여 먹는 음식이다.

신선로 간, 천엽, 양, 생선 등을 전 부치고, 달걀지단과 미나리 초대를 부쳐 골패쪽으로 썰어 전복과 해삼을 불려서 저미고, 버섯은 불려 썬다. 양념한 고기를 신선로 속에 담고 준비한 재료를 담고 위에 완자와 견과류 고명을 얹고, 맑은 장국을 붓고 끓인다. 한참 먹다가 국수나 밥을 말아서 먹는 탕으로 탕구자 또는 열구자라고 한다.

전골

우육, 닭, 생치, 낙지, 조개, 채소, 두부, 버섯 등이 전골에 쓰인다. 신선로를 전골항에 넣은 책도 있다. 『반찬등속』(1913)의 '전골지짐'은 사골육수에 두부와 채 썬 고기를 넣고 끓였다. 『조선요리제법』(1921)의 전골은 좋은 소고기와 내장을 채 썰어 양념하고, 채소로 무, 숙주, 미나리, 파, 황화채, 버섯 등을 썰어담고, 고명으로 완

신선로

자 얹어 준비하여 상 옆 화로에 냄비(벙거짓골)을 놓고 장국을 끓이면서 준비한 고기와 채소들을 넣어 익히면서 먹는 겨울음식이다.

찌개

가장 일반적인 찌개는 된장찌개와 고추장찌개, 두부찌개, 우거지찌개, 젓국찌개, 김치찌개 등이 있다. 궁중에서는 조치라 하고 절미된장조치, 무조치, 깻잎조치 등이 있다. 채소찌개는 우거지, 무, 호박오가기, 송이 등을 넣고, 생선찌개에 숭어, 민어, 조기, 도미, 방어, 붕어, 웅어, 고등어, 도루묵, 새우, 게, 조개, 북어, 냉란, 언어알 등이 쓰였고, 기타 알(달걀), 비지, 선지 등이 쓰였다. 젓국찌개는 주로 새우젓으로 간을 한다. 『조선무쌍신식요리제법』(1936)에는 된장찌개 항목에서 "된장은 가시(구더기)가 나기 쉬우니 눈 밝고 꼼꼼한 부인은 알알이 헤쳐가며 티도 고르고 가시도 조심해서 본 후에 체에 걸으라"고 하였으니 당시 대부분 가정에서 된장에 가시가 나는 것이 보통 있는 일이었을 것으로 짐작된다.

지짐이(지지미)

지금은 거의 쓰지 않는 용어인데 찌개처럼 끓이는데 건지 재료가 많고 국물이 적은 음식이다. 일부 책에는 조림도 지짐이에 들어 있다. 생선 지짐이는 잉어, 여메기, 민어, 게, 쏘가리, 자가사리, 암치, 비웃, 병어 등이고, 채소 지짐이는 무, 우거지, 외(오이), 호박, 미역, 멧나물(산채), 김치 등이 쓰인다.

찜

육류찜은 가리(갈비), 닭, 연계, 아저(새끼돼지), 등골, 우설, 영계, 사태 등이 쓰이고, 생선찜은 도미, 숭어, 게, 부어(붕어)로 만드는데 특이하게 민어부레로 만든 찜이 있다. 채소로 만든 찜은 배추, 배추속대, 배추꼬리, 죽순, 배추, 송이, 황과, 가지, 외로 만들고, 떡찜이 있다. 『반찬등속』(1913)의 '외무름'은 여름철에 큰 이에 대가리를 자르고 껍질을 벗겨 속을 파내고 다진 고기와 두부를 고추장 섞어 넣고 막아서 고추장 푼 육수에 넣고 끓인다. 계증은 닭을 통째로 삶아 넷으로 나누어 밀가루 즙하여 간장, 파, 깨소금을 넣어 달걀지단과 석이, 목이 등 고명을 얹는다. 선은 채소찜으로 황과, 두부, 호박, 오이, 가지 등으로 쓰인다.

볶음

육류볶음으로 우육, 소의 양과 천엽, 간, 콩팥, 염통, 족 등과 제육, 닭, 영계, 생치 등이 쓰이고 채소볶음은 애호박, 싸리버섯, 옥총(양파), 송이, 콩나물 등이 쓰이고, 대하볶음이 있다.

조림

육류조림은 장조림, 제육조림, 닭조림, 꿩조림, 편육조림, 차돌조림, 장산적 등이 있고, 어패류조림은 바다어류인 방어, 명태, 북어, 도루묵, 비웃, 갈치, 조기, 준치, 도미, 가재미, 병어, 농어, 민어, 정어리, 고등어, 숭어 등과 민물어류인 붕어, 잉어 등이 쓰인다. 채소조림은 풋고추, 두부, 감자, 토란, 가지 등이 쓰인다. 홍합초와 전복초는 일종의 조림이다.

전유어

가장 일반적으로는 흰살 생선의 살을 저며서 간하여 밀가루, 달걀을 풀어 묻혀서 기름에 지진다. 육류전은 간, 등골, 양, 천엽, 메추라기, 참새 등이 쓰이고, 어패류 전은 생선, 병어, 새우, 대하, 낙지, 비웃, 굴, 조개, 낙지 등이 쓰이고, 채소전은 감자, 애호박, 옥총(양파), 버섯, 파, 풋고추, 연근, 김치, 미나리 등이 쓰인다. 미나리 초대와 알쌈, 고명 완자도 전유어의 일종이다. 해삼전은 뭇소, 미쌈이라 한다. 박 느름이는 박이나 박오가리를 삶아 양념하여 소고기와 느타리를 번갈아 꼬치에 꿰서 밀가루와 계란을 씌워 지진다. 녹두갈아 부친 빈자떡이 있다.

구이

육류구이로 너비아니, 방자구이가 있고 소갈비, 소염통, 꿩(생치), 닭, 연계, 참새, 저육, 장포와 편포 등이 쓰인다. 어류구이로 민어, 숭어, 비웃, 갈치, 웅어, 비웃, 생복, 게, 붕어, 꼴뚜기, 뱅어포, 조개 등이 쓰이고, 기타 더덕, 김, 파래, 계란구이가 있다. 북어구이인 '북어대강이'는 북어에 참기름 바르고 소금 뿌려서 관솔불에 구웠다.

너비아니

너비아니(너븨안이)는 연한 고기인 등심이나 우둔, 도간이를 얇게 썰어 양념간장으로 주물러 재웠다가 석쇠에 굽는다고 하였는데 양념 중에 마늘이 없다.

방자구이는 소고기를 양념간장 없이 기름·소금·설탕·후추를 뿌려 주물러 구운 것이다.

적

육류의 적으로 닭산적, 염통산적, 잡산적, 생치섭산적, 섭산적이 있고, 어패류의 적은 어산적, 사슬산적 등이 있고, 채소의 적으로 화양적이 있고, 파, 송이, 두릅, 김치, 떡 등이 쓰인다. 옷을 입혀 지지면 누름적이라 하는데 고기 외에 도라지, 배추, 박오라기, 양념하여 꼬치에 꿰어 옷을 입혀서 지지는데 잡누르미라고도 한다. 산적은 넓적한 고기를 양념하여 석쇠에 구운 것으로 제사나 잔치상에 고이는 음식이고, 사슬산적은 막대모양으로 썰어 꼬치에 꿰어 굽는데 제육과 생선을 함께 하기도 한다. 닭적과 생치적은 온마리로 쪼개어 기름장을 발라서 구워 제사상이나 잔치상에 쓴다.

127

나물

가지, 고비, 도라지, 무, 물쑥, 미나리, 숙주, 박, 시래기, 외, 호박오가리, 청둥호박, 애호박, 콩나물, 쑥갓, 고춧잎, 두릅, 취, 가지, 시래기, 풋나물, 석이버섯, 표고버섯, 싸리버섯, 무오가리 등이 쓰인다. 죽순채, 잡채, 월과채, 족채, 묵채, 구절판, 오이뱃두리 등은 분류하면 숙채에 들어간다.

구절판 『조선요리대략』(1957)에는 구절판은 나무그릇인데 팔각인 찬합에 가운데 하나 가장자리로 여덟 칸이 있어 중앙에 전병을 담고 그 외에 칸에 색을 맞추어 여러 가지를 담는다고 하며, 그림에 번호를 붙여 설명하였다.

1. 밀가루 혹은 메밀가루 혹은 찹쌀가루로 전병을 얇게 붙여서 가운데 칸을 담을 수 있도록 보시기를 대고 오려서 놓는다.
2. 애호박나물 또는 외나물
3. 표고 혹은 목이
4. 소고기육회나 콩팥, 천엽, 양 볶음

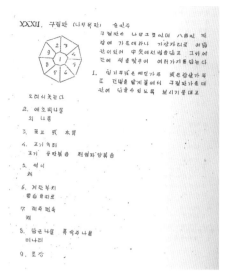

구절판(손정규,『조선요리』)

5. 석이채

6. 달걀황백지단

7. 제육편육채

8. 숙주나물 또는 미나리

9. 초장

잡채 지금은 당면이 주가 된 음식이나 원래 잡채는 다양한 채소를 볶아서 한데
무친 음식이다. 『조선무쌍신식요리제법』(1936)에는 마른 도라지, 미나리, 목이, 황
화채, 소고기, 제육, 움파 알고명, 표고, 고추, 해삼, 전복, 배 등이 쓰였고, 죽순을
안 넣고, 겨자나 초장에 찍어 먹고, 당면을 데쳐 넣는 것은 좋지 못하다고 하였다.

생채

무, 도라지, 더덕, 오이, 노각, 숙주가 쓰이고, 제육생채, 냉채 등이 있다.

편육

우설·제육·소머리·업진·양지머리 등이 쓰이는데, 지금은 흔한 돼지머리편육은
1940년대에 나온다.

회

어회는 주로 흰살 생선인 도미, 민어, 농어, 준치, 조기, 대구, 병어, 숭어, 뱅어, 청어 등과 민물 생선인 웅어, 잉어, 가물치 등이 쓰인다. 패류는 생복, 조개, 굴 등이 쓰이고, 해물 숙회인 생선숙회, 어채와 조개어채가 있다. 해삼, 대하회도 있다. 육류의 회는 주로 우둔이나 대접살, 홍두깨를 채로 썰어 간장 양념장에 무치고 잣가루를 뿌리고 겨자나 초고추장을 찍어 먹는다.

안심은 연하기는 하나 고기 맛이 시큼하고 설깃살은 하지말라고 했다. 그 외 양, 천엽, 간, 콩팥 등을 회로 쓰이는데 이를 갑회라고 한다. 채소회는 파(실파)강회, 미나리강회와 두릅, 송이 등이 쓰인다.

기타 찬물

두부 두부는 굳히지 않은 순두부와 네모지게 굳힌 두부가 있다.

묵 녹두묵, 청포묵, 황포묵, 제물묵, 도토리묵, 메밀묵 등이 있다.

쌈 주로 채소쌈으로 배추속대, 상치잎, 호박잎, 아주가리잎, 깻잎, 취, 곰취, 피마주잎 등이 쓰이고, 그밖에 김치쌈, 김쌈, 밀쌈 등이 있다.

마른찬 암치, 굴비, 건대구, 관목(말린 청어), 북어, 어란 등이 쓰였다.

포 약포, 편포, 장포, 치육포, 산포, 염포, 대추포, 어포, 잣쌈 등이 있다.

족편 돼지껍질 편육인 저피수정(猪皮水晶)과 겨울 보양음식인 전약(煎藥)이 나온다. 특별한 회인 '저피수정'은 돼지껍질은 기름 걷어내고 정히 씻어 껍질에 물 넣고 파, 후추가루, 진피를 조금 넣고, 껍질이 무르도록 만화로 삶아 굳혀서 회가 되면 초를 찍어 먹는데 수정처럼 맑아서 붙여진 이름이다. 잡회는 간, 천엽, 양지머리와 콩팥을 잘게 썰어 색 맞추어 잣가루 뿌리고, 꼭대기에 무생채를 고춧가루와 기름과 장에 무쳐서 먹는다.

장과 · 장아찌 · 짠지

짠지는 무를 통째로 소금에 짜게 절여서 묵혀 두고 먹는 김치인데 일부에서는 채소나 북어 해물 등을 익힌 찬물인 장아찌를 이르고 궁중에서는 장과라 한다. 채소장아찌는 배추속대, 미나리, 무, 무말랭이, 송이, 열무, 오이, 풋고추, 마늘, 마늘종, 가지, 고춧잎, 박, 파, 달래, 더덕, 도라지, 우엉, 깻잎, 씀바귀, 콩 등으로 만들고, 동물성 장과는 쇠족, 북어, 전복, 굴비와 삼합장과가 있고, 갑장과는 오이갑장과, 무갑장과 등이 있다.

짠지는 보통 채소에 소금을 많이 넣은 것인데 저장하여 먹는 찬물도 짠지라 하였다. 『반찬등속』(1913)의 짠지는 재료에 간장이나 소금물에 재운 것과 김치처럼 파, 마늘, 생강 넣은 김치류와 콩이나 북어를 익힌 찬물도 포함하였다. '짠지'는 무와 배추, 무잎을 한데 섞어 소금물을 부어 생강, 마늘, 말, 고추와 조기를 넣었고, '배추짠지'는 배추에 실고추를 넣고 조기, 문어, 전복 져며 한데 넣어둔다. '무짠지'는 무를 골패쪽으로 썰어 말려 소금물에 절여 간장과 꿀을 넣었고, '고추잎 짠지'는 데쳐서 말려 다진 고기 섞었고, 콩짠지는 콩을 북어대가리와 함께 조린 찬물이다.

게장은 예전에는 민물게가 쓰였는데 가을에 알이 들기 전에 살은 게를 항아리에 담아 좋은 장을 끓여 식혀서 붓고, 고추 넣고 봉하여 보름 후에 먹는다.

근대 조리서에 나온
저장발효식품

장류

청장, 고추장, 팥고추장, 된장, 벼락장, 집장, 비지장, 두부장 등이 있다.

젓갈

젓갈 어류젓은 조기, 황석어, 웅어, 준치, 병어, 조침, 게, 방게, 비웃, 뱅어, 쌀녹이, 밴댕이 등과 여러 가지를 섞은 잡젓이 있고, 패류젓은 조개, 홍합, 전복, 소라, 대합 등이 쓰이고, 새우젓은 담는 시기에 따라 오젓, 육젓, 추젓이 있고, 자하로 담근 감동젓, 곤쟁이젓과 큰 새우인 대하젓이 있다. 굴젓에는 굴젓, 장굴젓, 물굴젓, 어리굴젓이 있고, 생선 알과 내장으로 담은 젓은 알젓, 하란젓, 명란젓, 석난젓, 연어알젓, 창난젓, 속젓 등이 있다.

김치

충청도 지역에서 나온 『반찬등속』(1913) 의 김치에는 생조기와 조기젓이나 새우젓을 넣었다.

보통김치 햇김치, 열무김치, 나박김치, 오이송송이, 오이비늘김치, 장김치, 외소김치(오이소백이), 보쌈김치, 『반찬등속』(1913) 에 '외김치'는 오이를 열십자로 짜개고 마늘, 고추 다져서 넣고 소금물에 담구고 조기를 다져 넣은 오이소백이다.

깍두기 종류가 많아서 보통 깍두기, 익힌 무로 담는 숙깍뚜기, 곤쟁이를 넣은 감동젓무가 있고, 궁중에서 송송이라 했고, 오이송송이도 있다. 『반찬등속』(1913) 에 '깍두기'는 네모지게 썬 무에 새우젓, 다진 조기, 고추, 마늘, 생강 등을 넣었다.

김장김치 배추에 무소를 넣은 배추통김치와 석박지, 젓국지, 쌈김치, 동침이(동치미), 지럼(지레)김치, 채김치 등이 실려 있다.

『반찬등속』(1913)에 의하면 '무김치'는 무를 소금에 절여서 소금물을 붓고 풋고추와 생조기를 넣었고, '고추김치'는 고추와 고춧잎, 무를 한데 절이는데 이때 구리 그릇을 한데 넣고, 생조기와 파, 생강을 많이 넣어 만든다. 또 한 가지 방법은, 통무를 단지에 넣고, 말린고춧잎 소금, 후추를 넣어 봉해 1년 후에 먹는데 이때 동전을 넣는다.

전복김치 데친 전복에 무, 쪽파, 고춧가루, 배, 유자껍질 등을 넣어 버무린 해산물 김치인데 달큰하고 쫄깃한 전복에 향긋한 유자향과 매운 양념이 어우러져 독특한 풍미가 넘치는 가을철에 별미김치이다.

닭김치 삶은 닭고기 살을 주재료로, 미리 담근 김치와 곁들여 김칫국물을 부어 얼음을 채워 먹는 김치이다. 여름철에 시원하게 먹을 수 있으며, 예로부터 술안주감으로 많이 담가 먹었다

외김치

근대 조리서에 나온
병과류와 음료

과자류

산자 찹쌀을 떡으로 만들어 썰어 말렸다가 기름에 일궈서 각가지 고물을 묻힌다. 모양이나 고물에 따라 강정, 빙사과, 연사 등이 다양한 종류가 있다.『반찬등속』(1913)의 산자는 밀가루 반죽을 기름에 튀겨 튀밥을 붙였다.

유밀과 약과, 다식과, 만두과, 한과, 중백기(중박기), 한과, 채소과, 타래과, 매작과 등이 있다. 과줄은 과자를 통틀어 말하거나 또는 유밀과를 뜻하기도 한다.『반찬등속』(1913)의 과줄은 밀가루를 꿀물 반죽하여 다식판에 박아 기름에 터지도록 조린 약과이다. 중박기는 밀가루 반죽을 엿가락처럼 만들어 기름에 지져서 꿀 바른 것이다.

다식 녹말, 송화, 흑임자, 밤, 승검초(신감채), 콩, 생강, 찹쌀, 용안육 등이 쓰인다.

숙실과 율란, 조란, 생란, 대추초, 밤초, 앵두란, 살구편, 백자편, 잣박산, 준시단자 등이 있다.

전과(정과) 연근, 생강, 유자, 도라지, 동아, 각색, 산사, 모과, 청매, 박고지, 행인, 맥문동, 송실, 건포도, 인삼, 귤 등이 쓰이고, 귤병이 있다.

엿강정 깨, 잣, 호도, 콩, 낙화생, 대추, 검은콩 등을 볶거나 구워서 엿을 합하여 납작하게 밀어서 잘게 썬다.

과편 녹말, 앵도, 모과, 산사 등으로 만든다.

엿 검은엿, 흰엿, 깨엿, 콩엿, 호도엿, 대추엿, 밤엿, 호콩엿, 광주백당 등이 있다.

떡류

시루편(甑餅) 백편, 꿀편, 승검초편, 녹두편, 깨메떡, 석이편, 곶감떡, 백설기, 깨설기, 콩설기, 쑥버무리, 팥시루편, 고엽점증병, 느티떡, 잡과병, 봉우리떡, 증편 등이 있고, 고사 때는 팥시루떡을 올린다. 『반찬등속』(1913)의 꿀편은 쌀가루 말려서 꿀로 반죽하여 시루에 켜를 놓고 석이와 잣을 얹어 찌고, 곶감떡은 잘게 썬 곶감과 호박 대초를 얹어 찐다.

도병(搗餅) 흰떡, 가래떡, 절편, 개피떡, 송기개피떡, 셋붙이, 잔절편, 골무떡, 인절미가 있고, 단자는 쑥구리, 밤, 은행, 석이, 대추, 생강 등이 쓰이고, 화병, 염주떡 등이 있다. 『반찬등속』(1913)의 화병은 인절미처럼 하여 채지단과 고추를 붙이고 콩고물을 묻혔고, 염주떡은 가래떡을 밤 만하게 만들어 오색물을 들여 실에 꿴다.

꿀편(손정규, 『조선요리』)

전병(煎餅) 주악(청주악, 대추주악, 황주악, 밤주악, 승검초), 화전, 밀쌈, 돈전병, 밀전병, 찰전병 등이 있다.

경단 수수, 찹쌀, 율무, 대추, 청매, 생률 등으로 만든다.

약밥 찐 찹쌀을 밤, 대추, 곶감 등을 섞어 간장, 참기름으로 맛을 내어 찐 밥으로 떡의 용도이다. 기타 물편은 송편, 경단, 개떡 등이 있다.

135

음청류

식혜 기본적으로 밥을 엿기름으로 발효시킨 즙으로 생강즙이나 유자 향을 보태
기도 하고, 석류알과 잣을 띄운다.

수정과 원래는 생강, 계피, 꿀을 다린 물에 여러 과실을 넣는데 곶감, 가런, 배 등
이 쓰였다. 배숙은 배수정과이다. 현재는 곶감 넣은 것을 수정과로 부른다.

화채 배, 앵두, 배, 딸기, 복숭아, 유자, 순채, 수박, 복분자, 노란장미 등을 꿀물이
나 오미자국물에 띄운다.
오미자 국에 진달래꽃이나 녹말국수를 넣은 것을 책면, 화면, 청면이라고 한다.
꿀물에 삶은 햇보리나 흰떡, 원소병을 띄운 수단(水團)이 있고, 송화를 꿀물에 탄
송화밀수, 미수가 있고, 그밖에 차로 오미자, 국화, 매화, 포도, 삼 등으로 만든 차
가 있다.

근대 조리서에 나온 음식 중
현재 거의 없어진 음식과 식재료

표1 근대 조리서에 나온 음식 중 현재 없어진 한국음식

주식류	육류 찬물	어패류 찬물	채소 찬물과 장	병과, 음료 등
교맥면 숙면 사면 생떡국 보만두 시체만두 묵물죽 암죽(쌀,밤,식혜) 의이(갈분,수수,율무) 재강죽 청모죽	고락찌개 방자구이 선지찌개 생치적 승기악탕 약포 양복기 양선 염통산적 용봉탕 잡누름적 장족편 저피수정 전약 전유어(골,등골,선지) 족편 족적 족채 주저탕(족볶이) 육집(양, 천엽) 천리찬 추포탕 총계탕 계란선 철유찬 천리찬 똑똑자반	못소 미쌈 어글탕 어채(도미,숭어,민이,기오리,조개) 와가탕 자라탕 전복쌈 전복짠지 전유어(낙지,잉어,숭어,반댕이,뱅어,이리,게,비웃) 해삼초 *젓갈(곤쟁이,대합,웅어,준치,청어,조침,방게,비웃,홍합,장굴,물굴,뱅어,감동,하란,광란)	나물(물쑥,황화채,순채,구기자,박,방풍채) 삼태탕 수잔지 외무름국 전유어(부빔밥,석이) 피마주쌈 황과선 *짠지 용인외지 박짠지 *김치 석박지 숙깍뚜기 닭김치 전복김치 전국지 감동젓무 *장(청태장,팟고추장,비지장,벼락장 대맥장, 어장 등)	떡(굴병,나복,토련,벽령,보풀) 생편 서곡떡 요홧대 용안육다식 정과(들죽,쪽,행인,청매) 중박기 채소과 타락 한과(미자) 향설고

표2 근대 조리서에 나온 재료 중 현재 구하기 어려운 재료

곡류	육류	어패류	채소류, 해초	과실, 기타
청량미 청모(청보리)	건치(乾雉) 곤자소니 광대머리 소두골 소등골 메추라기 생치(꿩) 송치(소태아) 애저(돼지태아) 오리고기 참새 홀데기	가물치 가조기 관묵(건청어) 말린 전복 말린 해삼 민어부레 북어껍질 암치(말린 민어) 암치뼈 여메기 웅어 자반생선(준치, 비웃,방어, 반댕이,연어, 전어)	가시리 감곽 감자(柑子) 들죽 방풍채 외 움파 참등나무순 호배추 황화채(넙나물)	갈분 굴병 고종시 용안육 묵물 조강

근대 조리서 중의
외국음식

        방신영이 지은 『조선료리제법』(1917) 원본을 구할 수 없어 확인하지 못하였으나, 잡지 『청춘』에 실린 광고에 외국식품 40종의 제법이 부록에 있다고 하였다. 1921년 발행된 『조선료리제법』 3판에는 외국요리는 일본요리 19종, 서양요리 26종, 지나(중국)요리 12종이 나오고, 1942년 발행된 『조선요리제법』 개정증보판에는 외국요리로 서양식 스프와 차가 나오는데, 스프는 로서아숩·시금치숩·골숩(뼈스프)·고기숩·닭숩·일년감숩(토마토스프)·청두숩(그린피스스프)·조개숩·굴숩·계란우유숩 등 10종이고, 차는 커피·티·포스텀·코코차 등 4종, 양념과 기름 항목에 마요네쓰소스, 뻐터, 마즈린, 감람기름(올리브유), 팡가루 등이 나온다.

1934년 이석만이 지은 『간편조선요리제법』에 외국요리는 일본요리 22종, 서양요리 26종 그리고 지나요리(중국요리)12종 등 총60종이 나오는데 내용은 『조선료리제법』과 거의 같다.

1934년 스즈키 상점에서 나온 『사계의 조선요리』에는 서양요리인 카-레라이스, 하이시라이스, 치킨라이스, 고록케, 후라이, 삐-후사라다, 삐후데끼, 제육가쓰레쓰, 함바-크 스테-크, 로-루갸베쓰, 오-토미-루 등 11종이 나와 있다.

1936년 이용기가 지은 『조선무쌍신식요리제법』에는 외국요리가 일본요리 20종, 서양요리 25종 그리고 지나요리 15종 등 총 60종이 나오고, 따로 청량음료인 나무네와 아이스크림, 당정과, 사탕, 면보(빵) 만드는 법이 나온다.

1936년 경성여자사범학교에서 나온 『할팽연구』에는 일본요리가 주를 이루고 한국요리가 적게 나온다. 일본요리는 총 72종으로 조리법별로 구분되어 있다. 일본요리 종목은 밥 6종, 면 2종, 국 4종, 초회 4종, 나물 3종, 조림(정월 요리 포함) 33종, 구이 10종, 튀김 5종, 떡죽 4종, 음료 2종, 절임류 및 화과자 17종과 닭 다루기와 야채썰기가 그림으로 설명되어 있다. 기타 항에는 생선회, 계란찜, 게요리, 소고기 스키야키(전골), 닭 다루기 등이 나온다.

한편 서양요리와 중국요리는 세부항목에 일본요리와 섞여져서 들어있는데 중국요리는 팔보채, 슈우마이, 중국식 국이 포함되어 있고, 서양요리로는 커틀렛, 고로켓, 야채샐러드, 샌드위치, 가라텐, 롤카베츠 등과 후식인 아이스크림, 제리폰, 찐카스테라, 롤팬케익, 와플, 도우넛, 케익, 딸기잼, 딸기시럽과 음료로 여름귤 레모네이드, 커피, 홍차 등이 포함되어있다

1939년 이정규가 지은 『가정주부필독』에는 외국요리로 서양요리는 32종, 일본요리 4종, 중국요리 43종, 차와 음료 3종으로 총 82종이 나온다. 코코차, 실과즙이란 쥬스가 있다. 서양요리는 사가나후라이(생선튀김), 비후스테기(비프스테이크), 각종 라이스류, 소-스제법, 파이, 샌드위치, 컵케익, 빵, 케익아이싱, 서양김치인 피클 담는 법 등이 있다. 일본요리는 3종으로 계란말이, 초밥, 닭고기덮밥이 있다. 중국요리는 43종으로 고기완자, 신설로, 새우볶음, 해파리냉채, 군만두, 팔보채, 오향육, 탕수육, 계란볶음밥, 동순화조, 춘병, 해삼탕, 채슈우(챠수 돼지고기구이), 삼선탕, 볶음밥. 숙주냉채 등 다양하다.

1956년 조선녀성사에서 나온 『음식 만드는 법』에는 일본요리는 계란덮밥과 닭카레찜, 중국식은 돼지고기와 고추볶기, 돼지고기(슈우마이), 만두거죽, 닭튀김, 가지튀김, 제육생채, 지진 완자, 냉채, 햇콩 볶은밥 등 채, 볶음, 튀김, 만두 등으로 한국 가정에서 손쉽게 해먹을 수 있는 새로운 맛의 가정요리 12종이 들어 있다.

표3 방신영과 이석만의 조리서 중의 외국음식

서명	서양요리	중국요리	일본요리
조선료리제법 1921년 (57종) **간편조선 요리제법 1934년 (58종)**	1. 숩 2. 카쓸래쓰 3. 미뽈스 4. 비푸미쓰 5. 퓌식볼쓰 6. 부리게쓰츄 7. 팡-케익 8. 이달리아숩 9. 함풀스쿠뻬스 10. 폭앤드빈스 11. 애플넛샌드위취 12. 컵키스터 13. 카스데라 14. 캐라멜넛쓰 15. 코코아케익 16. 골덴케익 17. 떼세르 18. 도오넛쓰 19. 쵸코렛트케익 20. 찌브로만 21. 레슨케익 22. 롤스폰지 23. 메렌게 24. 빠나나스노쎄리 25. 빠타케익 26. 빠다비스켓	1. 쓰레잔 2. 진무질 3. 무후유 4. 메모스 5. 지단잔 6. 싸완쯔 7. 진단가오 8. 시분유 9. 혼쇼죠 10. 젠완스 11. 류홍채 12. 산인당	1. 가쯔오부시노다가 2. 이와시노쓰구네아게(정어리완자튀김) 3. 쟈완후까시(계란찜) 4. 사도이모노고로아시(토란조림) 5. 미소시루(된장국) 6. 덴뿌라(튀김) 7. 부나노이리도후(돼지고기두부볶음) 8. 마쓰다게메시(송이밥) 9. 규닉-구또쟈가이모(소고기감자조림) 10. 스기야기(소고기전골)** 11. 쓰쓰미다마고(계란쌈)** 12. 구디도리고시요깐(양갱) 13. 요시노니(요시노죽) 14. 쟈가이모노아마니(감자단조림) 15. 부다노쓰구네아게(돼지완자튀김) 16. 다게노고도규닉구도노놋베이 17. (죽순과 소고기조림) 18. 고다이시오야끼(소도미소금구이) 19. 산식기마끼다마고(계란말이) 20. 호렌소(시금치) 21. 세이한(팥찰밥) 22. 게이니쿠메시(닭고기밥)
조선료리제법 1942년 (14종)	1. 로서아숩 1. 시금치숩 2. 골숩 3. 고기숩 4. 닭숩 5. 일년감숩 6. 청두숩 7. 조개숩 8. 굴숩 9. 계란우유숩		1. 커피차 2. 티차 3. 포스텀 4. 코코차

*『조선요리제법』과 『간편조선요리제법』의 외국요리 내용이 거의 동일하다.

** 『간편조선요리제법』에만 있다.

표4 근대 한국조리서 중의 외국음식

	서명	연대	편찬자	외국음식 내용					비 고
				서양요리	지나요리	일본요리	기타(음료,차)	계(종)	
1	조선료리제법(초판)	1917	방신영	–	–	–	–	40종	원본없음
2	조선료리제법(3판)	1921	방신영	26	12	19	–	57종	
3	간편조선요리제법	1934	이석만	26	12	22	–	60종	
4	사계의 조선요리	1934	스즈키상점	11	–	–	–	11종	
5	소선무쌍신식요리제법	1930	이용기	25 면모1	15	20	라무네 등 3	64종	면보(빵)
6	할팽연구	1937	경성여자사범학교 가사연구회	6	4	72(후식 11차 3 포함)	–	82종	
7	가정주부필독	1939	이정규	32	43	4	3	82종	
8	조선료리제법	1942	방신영	스프10 기름, 쏘스 등 5	–	–	4	19종	뻐터 등
9	음식 만드는 법	1956	조선녀성사	–	10	2	–	12종	

141

4부

서양인의 눈에 비친

근대 조선의 음식문화

1 개화기의 조선, 조선 사람들

김미혜 ― 호서대학교

외세에 의해 1876년 조선이 개항을 하기 이전에는, 외국인들, 특히 서양인들이 조선을 방문하기는 쉽지 않았다. 풍랑을 만나 어쩔 수 없이 표류해 오거나, 특정 목적으로 탐사를 위해 조선을 살피는 일은 없지 않았다. 그러나 개항 이후처럼 본격적으로 조선을 왕래할 수는 없었다.

개항을 하게 되자 선교사들을 중심으로 다양한 외국인들이 조선을 방문했고, 그들의 시각으로 기록을 남겼다. 그들에게 조선은 미지의 낯선 세계였다. 참을 수 없는 김치 냄새, 지나치게 많이 먹는 식사량, 날생선을 먹는 모습 등이 그들로서는 매우 이국적으로 느껴졌을 것이다.

그들은 문화우월적 시각으로 마치 미개인의 문화를 탐사하듯이 조선을 기록했다. 따라서 21세기를 사는 우리는 그 기록을 역사 스펙트럼을 통해 여과시켜 읽고 해석해야 한다. 다만 그들의 시선에 투영된 근대 조선의 음식 풍경이 어떠했는지, 거꾸로 그들에게 부각된 한식문화의 특징은 무엇이었는지를 되새겨 본다.

조선을 방문한 서양인들은
누구였을까

　구한말 조선을 방문한 서양인들은 어떤 사람들이었으며 방문 목적은 무엇이었을까? 방문 시기별로 구분하여 보면 근대 개화기의 가장 큰 특징인 개항(1880년대)과 한일합방(1910년)을 기점으로 크게 세 기간으로 분류할 수 있겠다.

첫째, 서양인들에 대한 쇄국의 문호를 연 개항(開港, 1876) 이전 시기이다. 1880년대 이전 조선을 방문한 자는 『하멜표류기』로 유명한 선무원인 하멜(Hendrick Hamel, 1630-1692)과 프랑스 신부 알드(Jean-Baptiste Du Halde, 1674-1743), 탐사를 목적으로 한 영국 군인 바질 할(basil hall, 1788-1844), 탐사를 목적으로 와 도굴 사건으로 더욱 유명해진 오페르트(Ernst Jacob Oppert, 1832-1903) 등이 있었다. 이 시기는 개항 이전이기 때문에 주로 탐사를 목적으로 하였으며, 조선을 궁극적인 목적지로 하였다기보다는 일본이나 청나라를 가는 중에 방문하게 된 것이었다.

둘째, 개항 시기부터 1910년 한일 합방 시기까지이다. 이 시기에 서양인들의 조선 방문이 가장 많은 시기였다. 기록물이 24건 이상 되며, 구한말 서양인의 방문이 꽤 활발하였음을 알 수 있다. 개항 이전 서양인들은 주로 표류 등으로 불가피하게 조선을 여행하였지만, 개항 이후 서구인들의 조선여행은 교사, 선교사, 외교관, 의사 등의 신분으로 자의적으로 또는 조선 국왕의 요청으로 이루어졌다. 구한말 조선을 방문한 외국인들 중 가장 큰 비중을 차지하는 사람들은 선교사들이었다. 1880년대에 미국, 영국, 캐나다의 선교회에서는 조선에 기독교를 전파할 목적으로 집중적으로 선교사들을 파견하였다. 이들은 종교적 신념으로 조선의 오지를 여행하였으며, 여행지에서 체험한 조선의 자연과 풍속 등을 상세히 기록하였다. 게일(James Scanth Gale, 1863-1937)의 기록에 의하면 이들 선교사들 숫자는 성직자 90명, 비성직자 15명, 선교사 부인 85명, 기타 여성 선교사 58명 등 250여 명이었다고 한다.

셋째, 1910년 한일합방 이후 시기이다. 이 시기의 기록물은 4건으로 국권을 상실한 조선을 방문한 서양인들은 많지 않았으며, 일제도 서양인의 방문을 금하였던

1905년 미국 공사관에서 찍은 기념 사진.
독일, 프랑스, 미국, 청국, 영국, 벨기에 등 서울에 주재하던 외국 공사들의 모습이다.

것으로 보인다. 한일합방 이후에는 주로 학자들의 방문이 있었으며, 국제 문제에 관심이 많은 미국 문필가 켄달(Carlton Waldo Kendall), 한국사 연구에 관심을 가진 과학자 그리피스(Wiliam Elliot Griffis, 1843-1928), 동양학자이며 교육자인 영국의 드레이크(henry burgess Drake, 1894-1963), 생태학자이며 동물학자이며 『한국의 야생동물지』를 쓴 버그맨(Sten Bergman, 1895-1975) 등이 있었다.

구한말 서양인들이 조선을 여행하는 여건은 매우 열악하여 여행 자체가 불가능할 정도였다고 한다. 이들은 선교사, 의사, 지리학자, 외교관 등의 신분으로서 조선여행의 동기가 순수 관광이 아니었고, 수 개월 또는 수 년을 체류하면서 조선 주요 지역을 여행하였다. 여행자 대부분은 모험가적 여행관을 가진 사람들이었다. 그들은 고통스러운 여행 여건을 감수하더라도 새롭고 신비로운 조선의 여러 곳을 탐험했다. 이들 대부분은 여행경로가 상당히 길었고, 오랜 기간이 소요되었으며, 여행의 범위가 상당히 넓었다. 이들은 한양을 중심으로 한 수도권은 물론 남한강, 북한강, 관북지방, 평안도, 황해도, 함경도, 금강산, 경주, 제주도, 부산, 충주 등 다양한 여행지를 방문하였다.

우리는 이들의 기록을 통해 당시 조선인의 생활상을 간접적으로 알 수 있다. 특히 조선의 인상뿐만 아니라 숙박, 운송수단, 여행 환경, 조선인들의 삶의 모습 등을 매우 상세히 기록하고 있어 마치 당시의 현장을 그림으로 보는 듯한 느낌을 갖게 될 정도이다.

'밥'으로 인사하고
'밥 힘'으로 사는 조선인

　　한국인의 주식은 뭐니 뭐니 해도 밥이다. 밥을 주식으로 먹는 나라는 많지만 우리나라만큼 밥에 대한 절대적 애착을 갖는 민족도 많지 않은 것 같다. 예전에 가난하고 먹을 것이 귀하던 시절에는 밥에 간장 한 종지 또는 김치 한 보시기만 있어도 한 끼 식사는 뚝딱이었다. 살아가는 힘을 밥에서 얻었던 것이다. '밥 먹었어요?'라고 하면 '식사 하셨어요?'라는 말이 된다. 밥이 한 끼 식사 전체를 대표하는 말이 되는 것이다. 그래서 밥 외에 떡, 고기며 온갖 과일을 먹고도 밥을 먹지 않았다면 그것은 아직 식사를 하지 않은 것이다.

밥에 대한 애착은 우리나라만의 독특한 인사법을 낳았다. 극동지역을 20년 동안 여행했다는 프랑뎅이라는 한 프랑스 외교관은 『프랑스 외교관이 본 개화기 조선』에서 조선의 인사 예절에 대해 '오세아니아의 서로 손에 침을 뱉는 것에 비하면 훨씬 마음에 든다'고 기록하고 있다. 조선에서 지나가는 사람들은 마주칠 때마다 너나 할 것 없이 '밥 드셨소?'라고 질문을 하는데, 프랑스 외교관의 눈에는 참으로 이상한 인사법이라고 느껴졌던 모양이고, 이 특이한 인사법은 서로 손에 침을 뱉는 인사법만큼이나 재미있어 보였나 보다.

1924년 『조선의 생활문화』라는 조선 견문기를 쓴 일본인(村田懋麿)도 조선인들의 인사법에 대해 흥미를 갖는다.

　　일본이면 '오늘 날씨가 좋습니다'라고 할 것을 반도(半島)에서는 '진지 잡수셨습니까?' 하고 인사를 한다. 불안한 역사의 굴레 속에서 하루 세 끼의 식사는 실로 생명 다음으로 중요했던 시대의 인상이 지금도 남아 있어 붙인식 간에 그들의 입에서 나오고 있다.

일본인이 표현한대로 조선인들은 허기진 배를 안고 사는 사람들이 많았고 이들의 생존 자체가 불안했기 때문에 밥을 먹었다는 것은 무탈하다는 함축적인 뜻인 것이다.

미국 선교사인 제이콥 로버트의 『Village Life in Korea(조선에 살다)』라는 책에는 이런 글이 있다.

쌀은 생명의 양식으로서 다른 나라에서 빵이 차지하는 비중보다 훨씬 더 중요한 위치를 차지한다. ··· 조선인들은 아침, 점심, 저녁 세 끼를 모두 밥을 먹는데, 큰 그릇에 고봉으로 높게 쌓아올린 밥은 식사의 가장 중요한 부분이다.

한국인은 '밥 힘으로 산다'는 말도 있듯이 한국인에게 밥은 단순한 끼니가 아니라 살아가는 힘을 주는 물질적 근원이다. 또한 모르는 사람과도 밥 한 끼 함께하면 아는 사람이 되고, '너'가 아닌 '우리'가 된다. 이렇게 '밥 먹었어요?' 라는 인사는 타인의 삶에 대한 관심이고 배려이며, '밥 먹자'는 인사는 친해지고 싶다는 친근함의 표현인 것이다.

독특한
조선인 냄새

　　개화기 조선을 방문한 서양인들의 대부분은 조선인들에게서 나는 체취(體臭) 때문에 곤욕을 치른다. 당시 조선의 환경을 냄새로써 기억하며 다음과 같이 기록하고 있다.

마늘 냄새, 된장 냄새, 거기다 뭐라 표현할 수 없는 조선 냄새. 비가 내리다 말다 하면 안뜰이 질퍽질퍽하여 심한 냄새가 나는 분변, 아궁이에서 장작 타는 냄새, 실로 코를 막지 않고는 견딜 수 없는 광경이다.

미국 선교사인 제이콥 로버트도 조선을 여행할 때 주막에서 식사 준비가 다 되었음을 김치 냄새로 알 수 있다고 하였다.

김치는 양념과 버무려 며칠 혹은 몇 주 동안 기다려서 숙성시킨 후 먹는다. 처음에는 발효되어 가스를 내고, 그런 연후에는 부풀어 오르는데, 이를 말로 적절히 표현할 수는 없

151

김치 담그는 모습(제이콥 로버트의 『조선에 살다』 중에서)

지만, 내가 무엇을 말하려는지 알 것이다. 그것은 조선의 주막에는 저녁식사가 준비되었음을 알리는 종이 필요 없다는 점이다. 항상 김치가 그 냄새로 저녁이 준비되었음을 알려주기 때문이다.(『조선에 살다』 중에서)

캐나다 선교사인 게일도 『Korea in transition(전환기의 조선)』에서 조선의 냄새를 다음과 같이 표현하였다.

냄새는 마늘, 양파, 양배추, 소금, 생선 그리고 다른 성분들의 혼합물에서 나는 냄새이다. 그 혼합물은 한국인이 쌀밥과 함께 대단히 즐기는 절인 김치이다. 이 냄새는 림버거(Limburger) 치즈 냄새처럼 몸에 항상 배어 있어, 원주민이 교회나 그 밖의 생활의 어느 다른 분야를 가든 항상 그를 따라 다닌다.

미국 선교사 알렌도 『조선견문기』에서 처음 맡는 김치 냄새는 견딜 수 없는 냄새라고 하였다. 조선에 온 지 얼마 되지 않아 병원 사무실에서 지금까지 맡아보지 못한 냄새가 온몸에 베이는 듯 강하게 나서 무엇인가 썩는다고 생각해 환기를 시키고 방안을 들여다보게 되었다. 그런데 거기에는 착한 환자가 감사의 선물로 놓고 간 작은 단지가 있었고, 그 속에는 익을 대로 익은 고약한 냄새가 나는 김치가 들어 있었단다. 그래서 그 단지를 당장 내버리라고 명령했다고 한다. 그 일이 있은 후 노동자들 입에서도 김치 냄새가 났고 도저히 견딜 수가 없었다고 한다. 그런데 지인들이 김치의 맛을 보라고 권유하며 마늘을 빼고 만든 김치를 먹어 본 후 첫 입에 그 맛에 사로잡혔다고 한다. 그리고 종종 그때의 일을 회상하면 즐겁다고 하였다.

냄새를 맡는 후각은 오감 중 가장 예민한 것이며, 강렬한 후각으로 인지되는 사물이나 상황은 기억 속에 각인되어 잘 지워지지 않는다고 한다. 개화기에 조선을 방문한 서양인들에게 김치 냄새는 바로 조선을 기억하는 가장 강렬한 인상으로 자리 잡아 조선인의 독특한 체취로 기억되고 있었다. 이렇듯 발효음식을 즐겨 먹으면서 생겨난 문화 집단의 독특한 특성이 체취가 되어 이질감을 낳게 했다.

당나귀 탄 알렌(1885) 연세의료원이 개최한 제중원(광혜원) 창립 127주년
기념 전시회, '알렌이 본 19세기말 조선'

식탐 많은
조선인

　　서양인들이 보는 조선인들의 또 다른 특성은 바로 '식탐이 많다'는
것이었다. 한국인은 예로부터 대식(大食)하는 것으로 외국인에게 알려져 있었다.
송나라 사신의 고려방문기를 적은 『고려도경』에서 이미 '고려 사람들은 많이 먹
는 것을 무척 좋아한다'고 했다. 또한 현대를 사는 우리들도 잘 차려진 잔치상을
보면 '상다리가 부러지게 나온다' 는 말로 칭찬을 하곤 한다.

개화기 조선을 방문한 미국인 목사이며 과학자이며 동양학자인 윌리엄 엘리엇
그리피스(Wiliam Elliot Griffis, 1843-1928)는 그의 저서 『Corea, the hermit
nation(은자의 나라 조선)』에서 개화기 조선인들의 식사법에 관하여 다음과 같은
이야기 한다.

첫째, 조선 사람들의 식사법 중에서 눈에 띄는 특징은 그들이 식탐한다는 사실이
다. 일본인, 프랑스인, 네덜란드인, 중국인들이 조선 사람의 그와 같은 성격을 증
언하고 있다. 조선 사람들의 식사법에 관한 모든 기록들은 일치된 의견을 보이는
것 같다.

둘째, 식탐의 문제에서는 빈부나 반상(班常)간에 전혀 다름이 없다. 그들은 모두
식사를 많이 하는 것은 자랑스러운 일이며 심지어 잔치의 평가는 음식의 질에 있
는 것이 아니라 그 양에 있다고 한다.

셋째, 말을 하다가는 입 가득히 먹을 수가 없으므로 식사 중에는 거의 말이 없다.

넷째, 많이 먹을 수 있는 배를 가졌다는 것은 큰 덕이기 때문에 어릴 적부터 아무
것이나 많이 먹을 수 있도록 배를 훈련하려 한다.

다섯째, 조선 사람들은 언제든지 먹을 준비가 되어 있다. 닥치는 대로 아무 것이
나 공격하며 '그만 먹겠다'는 말을 하는 일이 드물다. 심지어는 식사 때가 아니라
할지라도 먹을 것이 나오면 마음껏 먹어 치우려 한다.

여섯째, 먹기 내기는 흔히 볼 수 있다. 소를 잡아서 고기를 내어 올 때면 김이 무
럭무럭 오르는 고기가 수북히 쌓인 접시를 보고 놀랄 사람은 없다.

여행자이며 작가인 이사벨라 버드 비숍(Bird, Isabella Lucy, 1831-1904)도 조선
견문을 바탕으로 기록한 책인 『Korea and her neighbours(조선과 그 이웃나라

들)』에서 포만감을 즐기는 조선인들을 잘 묘사하고 있다.

비숍이 여행 중 어떤 엄마가 어린 아이에게 밥을 먹이는 장면을 목격했다. 아이의 엄마는 아이에게 밥을 많이 먹인 후에도 띠를 둘러 등에 업은 채 다시 더 밥을 먹였다. 그래도 미심쩍은지 평평한 숟갈로 어린이의 배를 두드려 보더니 더 밥을 먹였다고 한다. 또한 대부분의 어른들은 트림을 하거나, 입 밖으로 음식을 튀기거나, 손으로 배를 두드리면서 포만감을 즐긴다고 하였다.

비숍은 노동자들의 엄청난 식사량에 대해서도 기록했다. 쌀 한 쿼트(1 quart=1 kg) 정도로 밥을 지은 것이 노동자들의 식사량이라고 하였다. 현대 한국인이 보통 먹는 밥 한 그릇이 쌀 100g 정도이니 지금의 10배 정도 되는 엄청난 양을 먹었다는 것이다. 밥의 양으로만 비교한다면 정말 말도 안 되는 기록이지만, 평상시 밥 이외 열량원이 될 만한 고기나 기름진 음식이 거의 없었고, 하루 두 끼 정도의 식사도 힘든 상황이었던 데다 무엇보다도 힘든 육체 노동량을 고려해 볼 때 이해가 가는 부분도 있을 것이다.

고종 황제의 초청을 받아 사절단과 함께 조선에 오게 된 퍼시벌 로웰은 미국의 부호 가문에서 태어났다. 동양에 관심이 많아 극동의 언어를 배우기 위해 주일 외교 대표로 10년간 일본에 체류하기도 한 인물이다. 그는 대동한 수행원을 통해 조선인의 특성을 관찰했는데 가장 두드러진 특성이 바로 '지칠 줄 모르는 왕성한 식욕'이라고 하였다.

조선인들은 대체로 살기 위해 먹는다기보다는 먹기 위해 사는 것처럼 보였다. 그들은 바쁜 여행 일정 중에서도 식사에 대한 강한 애착을 보였고 먹을 수 있을 때 미리 먹어두려고 하는 특성이 강했다. 조선인들에게 식욕을 돋우는 음식물 따위는 중요한 것이 아니라 모든 음식을 먹는다는 것은 늘 즐거워 보였다. 조선인은 먹는 행위를 항상 좋은 일로만 간주하고 식사시간을 가장 즐거워하는 시간이었다.

오리엔트와 동남아, 일본 등지에서 폭넓은 조사활동을 하였고, 우리나라 북방 고인돌에 대한 논문을 발표하기도 한 프랑스 고고학자인 에밀 부르다레는 『En Corée, plon-nourrit(대한 제국 최후의 숨결)』을 집필하였다. 대한제국을 두 번 방문하였고, 총 4년간 체류하면서 도시와 농촌 경관과 사람들의 생활을 직접 인

...ntass of the Chief of Police made nothing of
...es on the road to Yantchihe, where we were to
...orean interpreter. The level country, narrow-
ing into a valley bordered by fine mountains, is of deep, rich
black soil, and grows almost all cereals and roots. All the
crops were gathered in and the land was neatly ploughed.
Korean hamlets with houses of a very superior class to

KOREAN SETTLER'S HOUSE.

...se in Korea were sprinkled over the country. At one
...he largest villages, where 140 families were settled on
...acres of rich land, we called at several of the peasant
...rs' houses, and were made very welcome, even the
...n coming out to welcome the official with an air of
...l pleasure. The farmers had changed the timid,
...ns, or cringing manner which is characteristic of

156

이사벨라 버드 비숍과 그의 저서
『조선과 그 이웃 나라들』.
위에 보이는 삽화는 당시 평민의 주택을 그린 것이다.

터뷰하여 쓴 책이기 때문에 당시의 상황이 잘 표현되어 있다. 이 책은 이후 식민지 조선을 찾는 프랑스, 벨기에, 스위스 등지의 언론인을 비롯해 많은 사람에게 조선의 실상을 알려주는 지침서가 되기도 했다. 이 책에서도 조선인의 식탐이 묘사되었고, 특히 배만 불룩한 어린아이들을 작은 요괴의 모습으로 표현하기도 했다.

끝이 없는 조선인들의 식탐은 허기를 채우기 위해서가 아니라 배불리 먹기 위함이다. 배불리 먹은 어른들은 요란한 트림이나 부적절한 소리를 낸다. 흐뭇함이 역력한 표정으로 산처럼 솟은 아랫배를 문지른다. 최대한으로 입을 딱 벌리는 모습을 봐야 친구가 그들을 잘 대접했다는 뜻이다.

이와 같이 대부분의 서양인은 기록물에서 '포식형 식문화'를 조선인들의 특성으로 꼽았다. 조선은 농경사회였다. 또한 농경사회에서 식사시간은 배꼽시계에 따라 진행되었다. 들밥에는 따로 정해진 시간이 없었다. 해가 중천에 솟고 배가 고프면 배꼽시계에 따라 시장이 반찬이 되어 꿀밥을 먹었던 것이다. 대부분의 노동자들은 기름진 고기가 아닌 섬유소가 넘쳐나는 보리밥과 김치로 허기를 달랬다. 그나마 세 끼를 다 챙겨 먹는 사람들은 많지 않았다. 이들의 노동량에 비하면 밥에서만 얻는 하루 필요 칼로리는 그렇게 과한 것은 아니었다. 서양인들의 눈에는 밥그릇에 수북한 어마어마한 밥 양만이 보였을 것이다. 밥을 나누며 강한 공동체를 결속하는 모습, 콩 한 쪽도 나눠 먹는 마음, 그리고 기저에 흐르는 촉촉하고 끈끈한 마음의 작용인 한국인의 정(情)은 미처 보지 못했던 모양이다.

날 것을 즐겨 먹는
조선인

조선의 자연환경에 대한 서양인들의 이미지는 비교적 긍정적이었다. 기후는 온화하고 토지는 비옥하여 해안이나 하천에는 풍부한 수산 자원이 있다고 평하였다. 미국인 교육자 헐버트(Homer Bezaleel Hulbert, 1864-1949)는 조선인과 조선에 대한 기록을 객관적 자료를 가지고 기록하고자 하였다. 『The passing of korea(대한제국 멸망사)』에는 해산물을 즐기는 조선인들의 식습관이 잘 묘사되어 있다.

조선은 3면의 바다로 둘러싸여 있고 바다에는 수백 가지의 물고기들이 득실거린다. 조선인들은 심지어 상어나 낙지에 이르기까지 거의 모든 물고기를 먹는다. 가장 많이 잡히는 것은 대구로서 동해안에서 무척 많은 양이 잡히며 포(鮑)를 만들어 전국으로 보낸다. 이 밖에도 조개, 굴, 그리고 새우 등의 여러 가지 어패류가 잡힌다. 동해안에는 고래가 잡히는데 최근 일본의 유수한 기업들이 참여하여 고래를 잡고 있다. 진주를 만드는 진주조개는 남해안에서 상당히 잡히는데 조선인들은 진주의 가치에 주목하지 않은 것 같다. 조선인들은 조개나 물고기뿐만 아니라 인근해에서 많은 양의 해조류를 채취한다. 이 중 해삼은 특히 맛이 좋다.

우리 민족은 해산물을 좋아할 뿐만 아니라 민물 물고기도 즐겨 먹는다. 겨울이면 꽁꽁 언 강가에 낚시를 드리우는 모습을 흔히 찾아 볼 수 있다. 서양인들의 기록에서도 이러한 장면이 자주 등장한다. 조선인들은 반상(班常)에 상관없이 낚시를 즐기고 생선이라면 날것, 말린 것, 그 밖의 여러 방식으로 저장한 것을 가리지 않고 항상 즐겨먹는다고 하였다. 심지어 발효를 시켜 고약한 냄새가 나는 생선까지도 즐겨먹는 모습에 서양인들은 놀라워했다.

유럽, 아메리카, 북아프리카, 인도, 러시아, 동남아시아를 두루 여행한 서기관이자 지리학자인 프랑스 여행가 샤이에 롱은 『조선기행(Deux voyages en Corée)』에서 '어업은 조선인들에게는 없어서는 안 되는 생업이다'라고 표현하였다.

강변회음(江邊會飮) 김득신, 18세기 후반, 지본담채, 22.4×27.0cm, 간송미술관 소장. 안주로 강에서 잡은 물고기를 먹고 있는 모습을 그렸다.

조용하게 흐르는 강 여기저기에서 양반이지만 가난한 조선인 몇몇이 독특한 방식으로 낚시를 즐기고 있었다. 잡은 물고기의 비늘을 즉시 벗기더니, 콩을 재료로 한 소스에 산 채로 담가 그대로 먹었다. 그리고는 아무 일도 일어나지 않았다는 듯 철학자 같은 표정을 짓고 몇 시간 동안이나 태연자약하게 앉아 같은 방식으로 낚시와 식사를 함께 즐기는 것이었다.

이렇게 낚시를 하며 즉석에서 회를 즐기는 조선인의 모습은 서양인에 매우 야만적인 모습으로 비추어졌다. 생선을 산채로 잡아 즉시 입에 넣어 삼킨 후 아무 일도 일어나지 않았다는 듯 철학자 같은 표정으로 태연히 앉아있는 조선인들의 모습은 정말 상상할 수도 없는 이상한 광경으로 비추어졌다.

요즘에는 회라고 하면 생선회를 가리킨다. 생선 이외의 다른 재료로 회를 만들 때는 재료를 앞에 명시한다. 쇠고기로 만들면 육회, 두릅으로 만들면 두릅회 등으로 말이다. 하지만 얼마전까지만 해도 회는 단순히 생선만을 의미하지는 않았고, 날것 또는 삶아서 익힌 것에 간장이나 겨자를 찍어 '먹는 방식'을 의미했다. 육회, 굴회, 조개회, 두릅회, 버섯회, 미나리회, 도라지회, 처녑회, 콩팥회, 잡회 등 회의 재료로 쓰이지 않는 것이 없을 정도였다. 이렇게 예부터 우리는 신선한 재료를 날것 그대로 또는 살짝 데쳐서 여러 장류에 찍어 먹는 것을 좋아했다.

생선회에 관한 기록 중 임진왜란 때 조선에 온 명나라 군사들이 우리나라 사람들의 생선회를 먹는 습관을 더럽게 여기자, 우리나라 선비가 『논어(論語)』에 공자님도 육회 및 생선회를 즐겨 먹었다는 언급이 있다고 반박한 기록이 있다고 한다.

개화기 조선을 여행하는 서양인들은 익히지 않고 날것을 먹는 조선인의 모습에서 문화적 다양성보다는 미개한 문화의 야만적인 특성으로 보았던 것이다. 개화기 조선을 방문한 미국인 목사이며 과학자인 윌리엄 엘리엇 그리피스(Wiliam Elliot Griffis, 1843-1928)도 그의 저서 『Corea, the hermit nation(은자의 나라 조선)』에서 '가시도 두려워하지 않고 낚시에 걸리면 즉시 끌어내어 손가락으로 집어 고추장에 찍어 먹는다. 심지어 내장까지도 먹는다'고 하였다.

조선 사람들은 모든 날 음식들을 얼굴 한번 찡그리지 않고 꿀꺽 삼킨다. 심지어는 내장까지도 그들 사이에서는 진미로 통한다. 빈민들의 밥상에서 익은 생선을 거의 볼 수 없다.

왜냐하면 잡자마자 입을 벌리고 집어넣기 때문이다. 날 음식에는 보통 고춧가루나 겨자를 많이 쳐서 먹지만 양념 없이 먹는 경우도 흔히 있다. … 그들은 고기 담을 바구니나 그릇 또는 고기를 꿸 꼬챙이 대신에 고추장이나 일종의 간장 뚝배기를 옆에 두고 있다. 고기가 낚시에 걸리면 즉시 끌어내어 두 손가락으로 집어 고추장에 찍어서 기도도 하지 않고 먹는다. 가시 같은 것은 두려워하지도 않는다. 그들은 새의 작은 뼈도 먹는 정도이니 생선 가시 정도는 문제도 되지 않는다.

161

2

조선의 독특한 음식 풍경

김미혜 ― 호서대학교

근대에 조선을 방문한 서양인들에게는 모든 것이 낯설었겠지만, 특히 음식문화가 이국적으로 느껴졌을 것이다. 극동의 먼 지역까지 방문하는 수고를 아끼지 않았던 탐험가이자 모험가였던 그들은, 조선의 음식풍경과 관련해서도 여러 가지 특이한 점을 빼놓지 않았다.

그들의 기록에 의하면, 그들에게 특히 신기하게 보였던 것은 장독대였던 모양이다. 한식문화에 대한 이해기반이 없었던 그들로서는 도대체 이해할 수 없는 고약한 냄새의 음식을 저장하는 장독이 물론 신기했을 것이다. 더불어 다른 나라에서는 볼 수 없는 조선 고유의 온돌과 부엌, 서양의 식탁에 비하면 너무나 조그만 밥상과 젓가락 등도 그들의 시선에 포착되었다. 이 글에서는 음식과 관련되어 서양인들의 주목을 받았던 조선의 독특한 음식풍경에 대해 소개하고자 한다.

조선의 온돌과
부엌의 모습

우리 민족은 오랜 세월동안 온돌을 주거 및 난방수단으로 이용하여 왔다. 온돌은 삼국시대 이전부터 그 기원을 찾을 수 있으나, 조선시대에 온돌 장려 등에 힘입어 전국적으로 민가(民家)에 보급되었다. 우리나라는 산이 많고 농경을 주업으로 하였으므로 연료의 채취가 용이했고, 전국에 양질의 온돌 축조 재료인 화강암과 점토가 풍부하였으므로 경제성이 더하여져 온돌 사용이 지속되었다. 온돌의 기능은 취사와 난방장치의 기능 이외에 여기에서 나오는 재에 의한 자급비료 생산의 기능도 함께 하였다.

아궁이는 용도에 따라 취사와 난방을 겸하는 부뚜막 아궁이와 난방만을 전용으로 하는 함실 아궁이로 분류한다. 아궁이를 이용해서 취사를 하는 부뚜막은 부엌에 만들어지며, 안방과 접한 벽쪽에 만들어짐으로써 안방 구들이 아궁이와 겸용으로 축조된다. 그러나 사대부가와 비교적 규모가 큰 농가에서 건넌방의 같은 부엌에서 따로 떨어진 아궁이에 부뚜막을 만들고 솥을 거는데 이는 더운물을 끓이거나 소죽을 쑨다든가 하는 것으로 부엌간 부뚜막의 보조용으로 축조된 것이다. 윌리엄 엘리엇 그리피스는 『은자의 나라 한국』에서 개화기 조선의 부엌 모습을 다음과 같이 묘사한다.

집마다 칸 수는 최소한 두 개로 하나는 거실, 나머지는 부엌으로 쓴다. 부엌 바닥은 가장 부유한 집조차 맨땅이다. 부엌에는 아궁이가 있는데, 이는 방바닥 밑으로 깔려 있는 고래로 열을 전하는 입구 역할도 한다. 아궁이 화로에 밥솥이 단단히 고정되어 있어, 밥을 할 때면 그 불은 방바닥도 덥혀준다. 보통의 날씨에는, 밤에 방을 따뜻하게 하기 위해 따로 불을 땔 필요가 없다. 날씨가 매우 추울 때에는, 잠자기 직전에 불을 약간 더 지펴주면 된다.

온돌 문화는 현재 아파트형 주거문화 속에서도 지속되고 있는 우리가 만든 독창적인 문화유산의 하나이다. 하지만 개화기 외국인 선교사 눈에 비친 조선의 온돌 문화는 도저히 견딜 수 없는 고역 중 하나였다. 『한국 아동의 생활』에서 여행가

한양의 모습. 그리피스의 『은자의 나라 한국』에 실린 삽화.

와그녀는 조선 온돌문화가 매우 경제적임을 인정한다. 하지만 통풍이라는 점에서는 아주 비위생적이며 치명적이라 표현한다. 또한 여름철에는 매일 밥을 끓여대야 하는데 방이 늘 설설 끓어 역한 냄새와 함께 참기 힘든 추억이었다고 한다.

또한 의료 선교사 알렌은 조선에서 들은 격언의 유래를 설명하며 당시 부엌의 비위생적인 모습을 표현한다.

"음식을 맛있게 먹으려면 부엌을 넘겨다보지 말라"는 격언이 있다. 이 격언은 어느 임금이 하신 말씀이다. 그 임금은 변장을 하고 궁궐 밖으로 나와 혼자서 백성들이 생활하는 모습을 보기 좋아했다. 하루는 백성들의 일을 살펴보는 산책을 하고 돌아오던 길에 왕은 궁중의 주방을 둘러싼 벽으로 넘겨보았더니 저녁 수라의 준비가 거의 완료되고 있었다. 그곳에는 매우 불결한 궁녀가 작은 밥상 위에 달콤한 감을 피라미드처럼 쌓고 있는 중이었다. 감은 무르익었고 물이 가득한 감을 감싸고 있는 우아한 빛이 반짝이는 감 껍질을 터뜨릴 것만 같았다. 그 계집애는 매우 만족한 표정으로 자기가 차려놓은 것을 살펴보았다. 그리고 상을 들려고 허리를 앞으로 굽혔다. 그때 먼지의 회오리바람이 빙빙 돌면서 주방으로 날아 들어와 과일 위에 모래를 뿌려 놓음으로써 그것을 임금님 앞에 바칠 수 없게 되었다. 남은 감이 없기 때문에 이 불쌍한 계집애는 울고 있었다. 수라를 바칠 시간이 되었지만 껍질이 연한 감의 먼지를 닦아 내려 하니 터져서 쓸모없이 될 것만 같았다. 계집애는 서서 울고 있는 동안 갑자기 어떤 생각이 떠올랐다. 그는 빈상을 하나 꺼내더니 감을 하나씩 조심스럽게 집어 혀로 핥은 후 새 상에 옮겨 놓고는 궁녀들로 하여금 임금님께 바칠 준비를 했다. 그런 후로 그러한 격언이 생겨났다. (조선견문기)

장독과
발효음식

　　개화기 서양인 눈에 비친 조선 가옥의 모습 중 먼저 눈에 띄는 것
은 마당에 커다란 항아리가 많이 늘어서 있다는 점이다.

집집마다 양지바른 뜨락에 줄지어져 늘어선 장독대들은 '알리바바의 흉악한 도
둑들'도 쉽게 숨을 수 있는 거대한 크기의 장독이 많았고, 그 속에 들어 있는 내
용물들은 '형언하기 어렵고 설명할 수도 없는 역겨운 유황 냄새를 풍기는 삭힌 음
식들이었다'고 표현한다.

타지에서 고향을 그리워할 때 상징이 되는 음식이 된장찌개이고, 갓 지은 뜨거운
밥에 잘 익은 김치 한쪽, 그 맛은 우리나라 사람들이 외국에 나가 있을 때 가장
그리워하는 우리의 맛이기도 하다. 옛날에 대갓집 마님이 되려면 서른여섯가지
김치와 서른여섯 가지 장, 서른여섯 가지 젓갈을 담글 줄 알아야 한다고 했다. 그
만큼 우리나라는 발효식품이 발달되어 있고 또 그것을 즐겨 먹었다. 하지만 개화
기 서양인들에게 비춰진 조선의 발효음식 문화는 매우 미개하며 역겨운 냄새를
풍기는 불쾌함의 상징이었나 보다.

강릉 선교장의 장독대

낮은 밥상과
젓가락의 마술사

영국 해군 장교인 바질 홀(Basil Hall, 1788-1844)이 기록한 『조선 서해 탐사기』에서는 신안 해안가 지역 부엌의 모습과 부엌 안 식기구들이 묘사되어 있다.

불 반대편 벽에는 선반이 있었는데 거기에는 수많은 잔, 물동이, 조리 기구들이 있었다. 그들은 대개 거친 돌 제품이었고 그 중 얼마는 청동 제품이었다. 그들의 식기나 그릇의 숫자들로 미루어 보면 한 집에 사는 사람의 숫자가 많은 것이 틀림없었다. 선반 한쪽에는 세 개의 조그맣고 깨끗한 가구가 있었는데 그것이 무엇에 쓰이는지 우리는 알 수가 없었다. 그들은 넓이가 약 1피트 되는 둥근 꼭대기와 1피트 반 정도 길이가 되는 네 개의 다리가 달린 예쁘게 조각되고 칠한 나무로 만들어진 것이었다.

선반 한쪽에 있는 조그마한 기구는 네 개의 다리가 달렸고 예쁘게 조각되고 칠한 나무로 만들어 졌는데 그것이 무엇에 쓰이는지 알 수 없다고 하였다. 낮은 밥상인 소반에 관한 기록이다. 조선시대는 온돌 문화가 보편화되면서 좌식 생활 문화가 완전히 자리를 잡았다. 주거지 공간은 문을 기준으로 분리되었으나, 식사를 위한 공간은 특별히 따로 없었다. 하지만 대개는 운반과 식탁기능을 겸한 '소반'을 사용해 식사공간을 마련했다.
『한국의 아동생활』에도 다양한 소반에 대한 기록이 있다.

이 현관에는 밥상들이 차곡차곡 쌓여 있다. 이 밥상들은 다소 모서리진 것도 있고, 높이는 약 12인치 정도이며, 지름은 12-18인치 정도이다. 식사가 준비되면 이 마루나 안방의 작은 밥상 위에는 따뜻한 밥과 향긋한 반찬이 진열되고, 만약 사랑채에 손님이라도 오셨다면 창문을 통해 몇 가지 더 찬을 올려 내 보낸다.

사랑채에 손님이 오시면 문을 통해 음식을 들여보내고 소반위에 진열하며 식사가 시작되는 것이다. 결국 생활공간은 문에 의해 분리되었고 부엌은 조리공간으로 따로 독립되면서 이 두 공간의 연결은 소반으로 해결되었다. 부엌에서 조리된 음식을 소반에 올려 방으로 나르고 방에선 소반을 받은 그대로 식사를 할 수 있었다. 양반다리로 쪼그리고 앉아 식사해야 하는 좌식문화와 함께 서양인들에게 또 한가지 불편한 식문화는 바로 젓가락을 사용하는 문제였다.

한국 사람들이 식사를 할 때 쓰는 식기(食器)는 그다지 복잡하지 않다. 사대부의 집이든 평민의 집이든 할 것 없이 공통적으로 20센티미터 길이로 잘라 양 끝을 가늘게 깎은 두 조각의 막대로 음식을 먹는데 그것은 나무나 금속이나 칠기(漆器) 혹은 은(銀)으로 만들어졌으며 한국 사람들은 이 젓가락을 숟가락으로도 포크로도 심지어 칼의 용도로도 사용한다. 그들은 젓가락을 마술사처럼 능숙하게 사용하여 음식을 집은 다음 목구멍 속으로 던져 놓고는 게걸스럽게 삼키곤 했다. 음식에 대한 기호(嗜好)나 미각(味覺)이라는 점에 대해서는 전혀 무지(無知)하거나 아니면 무관심한 것으로 보였다. 『프랑스 외교관이 본 개화기 조선』

젓가락을 숟가락이나 포크로도 심지어 칼의 용도로도 사용하며 마술사처럼 능숙하게 사용하는 모습이 매우 인상적이었나 보다. 최근 젓가락 문화권의 특징을 섬세함과 정교함으로 표현하기도 하지만 개화기 당시 서양인들에게 비춰진 조선의 모습은 음식에 대한 기호나 미각이 전혀 없거나 무관심해 보이는 미개한 식문화였던 모양이다

개다리소반　20세기 초, 높이 17.4cm, 상지름 34.2cm,
서울시립대학교박물관 소장.

3

조선의 독특한 식생활 습관

김미혜 — 호서대학교

근대 조선을 방문한 서양인들은 눈에 보이는 것뿐만 아니라 눈에 보이지 않는 것에 대해서도 기록을 남겼다. 즉 조선의 독특한 음식과 그에 관한 물건에 대한 기록도 남겼지만, 식습관이나 생활관습도 그들이 보기에는 매우 독특한 것이었다. 관습이야말로 진정한 문화적 차이를 드러내주는 요인이기도 하다. 특히 인류학이나 문화에 관심을 두는 서양인들의 책에서는 이러한 점들이 두드러졌다.

특히 그들의 눈을 사로잡은 조선의 이국적인 관습은 개고기 식용이었다. 뿐만 아니라 술을 폭음하는 모습도 그들의 눈에는 흔히 보였던 모양이다. 식후에 다른 차를 마시지 않고 다시 밥을 끓여 숭늉을 먹는 것도 조선만의 독특한 음차 문화로 기록되어 있다.

당연히 이방인들은 이해하기 어려웠던 조선의 독특한 음식문화에 대해, 그들의 기록을 참조하면서 이 글에서는 음식 관련 생활관습에 대한 이해를 시도해 보고자 한다.

중국, 일본과는 다른
조선의 독특한 식습관

개화기 당시 조선을 방문한 대부분의 서양인들은 처음부터 조선만을 목적으로 방문하였다기보다는 중국이나 일본을 경유하여 방문한 이들이 많았기 때문에 중국, 일본과 비교하는 기록들도 쉽게 찾아 볼 수 있다.

폴란드 출신 민속학자 였던 바츨라프 세로셰프스키가 기록한『코레야 1903년 가을』에는 일본, 중국을 거쳐 한국을 경유하여 세 나라의 음식문화를 비교함으로써 한국 음식문화를 기록하였다.

한국 요리가 중국 요리를 본받은 것임엔 의심의 여지가 없지만, 가루를 별로 사용하지 않고 몹시 쓰고 매운 조미료를 쓴다는 점에서는 일본 요리와 대단히 유사하다. 한국인들은 자신들이 혐오해 마시지 않는 우유와 유제품을 제외하고는, 중국인들처럼 소화가 가능한 것은 거의 다 먹는 편인데, 그들과 달리 고양이, 여우, 백조 고기는 먹지 않아도 개고기만큼은 중국에서와 마찬가지로 대단히 인기가 있다. 한국인들은 또 돼지와 닭, 오리를 많이 기른다. 쇠고기는 너무 비싸서 부유층들만이 손에 넣을 수 있다. 일본인에 비해 한국인들은 주로 육식을 더 많이 하고, 생선은 덜 먹는다. 물론 한국의 생선은 일본 것보다 품질도 낮고 조리법도 조악하다. 한국인들은 일본인들처럼 생선회를 좋아하며, 맵고 자극적인 소스를 뿌려 먹는다. 일본인이라면 익힌 상태로도 참아내지 못할 날고기, 비계, 내장도 즐겨 먹는다. 작은 뼈다귀와 연골도 기꺼이 갉거나 씹어 먹는다. 수렵 생활을 하던 아무르족이 한국 민족의 일부가 되면서 남긴 흔적일 것이다. 그렇지만 한국인의 주식은 뭐니 뭐니 해도 쌀이다. 이들은 중국인보다 쌀을 많이 먹기 때문에, 쌀농사가 흉작이 되면 한국에는 기근이 든다. 한국인들은 하루 세 끼를 먹으며, 매끼 약 2/3푼트(300g)에 달하는 양의 쌀과 그 절반 정도 양의 콩, 무, 김치, 옥수수, 보리, 수수 그리고 다른 채소류와 곡류를 먹는다.

또한 이 책에는 전통 고급 한식의 대명사인 '신선로'의 언급이 눈에 띈다.

최소한 나와 동행한 한국의 옛 양반에 따르면, '옛 한국의 전통음식'이라는 것이 나왔다.

그것은 콩, 샐러리, 순무, 쇠고기, 조류. 배 저민 것, 호두, 건포도, 피스타치오 열매, 그리고 '심은 사람은 따지 말아야 한다'고 전해지는 은행나무의 연녹색 열매를 넣어 만든 일종의 복잡한 수프 요리였다. 음식이 담긴 독특한 그릇은 움푹 들어간 뚜껑을 거꾸로 얹은 모양새로 시모바르와 비슷했고, 끓는 물의 증기로 그 안에 담긴 진미들을 익히는 것이었다. 하인은 용기의 좁은 관 안으로 계속 열기를 가했다. 음식 맛이 꽤 좋았기에 나는 중국과 일본 음식이 망쳐놓은 '진정한 한국의 맛'에 대한 나의 견해를 취소해버릴 생각이었다.

저자는 한국음식 맛이 중국과 일본 음식문화가 유입되어 변질되었고 망쳐놓았다고 표현하였다. 그러나 신선로를 맛본 순간 음식 맛이 훌륭하여 진정한 한국의 맛이라고 감탄하였다는 이야기이다.

하지만 이러한 감탄도 잠깐이었다. 몇 달 후 상하이에서 진짜 광동 요리를 대접

『코레야 1903년 가을』에서 비교한 한·중·일 음식문화

곡류	조선	일본	중국
음식문화	중국 음식 본받음		
식습관	소화 가능한 것 거의 다 먹음		소화 가능한 것 거의 다 먹음
주식	쌀 (중국인 보다 많이 먹음) 하루 세 끼, 쌀, 잡곡, 채소류		쌀(조선보다 적게 먹음)
가루음식	가루음식 많지 않음		가루음식 많음
조미료	쓰고 매운 조미료 많이 씀	조선과 비슷	
육식	일본인 보다 많이 함 날고기, 비계, 내장도 즐겨 먹음	육식 적게 함	
인기식품	개고기 대단히 즐김		고양이, 여우, 백조 고기 즐김
생선	일본보다 덜 먹음 생선 음식: 일본것 보다 품질 낮고 조리법 조악 생선회: 맵고 자극적인 소스 뿌림 작은 뼈다귀 연골도 기꺼이 먹음	많이 먹음 생선회 즐김	
유제품	혐오스러워 함		
가축	돼지, 닭, 오리(많이 기름) 쇠고기(부유층)		

『코레야 1903년 가을』에 수록된 개화기 한양 배추 시장.

『코레야 1903년 가을』에 수록된 부산의 어부들.

받았는데, 한국에서 맛보았던 신선로와 똑같이 생긴 그릇에 똑같은 식으로 끓이는 음식이 있었다는 것이다. 이 음식은 신선로와 비슷했으며 한국음식보다 맛이 더 훌륭했고 종류도 다양했다고 한다. 당시 조선의 고급 음식점 식사 서빙 순서에 있어서도 일본의 영향을 받아 매운 절임으로 시작하여 과일 등의 디저트로 끝을 맺는다고 하였다. 또한 한국, 중국, 일본 모두 식사 도중에 쌀로 만든 술을 많이 마신다고 하였다.

중국의 문물에 대해 연구하던 인종학자 오페르트가 기록한 『금단의 나라 조선』에도 한, 중, 일을 비교한 음식문화에 대한 이야기가 있다.

조선 사람들의 생활양식은 매우 단출하고 소박하다. 그들은 훌륭한 식사를 먹을 기회를 만나면 어느 모로나 절제를 하지 않지만 그들의 식사는 간단하다. 그들의 주된 영양원은 쌀이며 아시아의 다른 나라들과 마찬가지로 그것을 말린 뒤에 끓여서 밥으로 만들어 야채·생선·조류·돼지고기 등의 반찬을 곁들여 먹는다. 일본처럼 종교적인 이유는 아니지만 소가 귀하기 때문에 조선 사람들은 거의 소고기를 먹지 않는다. 조선에서는 양을 기르지 않으며 염소는 가끔 기른다. 조선의 요리 종류는 중국처럼 풍부하지만 조리법이 그다지 우수하지는 않다. 메밀, 수수, 옥수수 등의 곡물이 조리의 주원료이며 특히 옥수수는 갈아서 가루로 만들어 먹는다. 중국의 빈촌에서 흔히 볼 수 있는 떡이나 과자들을 파는 노점을 여기에서는 전혀 볼 수 없다. 식사를 담은 용기로는 보통 자기그릇과 질그릇을 사용한다. 쟁반을 사용한다는 레지 신부의 보고는 잘못된 것이다. 조선 사람들은 중국인들처럼 식봉(食捧)을 쓰지 않고 나무나 흙을 빚어 만든 숟가락과 두 갈래의 젓가락을 능숙하게 사용하여 식사를 한다. 그들은 중국인들처럼 식기를 직접 입에 대고 음식물을 되도록 빨리 식봉으로 끌어넣는 식으로 먹는 것이 아니라 숟가락으로 음식물을 떠서 입으로 가져가기 때문에 식사하는 모습이 중국보다는 훨씬 우아하고 아름답다.

중국 문물에 정통한 인류학자다 보니 조선의 문화를 주로 중국과 비교하고 있다. 중국과 조선의 식문화 중 가장 두드러진 차이는 중국의 식봉 사용과 조선은 숟가락과 젓가락을 모두 사용한다는 점이다. 특별히 숟가락으로 음식물을 떠먹는 식사 모습은 중국보다 우아하고 아름답다고 표현하는 점이 특이하다.

개고기를 즐기는
조선인

육개장은 한국인에게 아주 친숙한 맛이며, 상가집이나 잔치집에서도 가장 흔한 음식이기도 하다. 육개장은 육개장으로 쓰기도 하고 육계장으로 쓰기도 한다. 닭으로 끓이기도 하니 육계장도 맞기는 하지만 육개장의 기원은 닭국이 아니고 개[犬]장국이기 때문에 아마도 육개장이 더 맞는 표현일 것이다. 최남선(1946)은 『조선상식문답』에서 '복날에 개를 고아 자극성 있는 조미료를 얹은 이른바 개장이란 것을 시식하여 향촌 여름철의 즐거움으로 삼았다. 개고기가 식성에 맞지 않는 자는 쇠고기로 대신하고 이를 육개장이라 하여 시식을 빠뜨리지 않았다'고 하였다. 육개장이란 일종의 개장국으로 개고기를 먹지 않는 사람이 개장국 대신 먹는 것이 육개장이라는 것이다. 개고기를 단고기라고 부르는 북한에서 육개장을 '소단고기국'이라고 부른다고 한다. 얼마 전 음식문화 탐방차 방문한 우즈베키스탄에서도 고려인들의 대표음식을 단연 '개고기'라 하였다. 이와 같이 개고기와 우리 민족과의 인연은 부인할 수 없는 사실인 듯하다

『코레야 1903년 가을』의 기록을 보면 한국의 농촌에는 가축들이 일본보다는 많고 중국보다는 적은 편이라고 한다. 하지만 염소, 양, 칠면조는 필자가 거의 본 적이 없었다고 한다. 대신 초라하게 비루먹는 개들은 어디나 어슬렁거리며 멀리서도 유럽인 냄새를 기막히게 잘 맡아 짖어댄다고 하였다.

한국인들은 개고기를 즐겨먹는 까닭에 껍질이 벗겨진 개의 몸통고기가 정육점에 돼지고기, 쇠고기와 함께 나란히 걸려 있는 경우도 많다.(은자의 나라 한국)

『은자의 나라 한국』에서도 개고기는 흔한 식품이며 일반 푸줏간에서 개고기를 팔며 손님들마다 큰 나무 쟁반에 담은 개고기를 먹는다고 하였다. 또한, "조선 사람들은 미국의 인디언들처럼 이 고기를 즐긴다"고 하여 개고기를 먹는 조선인들과 인디언들은 같은 미개한 종족으로 보는 백인 우월주의 시각이 표현되었다고 할 수 있다.
『고요한 아침의 나라 조선』에는 한국에서 개고기를 즐겨먹는 이유에 대해 기록하

고 있다. 한국에서 개고기를 즐겨 먹는 이유는 개를 식용으로 기르기 때문이라고 하였다.

한국에서 개는 해마다 두세 차례 새끼를 낳는다. 한 번에 보통 여섯에서 열 마리의 강아지가 태어나는데 자라는 속도가 빠르며 기르는 것도 그다지 어렵지가 않다. 가난한 가정에도 두세 마리의 암캐가 있으며, 이들은 적어도 매년 30~40회 개고기를 먹을 수 있을 만큼의 많은 새끼를 낳는다.

농사일에 절대적으로 필요한 소는 가축 이상의 의미를 지녔고 그 외 가축들이 넉넉하지 못한 상황에서 번식력이 좋은 개는 매우 적합한 단백질 보충원이었다는 것이다.

177

무절제한 조선인들의
음주문화

말하기는 유감스럽지만 조선에는 술주정이 흔히 있다.

이는 개화기 조선을 방문한 서양인들의 일관성 있는 기록이다. 무절제한 조선인들의 음주문화를 표현하고 있는 것이다. 『상투의 나라』에서는 "그들은 일반적으로 술에만 의존하며, 어떤 사람은 지나치게 술을 마셔서 술에 빠져버린다"고 하였다. 『금단의 나라 조선』에서는 '그들은 독주를 즐기며 식사 때에도 폭음을 한다. 내가 관찰한 바에 의하면 조선 사람들은 틈만 나면 술자리를 만들며 매우 무절제하다'고 하였다. 『조선과 그 이웃 나라들』에서도 "지체가 높은 사람들조차도 잔치 끝에는 술에 취해 마루에 구르기도" 한다고 기록하고 있다.
개화기 서양인들 눈에 비친 술은 어떤 종류가 있었고 그 맛은 어떠하였을까?
『금단의 나라 조선』에서는 '조선의 술은 수수 등의 곡식을 빚어 만들며 일본의 사케(sake)와 비슷하며 맛이 없고 탄 냄새를 풍긴다'고 하였다. 『대한제국 최후의 숨결』에서도 '토속 음료수로는 술이 있는데, 술 냄새는 고약하다. 연기와 알코올과 등잔 기름 냄새가 한꺼번에 난다'고 하였다. 『조선과 그 이웃 나라들』에서는 다음과 같이 기록하고 있다.

조선의 술은 외형상 버터밀크를 닮은 매우 감칠맛이 도는 하얀 음료에부터 매우 순하고 물로 희석된 강한 냄새와 타는 듯 독한 맛의 화주(火酒)까지 다양하다. 이 중간에 보통의 곡주가 있는데 약간 노란 듯한 일본의 정종과 중국의 삼수(samshu)와 유사한 것으로서 다소 역겨운 냄새와 맛을 지닌다. 그것들은 다소 강하게 연기 비슷한 물보라와 기름, 알코올 냄새를 풍기는데 그중 가장 좋다는 것에도 퓨젤유가 남아있다. 술은 쌀이나 기장과 보리로 빚는다.

조선의 술은 쌀이나 잡곡으로 빚는데 순한 막걸리에서부터 독한 증류주까지 매우 다양하였음을 알 수 있다. 하지만, 전반적으로 탄 냄새가 나며 맛이 없다고 평하는 것을 보면 조선술이 서양인들에겐 별다른 매력이 없었음을 알 수 있다.

주막   김홍도, 18세기 후반, 지본담채, 22.7x27cm,
국립중앙박물관 소장.

근대 사진으로 포착된 주막. 차양 밑에 걸려 있는 것은 '국수를 판다'는 뜻이다.
(서문당, 『사진으로 보는 조선시대』)

술을 파는 술집에 대해서도 묘사하고 있는데 '술을 파는 사람은 긴 장대 위에 달린 실린더 모양의 등불을 추녀 밑에 다는데 그것은 옛날 영국에서 술집의 표시로 담쟁이 넝쿨(bush)을 키우는 것과 닮았다'고 기록하였다. 당시 술을 파는 집에서는 문짝에다 '주(酒)'자를 써붙이거나 창호지를 바른 등을 달기도 하였고, 장대에 용수를 달아 지붕 위로 높이 올려 주막임을 표시하였다.

서양인들의 눈에 비친 조선인들은 모두 대식가이며 폭음가였던 모양이다. 『금단의 나라 조선』에서 양주를 처음 마셔 보는 사람들도 놀랄 만한 주량을 보였음에 놀라워 하고 있다.

만일 우리 배를 찾아오는 사람들이 요구하는 대로 우리가 양주를 다 내놓을 수만 있었다면 매일 수백 명의 술주정꾼들을 만들어 놓았을 것이다. 그들 중 어떤 이들은 전에 양주를 마셔 보지도 않았지만 놀랄 만한 주량을 보였다. 한 예로 우리를 방문한 한 관리와 그의 세 명의 수하들은 불과 반 시간만에 샴페인 네 병과 체리 브랜디 네 병을 비웠다.

조선인 중 누가 처음으로 외국술을 접하였는지는 확실히 알 수 없다. 하지만 처음으로 외국술을 마셨을 때 반응은 다음과 같이 기록되어 있다.

근대의 주점. 술주(酒)자를 쓴 등을 달았다. (서문당, 『사진으로 보는 조선시대』)

조선인은 외국산 술을 처음 마실 때, 마치 유럽인이 조선술을 처음 마실 때 그러는 것처럼, 상을 찌푸린다.

그렇다면 외국술 중에 어떠한 술은 좋아했을까? 『금단의 나라 조선』의 기록에 의하면 '조선인들은 특히 양주나 독주가 수중에 들어오면 폭음을 한다. 그들은 샴페인과 체리브랜디를 특히 선호하며 그 외에 백포도주와 브랜디 그리고 여러 종류의 독주들도 좋아한다. 반면에 적포도주는 떫은 맛 때문에 좋아하지 않는다'고 하였다.
당시 외국산 술을 마실 수 있는 사람은 일부 부유층과 상류층에 한정되어 있었다. 『조선과 그 이웃 나라들』에서는 당시 일부 부유층 사이에서 외제 술이 유행하였음을 기록한다.

프랑스제 시계와 독일제 도금품에 대한 기호와 더불어 외제 술에 대한 애호가 젊은 양반들 사이에서 다소간 유행이 되어 가고 있었고 이를 기꺼이 제공하는 사람들은 퓨젤유

개화기의 술도가. (서문당, 『사진으로 보는 조선시대』)

(油)가 풍부한 감자 주정을 '오래된 코냑'이라고 내놓기도 하는데 거품이 일어나는 샴페인 한 병은 1실링에 살 수 있다.

　이렇게 조선인들이 폭음을 하는 이유는 무엇이었을까? 『조선과 그 이웃 나라들』에서는 '아마도 조선 사람들이 술고래인 한 가지 이유는 그들이 대도시일지라도 차를 거의 마시지 않는 것이며 사치스러운 청량음료가 그들에게 알려지지 않았기 때문이다' 고 하였다. 『금단의 나라 조선』에서도 '상류층은 때때로 차(茶)를 마시기도 하지만 대체로 조선 사람들은 차를 마시지 않으며 그다지 좋아하지도 않는다. 이는 조선 사람들이 차의 재배에는 관심이 없기 때문이다' 고 하였다. 『상투의 나라』에서도 '조선 사람들은 일본이나 청국에서처럼 차를 재배하지 않으며, 가장 부유한 사람조차도 최근에야 비로소 차나 커피의 사용법을 알게 되었으며 평민들은 너무 가난해서 차를 살 수가 없는 것이다. 이상하게도 그들은 결코 우유를 마시지 않으므로 연회를 벌이는 경우 손님들에게 제공할 수 있는 무해한 음료수가 없다' 고 하였다. 『조선에 살다』에서는 '조선 사람들은 차나 커피를 마시지 않는다. 사람들 대부분은 그런 것을 본 적도 없다'고 기록하고 있다. 즉, 조선 사람들이 폭음을 할 수 밖에 없는 이유는 술 이외의 음료문화가 거의 발달하지 않았기 때문이라고 서양인들은 분석하고 있다.

조선의 숭늉과
음차 문화

그렇다면 정말 술 이외에는 음료 문화가 전혀 없었을까? 그렇지 않다. 우리나라엔 숭늉문화가 발달하였다. 서양인들이 부엌의 모습에서 낯선 광경으로 목격한 부뚜막에 붙어 있는 솥에서 누룽지문화의 해답을 찾는 사람들도 있다. 누룽지는 밥을 지은 후 부뚜막에 붙어 있는 솥도 씻고 밥으로만 채우기에 부족한 허기도 채울 수 있다. 또한 맵고 짠 찬물이 대부분인 우리네 반찬류를 먹은 후 숭늉을 마시면 입안을 개운하게 진정시켜 주는 효과도 있다.
이렇게 숭늉문화는 일석 삼조의 효과가 있었던 것이다. 『조선에 살다』의 기록에도 숭늉에 대한 기록이 있다.

밥도 솥에서 소금조차 넣지 않은 맑은 물로 끓여 그대로 준다. 식사를 마치면 뜨거운 물을 마시는데, 이는 밥을 푸자마자 밥솥에 부어 만든 물이다. 쌀은 익는 동안에 절대 휘젓지 않기 때문에 솥에 약간의 쌀이 늘어붙는데 대개는 약간 타서 갈색을 띤다. 솥에 물을 부어 물이 어느 정도 색을 띠면, 식후에 마시도록 준다.

『일제 시대의 조선생활상』에도 "마실 것을 청하면 쌀을 끓인 갈색의 액체가 얕은 놋쇠 사발에 담겨 나왔다"고 기록한다. 『조선과 그 이웃 나라들』에도 "농부들은 식사에 뜨거운 숭늉을 마시며 꿀물은 비싸다"고 하였다. 『조선비망록』에는 "따뜻한 숭늉은 식후에 올려져 고추 반찬으로 인한 매운 맛을 덜어 준다"고 숭늉을 마시는 효용에 대해서도 언급하고 있다.
사실 조선은 음차(飮茶) 문화가 매우 발달한 나라였다. 조선 사람들은 다양한 식물들을 활용할 줄 알았다. 새순, 나무줄기, 열매뿐만 아니라 나무뿌리까지도 채집하고 식료로 이용하였다. 심지어 독성이 있는 식물들은 독을 제거하거나 순화시키는 방법까지도 잘 알고 있었다. 『조선에 살다』의 기록에는 "철마다 산기슭에서 채취한 나물이나 집 근처 밭에서 키운 야채들이 그릇에 담겨 오르기도 하는데, 이것들은 아무런 양념도 없이 항상 물에 넣어 끓여낸다"고 하였다. 『조선과 그이웃 나라들』에도 "잔칫날에는 귤껍질이나 생강을 우려낸 즙을 마셨다. 귤껍질을 말리는 것은 조선의 주부들에게는 꽤 큰 일거리이다. 대부분의 초가집의 처마에는 많은 귤껍질들이 걸려 있었다"고 하였다.『대한제국 최후의 숨결』에서도 "조선인은 꿀물과 생강을 넣은 귤 주스도 마신다. 하지만 이런 것은 사치스런 것으로 여성들이나 마시며, 그래서 가정마다 귤이 나는 철에는 그 껍질을 조심스레 말려 보관해둔다"고 기록한다.

이와 같이 조선인들은 식물의 거의 모든 부분을 이용하여 다양한 음료를 만들었다. 매화차, 국화차, 감화차와 같은 꽃을 이용한 차, 생강차, 인삼차, 칡차와 같이 뿌리를 이용한 차, 계피차, 오가피차와 같이 줄기를 이용한 차, 모과차, 유자차, 귤피차, 석류피차, 구기자차, 오미자차와 같은 과실차, 율무차, 보리차, 옥수수차, 녹두차, 메밀차와 같은 곡차 등 그 종류도 무척 많다. 뿐만 아니라 식혜, 수정과, 화채류도 있고, 쌍화탕, 제호탕과 같은 탕류 음료 등 다양한 향약성 음료들이 발달하였다.

또한 '박한 술이 차보다 낫다'라는 속담과 같이 음차(飮茶) 풍습 이전에 이미 음주(飮酒) 풍습이 성행하였으므로 차 문화보다는 음주 문화가 더 발달한 것으로 보인다.

술은 노동력이 많은 농경사회에서 에너지원으로도 작용하였으며, 힘든 노동의 고통을 일시적으로 둔화시켜주었다. 또한 제례 등 접빈객 문화가 발달한 우리나라에서는 집집마다 가양주를 비롯한 술 제조법을 널리 알고 있었기 때문이다. 뿐만 아니라 술을 마셨을 때 기분이 좋아지는 만족감은 차보다 단연 한 수 우위에 있기도 하다. 이러한 다양한 이유로 조선에서는 대부분 수입되어 값비싼 차(茶)를 마실 이유가 없었던 것이다.

부록

근대 한식 관련 문헌들에 대한 고찰

정혜경(호서대학교)

머리말

한식은 이제 음식 자체를 넘어 많은 사람들이 관심을 가지는 하나의 문화 아이콘이다. 물론 공식적으로 2008년 이후 시작된 한식세계화의 영향도 크다고 보이지만 음식을 문화 코드로 읽고 소통하는 것은 이미 전 세계적인 현상이다. 한식이 이 시대의 중요한 문화아이콘이 되면서 우리 전통 한식의 모습에 대한 관심도 증가하였다. 과거 전통 한식의 모습을 한식원형이라고 가정할 때, 그렇다면 과연 오늘날 이 땅의 우리 한국 사람들이 먹는 음식은 한식인가? 과거 우리 조상들이 먹은 한식과는 어떻게 다른가? 변천하는 역사 속에서 한식은 도대체 어떻게 변화되어 온 것일까?

이러한 궁금증은 세계문화가 교류하고 세계의 민족음식이 뒤섞이면서 퓨전이라는 말이 유행하는 현실 속에서 과연 우리 전통 한식이란 무엇인가에 대한 진지한 물음이라고 할 수 있다. 그러나 불행히도 한복이나 한옥과 같은 다른 문화유산과는 달리 한식의 유물은 남아있지 않다. 그래서 한식의 원형은 대개 남겨진 문헌이나 그림들의 자료 속에서 찾는다. 이를 위해 가장 가깝게는 조선시대의 한식원형발굴사업으로 조선왕실 궁중음식과 민간음식에 대한 문헌 연구가 이루어진 바 있다. 즉 조선시대의 수많은 고요리서 및 고문헌을 통한 한식의 원형 찾기 사업이 그것이다.

그런데 조선시대 이후에도 우리 한식은 큰 변화의 과정을 겪는다. 그렇다면 우리의 한식의 옛 모습 즉 한식원형에 대한 관심에서 본다면 조선시대까지 비교적 그 모습을 잘 유지되어 오던 한식이 그 틀을 바꾸는 시기가 바로 개화기와 그 뒤를 이은 일제강점기라고 볼 수 있을 것이다. 원하건 원하지 않건 간에 이 시기에는 외부 세계의 문화가 급격하게 들어오던 시기이고 일제강점기에도 마찬가지로 일제에 의한 강제적인 변화를 겪을 수밖에 없었기 때문이다. 따라서 이 시기에 대한 이해 없이는 한식의 변천과정을 이해하기 어렵다.

일반적으로 개화기와 일제강점기는 보는 입장에 따라 다양한 시각이 존재한다. 여러

186

가지 논쟁에도 불구하고 이 시기를 근대라고 규정하기도 한다. 여기서 근대란 1876년 개항으로 시작된 개화기와 그리고 그 뒤를 이어지는 일제강점기를 말한다. 그런데 우리나라 음식문화 연구에 있어서 개화기나 일제시기에 대한 연구는 특히 부족한 실정이다. 이 시대가 갖는 음식문화 역사의 중요성에도 불구하고 이에 대한 관심과 자료가 부족하기 때문이라고 말한다. 이는 이 시대의 자료가 특히 부족한 것이 아니라 이 시대의 자료들에 대한 음식문화사적 접근이 그동안 부족했기 때문일 것이다. 혹은 그 당시 자료에 대한 제한된 접근성 때문일 것이다.

하지만 그 이전 시대인 조선시대의 전통적인 음식문화가 근대적인 식문화로 변화하는 과정을 이해하기 위해서는 반드시 이 시기를 체계적으로 연구할 필요가 있다. 특히 일제강점기는 식민지 현실 속에서도 근대적인 식문화가 뿌리내리는 중요한 시기였다는 점에서 더욱 그러하다. 특히 1910년 한일합방에서부터 1945년 해방까지는 서구문명의 유입에 의한 서양음식의 부분적 소개와 인식이 태동하는 시기이다. 한편으로는 일본의 수탈과 대동아전쟁에 동원된 물자 공출로 인하여 온 나라가 극심한 식량난으로 점차 빠져 들어가는 기간이기도 하다. 이 시대는 일본인과 서양인에 의한 서구식 영양학이 소개되고 빵, 과자 문화가 유입된 기간으로 우리나라 식생활 변화에 중요한 의미를 가지게 된다.

1870년대 이후 서구 각국과 통상조약이 체결되고 이로 인해 왕래가 활발해지면서 각국의 다양한 식품과 식습관이 전해진다. 특히 이 시기 국내에 거주하던 서양인들에 의해 외국의 음식문화가 도입되고 일제 강점기에는 일본인 거주자가 급증하면서 일본음식이 우리 식생활에 급속히 확산되었다. 반면, 조선시대에 주로 필사에 의해 편찬된 고요리서들이 이 시기에 오면 근대적 모습을 갖추게 된다. 그래서 한글로 된 좀 더 체계적인 한식 요리서들이 출판되고 서양음식 요리서들도 편찬되어 널리 대중들의 사랑을 받게 된다.

호서대 산학협력단은 한국 음식문화의 중요한 변동기라고 할 수 있는 근대시기의 문헌들을 발굴하여 분류하고 이러한 문헌들에 대한 해제작업을 하였다. 한식재단의 주관으로 수행된 이 작업은 이 시기의 음식관련 문헌 300여 건이 대상이었다. 그리고 시기는 대한제국이 선포되는 1897년부터 대한민국 정부가 수립되는 1945년까지의 시기로 설정하였다. 본 연구는 우리 한식의 원형 찾기라는 역사적 연구의 일환으로 무엇보다 강력한 문화변동의 시대였던 개화기와 일제강점기를 지칭하는 한국 근대시기의 한식문화의 모습을 이 시대의 중요한 음식관련문헌을 통해 그려보고자 하였다. 본고에서는 이러한 작업들의 일환으로 근대의 한식문화를 설명해 줄 수 있는 다양한 문헌을 소개하려 한다.

따라서 이를 위한 이 시대의 문헌들은 다음과 같은 카테고리로 분류하였다. 첫째, 근대기에 발행된 요리서들에 무엇이 있으며 이들은 어떤 내용을 담고 있으며 어떤 목적으로 분류되었는가 하는 것이다. 둘째, 근대기에 발간된 다양한 신문과 주로 여성잡지들에 소개된 식생활기사들을 살펴보고 셋째, 이 시대에 이 땅에 들어온 서양인들의 기록들을 면밀히 검토하여 여기에 나타난 식생활 관련 모습들을 살펴보고자 한다. 마지막으로 일제강점기 즉 출판근대기에 출판된 식생활 관련 문헌들에 무엇이 있으며 어떤 의미를 담고 있는지를 살펴볼 것이다.

1. 근대 요리서들

개화기에 들어서면 많은 서적들이 출판되기 시작하면서 그 이전 시대와는 다른 출판양상을 보이게 된다. 주로 목판본이나 필사본이 주류였던 출판계는 근대적 인쇄술로 대량 생산 유통되는 시대로 넘어가게 된다. 그 중에서도 우리는 특히 개화기와 일제강점기에 발행된 요리서에 주목하고자 한다. 조선시대에도 상당히 많은 요리서들이 집필되었지만 이 책들은 대개 필사본의 형태로 나왔고 주로 필사를 통하여 주변 지인에게만 전수되었다.

그러나 1800년대 말 이후 개화기에 들어서면 요리서들은 다른 형태로 출판과정을 밟게 되고 요리서의 대중화과정을 밟게 된다. 그래서 이 시대에 오면 요리서들은 다른 어떤 한국학 관련 책보다도 가장 잘 팔리는 베스트셀러의 위치를 점하게 된다. 현대에도 가장 잘 팔리는 책들 중 하나인 요리서들의 본격적인 출판시대가 열리게 된다는 것이다.

대략 이 시기의 요리서들은 세 가지 형태로 분류할 수 있다. 첫째, 한국인에 의해 저술된 한국음식을 다룬 한글 요리서들로서 가장 중요한 의미를 가진다. 둘째, 한국인에 의해 저술되었지만 일본어로 쓴 한국음식 요리서로 1938년에 조자호가 쓴 〈조선요리법〉이 그것이다. 그리고 셋째는 개화기 이후 제작되는 서양음식 조리법을 다룬 책들로 이화여전 가사과 교수를 지낸 모리스 선생의 『서양요리제법』과 1930년 미국 북장로교 선교사인 군예빈 (E.W. Koons) 목사 부인을 중심으로 한 경성서양부인회에서 펴낸 『서양요리법』이란 책이 그 예이다. 이러한 사실로 보아 서양음식이 이 시기에 소개되고 이에 따른 호기심으로 서양음식 요리서들이 편찬되었다고 보인다. 그리고 이 시기의 가사과에서 학생들에게 서양조리법을 가르치기 위한 방안으로 서양음식 요리서들이 편찬되기 시작하였다고 볼 수 있다. (제3부 참조)

표1 근대 요리서들

연번	서지명	방신영	출판연도	비고
1	요리제법 (조선요리제법, 우리나라음식만드는법)	밀양박씨	1913-1960	한식
2	반찬등속	빙허각이씨	1913	한식
3	부인필지(婦人必知)	이용기	1915	한식
4	조선무쌍신식요리제법	경성서양부인회	1924	한식, 양식, 일식
5	션영대조 서양요리법	이석만	1930	양식
6	간편조선요리제법	이석만	1934	한식
7	일일활용신영양요리법	영목상점	1935	한식
8	사계의 조선요리	George I. Kwon	1936	한식, 양식
9	Oriental Culinary Art (한국/중국/일본/필리핀)	Pacifico Magpiong	1936	한식, 중식, 일식, 필린핀식
10	할팽연구	경성여자사범학교	1936	일식, 한식
11	서양요리제법	해리엇 모리스	1937	양식
12	가정주부필독(서양식/일식/한식)	이정규	1939	양식, 일식, 한식
13	조선요리법	조자호	1940	한식
14	조선요리학	홍선표	1940	한식
15	조선요리/우리음식	손정규	1940/1948	한식
16	Korean Recipes	해리엇 모리스	1945	한식

2. 일제 강점기의 근대음식 관련 문헌

일제강점기는 시대적으로 불행한 시기였지만 근대화라는 측면에서 본다면 근대문헌들이 발행 편찬되기 시작한 시기이다. 개화기 이후 시작된 새로운 글쓰기가 좀 더 본격화된 시기라고 할 수 있다. 그래서 이 시대에는 매우 다양한 문헌들이 편찬되어 나오는데 이를 분류하기는 쉽지 않다. 음식문화를 설명해주는 관련 문헌이라고 하였지만 이를 어디까지로 보아야 할지에 대해서는 명확하지가 않다.

일단 고 이성우 교수의 한국식경대전을 토대로 일제 강점기의 식생활관련 문헌들을 정리 분류하였다. 크게는 식품관련 경제, 사회, 문화를 다룬 소위 인문사회 계통의 문헌과 식품과 관련된 기술과학서의 자연과학적 문헌으로 분류할 수 있다. 즉, 이 시기에는 다양한 근대가 지향하는 기술관련 분야 책들이 저술되어 나오는데 그 당시의 가장 중요한 사업이었던 농업분야의 저술이 많이 이루어진다. 즉 조선후기의 실학사상의 태동 속에서 가장 많은 출판이 이루어진 분야는 역시 농업분야였다. 농업을 기술혁신의 기초에 두었으므로 이 시기에도 이 분야의 저술이 많이 이루어진다. 그러나 그 내용을 보면 너무나 광범위하여 정리하기가 매우 어려운 것이 사실이다.

먼저 근대 식품관련 과학기술의 영역에서는 술 관련 문헌인 주서와 일반구황서, 인삼에 관련된 문헌, 그리고 종합 의서, 양생과 영양에 관련된 부분, 본초서, 약물전문서, 민간요법서로 분류하였다. 그 결과 이 시대까지도 식생활이 궁핍하여 가장 많은 부분이 구황에 관련된 내용임을 알 수 있었다. 즉 조선시대에도 구황과 관련된 조선 왕실에서 편찬된 문헌과 민간문헌들이 많이 존재하듯이 근대에도 구황과 관련된 문헌이 특히 많다. 그리고 인삼에 대한 과학기술적인 연구가 이 시대에도 활발히 이루어졌다는 것을 반영하듯이 인삼서도 많이 간행되었다. 또한 술을 다룬 주서도 많이 간행되었는데 근대 술 제조법에 대한 과학적인 기술을 소개한 술 관련 문헌이 특히 많이 편찬되었다.

다음으로 조선의 경제지리서, 수산서, 수의축산서, 일반농서들, 조선 견문안내서, 풍속서들이 많이 편찬되어 이러한 문헌들을 통하여 근대의 식생활을 유추해 볼 수 있을 것으로 생각된다. 이번 연구에서는 농서, 경제지리서, 주서, 구황서, 생활지리서의 5가지로 분류하여 이에 대한 해제를 실시하였다.

분류	구황서류	주서류	농서류	생활문화서류	경제지리서류	합계
권수	8권	13권	26권	18권	27권	92권

표2 근대 식생활관련 문헌(일본어) 『구황서류』(8권)

	서 명	연대	편찬자	출판사
1	군미연혁일반 (軍米沿革一斑)	1908-1909	정부재정고문본부 (政府財政顧問本部)	정부재정고문본부 (政府財政顧問本部)
2	조선의 구황식물 (朝鮮의 救荒植物)	1919	조선농회(朝鮮農會)	조선농회(朝鮮農會)
3	조선의 재해(朝鮮の災害)	1928	조선총독부 (朝鮮總督府)	조선총독부 (朝鮮總督府)
4	조선의 산열매와 산나물 (朝鮮の山果と山菜)	1935	경기도임업회 (京畿道林業會)	경기도임업회 (京畿道林業會)
5	구황지남(救荒指南)	1943		본초영양연구회 (本草榮養研究會)
6	구휼국사(救恤國史)	1946	신정언(申鼎言)	계몽구악부출판국 (啓蒙俱樂部出版局)
7	조선사회정책사 (朝鮮社會政策史)	1947	최익한(崔益翰)	박문출판 (博文出版社)
8	조선의 구황식물과 식용법 (救荒植物と其の食用法-野生食用植物)		림소치(林素治)	경도서적주식회사 (京都書籍株式會社)

표3 근대 식생활관련 문헌(일본어) 『주서류』(13권)

	서 명	연대	편찬자	출판사
1	한국주류조사서 (韓國酒類調査書)	1908	조거엄차랑 (鳥居嚴次郎)	도지부사세국 (度支部司稅局)
2	한국국자균학적조사보고 (韓國麴子菌學的調査報告)	1908	도지부사세국 (度支部司稅局)	도지부사세국 (度支部司稅局)
3	조선술에대해서 (朝鮮酒に就いて)	1913	조선식산조성재단 (朝鮮殖産助成財団)	재단법인조선식산조성재단(財団法人朝鮮殖産助成財団)
4	조선소주양조법 (朝鮮燒酎釀造法)	1925	대우마차(黛右馬次)	협판문선당 (脇坂文鮮堂)
5	조선주개량독본 (朝鮮酒改良讀本)	1926	천정정영(淺井正英)	십촌영조우점(辻村榮助友店)
6	조선의 주조업과 그 설비 (朝鮮に於ける酒造業と其の設備)	1928	좌전길위(佐田吉衛)	십촌영조경성지점 (辻村榮助京城支店)
7	주세령의 개요 (酒稅令の概要)	1928	조선재무협회 (朝鮮財務協會)	조선재무협회 (朝鮮財務協會)
8	조선주제조법 (朝鮮酒製造法)	1929	전라북도조선주주조조합련합회(全羅北道朝鮮酒酒造組合聯合會)	전라북도조선주주조조합련합회(全羅北道朝鮮酒酒造組合聯合會)

9	조선의 술 (朝鮮の酒)	1929	전선주류품평회 (全鮮酒類品評会)	근택인쇄부 (近澤印刷部)
10	조선술 제조 방법	1929		사단법인일본생물공학회(社団法人 日本生物工学会)
11	조선주조요체 (朝鮮酒造要諦)	1935	조선주조협회 (朝鮮酒造協會)	조선주조협회 (朝鮮酒造協會)
12	조선국자제요 (朝鮮麴子提要)	1935	삼본암(森本巖)	십촌영조지점 (辻村榮助支店)
13	조선주조사 (朝鮮酒造史)	1935	조선주조협회 (朝鮮酒造協會)	근택상점(近澤商店)

표4 근대 식생활관련 문헌(일본어) 『농서류』(26권)

	서 명	연대	편찬자	출판사
1	한국농업론(韓國農業論)	1904	가등말랑(加藤末郎)	상화방(裳華房)
2	한국의 농업(韓國之農業)	1905	소도희작(小島喜作)	김항당서적 (金港堂書籍)
3	한국의 과수, 채소재배조 사(韓國ニ於ケル果樹蔬菜 栽培調査)	1906	은전철미(恩田鐵彌)	발행자부명
4	한국의 농사 경영 (韓国ニ於ケル農事ノ経営)	1906	통감부농상공무부 (統監府農商工務部)	통감부농상공무부 (統監府農商工務部)
5	한국농업시찰복명서 (韓国農業視察復命書)	1908	향천정일ほか (香川靜一ほか)	
6	과수재배법(果樹栽培法)	1909	금진초(金鎭初)	보성사(普成社)
7	조선농업개설 (朝鮮農業槪說)	1910	금진초(金鎭初)	보성사(普成社)
8	조선의 첨채당업 (朝鮮の甛菜糖業)	1910	삼택비;지전귀도 (三澤羆;池田貴道)	발행자부명
9	조선농사시교 (朝鮮農事示敎)	1911	도원을병;향판기삼랑 (稻垣乙丙;向坂幾三郞)	대일본농업장려회 (大日本農業奬勵會)
10	조선농업요람 (朝鮮農業要覽)	1911	식전청삼(式田淸三)	일한서방(日韓書房)
11	조선농정사고 (朝鮮農政史考)	1921	서향정부(西鄕靜夫)	조선농회(朝鮮農會)
12	조선의 특용작물및 과수· 채소(朝鮮の特用作物竝果 樹蔬菜)	1923	조선총독부식산국	경성조선총독부식산국(京城朝鮮 總督府殖産局)

13	조선 주요작물분포 상황 (朝鮮に拵れゐ主要作物分 布の狀況)	1923	조선총독부권업모범장 (朝鮮總督府勸業模範場)	조선총독부권업모범장(朝鮮總督 府勸業模範場)
14	조선의 재래농구 (朝鮮の在來農具)	1925	조선총독부권업모범장 (朝鮮總督府勸業模範場)	조선총독부권업모범장(朝鮮總督 府勸業模範場)
15	조선농림축잠 대감 (朝鮮農林畜蠶大鑑, 大正 十五年版)	1926	조선급조선인사 (朝鮮及朝鮮人社)	조선급조선인사 (朝鮮及朝鮮人社)
16	농가편람 1편 우량농구의 권 (農家便覽第1編 優良農具 の卷)	1927	남조선농사협회 (南朝鮮農事協會)	남선농사협회 (南鮮農事協會)
17	조선의 제분업 현재및장래 (朝鮮に於ける製粉業の現 在及將來)	1934	조선공업협회 (朝鮮工業協會)	조선공업협회 (朝鮮工業協會)
18	조선미곡경제론 (朝鮮米穀經濟論)	1935	동전정일, 대천일사 (東畑精一, 大川一司)	발행자부명 (發行者不明)
19	조선농업론(朝鮮農業論)	1935	이훈구(李勳求)	여강출판사 (驪江出版社)
20	체험을 바탕으로 한 채소, 과수, 농산가공농업법 ((體驗を基としにゐ)蔬菜, 果樹, 農産加工農業法)	1935	장곡부정태 (長谷部政態)	충청북도농도실전소 (忠淸北道農道實錢所)
21	조선의 원예편람 (朝鮮ニ於ケル)園藝便覽)	1936		등전제삼랑약포농업약품부(藤田 悌三郞藥鋪農業藥品部)
22	조선, 만주의 과수재배법 (朝鮮, 滿州の果樹栽培法)	1939	금자일(金子一)	문화시보사 (文化時報社)
23	주요식량조사 (主要食糧調査)	1940	조선농회(朝鮮農會)	조선농회(朝鮮農會)
24	조선의 농업계획과 농업확 충문제(朝鮮の農業計畵と 農産擴充問題)	1943	소야사이랑(小野寺二郞)	조선신서(朝鮮新書)
25	조선농업발달사(朝鮮農業 發達史)	1944	조선농회(朝鮮農會)	조선농회(朝鮮農會)
26	한국의 농업조사 (韓国ニ於ケル農業調査)	1973		

표5 근대 식생활관련 문헌(일본어)『생활문화서류』18권

	서 명	연대	편찬자	출판사	비고
1	조선요람(朝鮮要覽)	1910	농상공부(農商工部)	조선총독부 (朝鮮總督府)	조선견문 안내서
2	조선풍속화보 (朝鮮風俗畵譜)	1910	중촌금성(中村金城)	부리승진당 (富里昇進堂)	풍속서
3	조선의 미신과 속전 (朝鮮の迷信と俗伝)	1913	유목말실(楢木末實)	신문사(新文社)	풍속서
4	정년익수(延年益壽)	1924	시조사편집부(時兆社編 輯部)	시조사(時兆社)	양생, 영양
5	동서의학요의 (東西醫學要義)	1924	동서의학연구회, 도진우 (東西醫學硏究會, 都鎭羽)	아세아출판사 (亞細亞出版社)	종합 의서
6	현시의 조선(現時の朝鮮)	1925	내등팔십팔(內藤八十八)	조선사업급경제사 (朝鮮事業及經濟社)	조선견문 안내서
7	해동죽지(海東竹枝)	1925	최영년(崔永年)	장학사(獎學社)	시문서
8	조선해어화사 (朝鮮解語花史)	1927	이능화(李能和)	한남서림(翰南書林)	풍속서
9	고적과 풍속(古蹟と風俗)	1927	내등팔십팔(內藤八十八)	조선사업급경제사 (朝鮮事業及經濟社)	풍속서
10	선한약물학(화학기본) (鮮漢藥物學)	1931	한도준, 금수만 공편 (韓道濬, 金壽萬 共編)	행림서원 (杏林書院)	약물 전문서
11	조선의 풍속(朝鮮の風俗)	1933	환인곡물협회 (丸仁穀物協會)	발행자부명 (發行者不明)	풍속서
12	통속한의학원론 (通俗韓醫學源論)	1934	조헌영(趙憲泳)	동양의약사 (東洋醫藥社)	종합 의서
13	조선의 식물자원과 영양문 제(朝鮮に於ける食物資源 と榮養問題)	1938	좌등강장(佐藤剛藏)	량식연구회 (糧食硏究會)	양생, 영양
14	조선도시의 위생사정 약간 연구(朝鮮都市の衛生事情 に關する若干硏究)	1938	경성부(京城府)	경성부(京城府)	양생, 영양
15	현대 조선의 생활과 개선 (現代朝鮮の生活とその改 善)	1939	손정규(孫貞圭)	녹기연맹(綠旗聯盟)	풍속서
16	토막민의 생활·위생 (土幕民の生活·衛生)	1942	경성제국대학위생조사 부(京城帝國大學衛生調 査部)	암파서점(岩波書店)	양생, 영양
17	조선식물개론 (朝鮮食物槪論)	1944	풍산태차(豊山泰次)	생활과학사 (生活科學社)	음식학
18	전전·전중기아시아연구자 료1식민지사회사업관계자 료집조선편1(戰前·戰中期 アジア硏究資料1 植民地社 會事業關係資料集 朝鮮編1)	1999	근현대자료간행회 (近現代資料刊行會)	근현대자료간행회 (近現代資料刊行會)	사회사업

표6 근대 식생활관련 문헌 『경제지리서류』 목록(27권)

	서 명	연대	편찬자	출판사	비고
1	한국 우역 및 기타 수역에 관한 사항조사 부명서 (韓國牛疫其他獸疫ニ關スル事項調査復命書)	1905	시중초태(時重初態)	출판사 불명	수의, 축산서
2	삼정사항조사서 (蔘政事項調査書)	1908	탁지부(度支部)	탁지부(度支部)	인삼서
3	한국염무행정요령 (韓國鹽務行政要領)	1910	임시재원조사국 (臨時財源調査局)	임시재원조사국 (臨時財源調査局)	경제, 지리서
4	조선의 축우 (朝鮮之産牛)	1911	비총정태(肥塚正太)	유린당(有隣堂)	수의, 축산서
5	목우지남(牧牛指南)	1913	조선총독부 (朝鮮總督府 編)	동경조선총독부 (東京朝鮮總督府)	수의, 축산서
6	홍삼전매법실시이후의 삼정시설요령(紅蔘專賣法實施以後ノ蔘政施設要領)	1915	조선총독부 (朝鮮總督府 編)	조선총독부 (朝鮮總督府)	인삼서
7	평안북도의 양봉 (平安北道の養蜂)	1916	평안북도조사 (平安北道調査)	조선총독부 (朝鮮總督府)	수의, 축산서
8	조선의 중요 수산물 (朝鮮の重要水産物)	1916	암원문일(庵原文一)		수산
9	조선축산예규 (朝鮮畜産例規)	1917	길전 웅차랑 (吉田 雄次郎)	제국지방행정학회 조선본부조선축산회 (帝國地方行政學會 朝鮮本部朝鮮畜産會)	수의, 축산서
10	조선의 특유산인 축우의 장래 및 이용공업 (朝鮮の特有産たる畜牛の獎勵及之が利用工業)	1917	우야삼랑(중앙시험소기사)((宇野三郎(中央試驗所技師))	조선총독부 (朝鮮總督府)	축산
11	조선총독부 부매국 제일년도 대정 십년도(朝鮮總督府專賣局第一年報 大正十年度)	1923	조선총독부전매국 (朝鮮總督府專賣局)	조선총독부전매국 (朝鮮總督府專賣局)	경제, 지리서
12	조선수산양식업의 장래 (朝鮮水産養殖業の將來)	1923	조선총독부식산국 (朝鮮總督府殖産局)	조선총독부식산국 (朝鮮總督府殖産局)	수산서
13	조선의 명태(朝鮮ノ明太)	1925	조선식산은행조사과 (朝鮮殖産銀行調査課)	조선식산은행조사과 (朝鮮殖産銀行調査課)	수산서
14	조선 수렵해설 (朝鮮狩獵解說)	1925	길전웅차랑(吉田雄次郎)	조선축산협회 (朝鮮畜産協會)	수의, 축산서
15	조선의 물산(朝鮮の物産)	1927	조선총독부 (朝鮮總督府)	조선총독부 (朝鮮總督府)	경제, 지리서
16	인삼에 관한 조사보고 (人蔘に關する調査報告)	1930	조선총독부전매국개성출장소(朝鮮總督府專賣局開城出張所)	조선총독부전매국개성출장소(朝鮮總督府專賣局開城出張所)	인삼서
17	인삼신초(人蔘神草)	1933	금촌鞆 저(今村鞆 著)	조선총독부전매국 (朝鮮總督府專賣局)	인삼서
18	어구도집(漁具圖集)	1934	關野正藏(관야정장)	평북어업조합연합회	수산서

19	해태(김)지도요강 (海苔指導要綱)	1934	전라남도 (全羅南道)	전라남도수산회 (全羅南道水産會)	수산서
20	조선수산예규집(朝鮮水産 例規集)	1935	조선수산회 저, 조선총 독부식산국수산과 편 (朝鮮水産會 著, 朝鮮總督 府殖産局水産課 編)	제국지방행정학회조선 본부(帝國地方行政學會 朝鮮本部)	수산서
21	조선잠수기 어업연혁사 (朝鮮潛水器漁業沿革史)	1937	천야수지조 (天野壽之助 編)	조선잠수기어업수산조합 (朝鮮潛水器漁業水産組 合)	수산서
22	조선물산안내 (朝鮮物産案內)	1940	조선급만주사 평정 천승 (朝鮮及滿洲社 平井 千乘)	조선급만주사 (朝鮮及滿洲社)	경제, 지리서
23	수산제품검사와 관계된 참 고자료(水産製品檢査ニ關ス ル參考資料)	1941	조선총독부수산제품검 사소(朝鮮總督府水産製品 檢査所)	조선총독부수산제품검 사소(朝鮮總督府水産製 品檢査所)	수산서
24	경성부 생활 필수품 배급통 제 실정(京城府ニ於ケル生活 必需品配給統制ノ實情)	1942	경성부총무부국민총력과 (京城府總務部國民總力 課)	경성부(京城府)	경제, 지리서
25	조선의 경제(朝鮮の經濟)	1942	령목무웅 저 (鈴木武雄 著)	일본평론사 (日本評論社)	경제, 지리서
26	조선 물자 배급통제 (朝鮮に於ける物資の配給統 制と配給機構)	1943	경성상공회의소 (京城商工會議所)	경성상공회의소, 소화18(京城商工會議 所, 昭和18)	경제, 지리서
27	한국수산지(韓國水産誌)	1908- 1911	한국농상공부수산국; 조선총독부농상공부 공 (韓國農商工部水産局;朝鮮 總督府農商工部 共編)	일한인쇄, 융희2 (日韓印刷, 隆熙2)	수산서

3. 근대기 신문과 잡지 속 식생활기사

개화기와 일제시기를 관통하는 근대시기의 우리의 음식문화를 연구하기 위한 방법 중의 하나는 당시의 신문이나 잡지에 나타난 식품·영양 관련 기사들을 살펴보는 것 이다. 이를 통해 당시의 식생활과 식문화를 어느 정도 파악할 수 있기 때문이다. 특히 음식이라는 특성 때문에 여성들에게 유용한 식품·영양 정보를 제공하는 여성잡지의 기사를 분석하는 것은 당시의 식생활과 식문화를 알 수 있는 유용한 방법이라고 할 수 있다.

일제강점기는 우리의 전통적인 식사 패턴이 전체적으로는 그대로 유지되면서 일부 계층에서는 큰 변화를 경험하는 시기이다. 제분, 제면, 과자제조, 청량음료, 통조림 등이 소규모이긴 하나 일부 층에서 항상 먹을 수 있는 양이 생산되기 시작한 시기이다. 이 시대는 우리의 전통적인 보양섭생개념에서 서구식 영양이론이 도입된 시기로 이러한 서구적 영양지식의 보급은 주로 이 시대의 시문과 잡지를 통하여 활발히 이루어졌다.

이 시대의 관련 신문잡지로는 국내에서 1897년부터 1950년까지 생산된 음식 문화 관련 자료 일체와 기존 조사에서 누락되었던 신문과 잡지를 포함하여 다루었다. 먼저, 이 시기의 신문 〈한성순보〉(1883.10.31.~1884.10.9.)는 통리아문 박문국이 국민들에게 세계정세를 알리고, 외국의 정치·경제·문화와 제도를 소개할 목적으로 열흘에 한번 씩 발행하였다. 그리고 〈독립신문〉(1896.4.7.~1899.12.4.)은 서재필 박사가 창간한 최초의 근대적 민간신문으로 우리나라 근대 개화운동사·언론사·국어사 등 개화기 각종 분야에서 중요한 자료이다. 〈협성회 회보〉(1898.1.1.~1898.4.2.)와 〈매일신문〉(1898.4.9.~1899.4.3.)은 배재학당의 학생회인 협성회가 발행한 신문이다. 〈대한매일신보〉(1904.7.18.~1910.8.28.)는 영국 언론인 베델(Ernest Thomas Bethell, 한국명 배설)이 영문판(The Korea Daily News, 4면)과 한글판(대한매일신보, 2면) 총 6면으로 발간한 신문이다. 〈독립신문 상해판〉(1919.8.21.~1926.11.30.)은 독립운동의 본산이 되는 상해 임시정부의 활동과 이념을 널리 전파하고 중국 만주 지방의 독립운동 소식을 국내외에 알렸던 신문이다.

또한 〈조선일보〉가 1929년에, 〈중앙일보〉가 1931년에 〈동아일보〉가 1920년에 발간되어 오늘날까지 그 맥을 이어오고 있다. 이러한 신문을 통한 음식문화 연구는 그 시대상을 반영한다는 점에서 그 의미가 매우 크다. 여기서는 이 시기의 신문을 다 해제 대상으로 삼기가 어려워 동아일보의 기사 위주로 식생활관련 문헌을 추출하고 이를 해제하였다.

다음으로 일제강점기의 식생활을 볼 수 있는 문헌으로는 잡지를 들 수 있다. 〈친목회 회보〉(1896.2월~1898.4월)는 학술과 문예, 시사 등을 종합적으로 다룬 한국어로 발행된 최초의 잡지이다.

〈대조선 독립협회 회보〉(1896.11월~1897.8월)는 근대문명과 과학지식을 폭넓게 소개하고, 계몽적 성격이 두드러진 독립협회의 회보로서 국내에서 발행된 최초의 잡지이면서 이후 발행된 잡지의 모델이 되었다는 의미에서 독립운동사적·언론사적 가치가 있다.

식생활과 관련하여서는 특히 이 시대의 여성잡지에 주목할 필요가 있다. 우리나라의 여성잡지는 1906년의 〈가뎡잡지〉, 1908년의 〈여자지남〉으로 출발하였다. 그리고 1917년에는 본격적인 여성지의 출발점이라 할 수 있는 〈여자계〉가 발간되었고 1920년에는 〈신여자〉가 발간되었다. 1920년대에 이르러서는 일본이 새로운 문화정책의 일환으로 검열을 완화하면서 다양한 여성잡지들이 창간되었다. 식민지 시대 발행된 여성잡지의 종류는 30여 종에 이르지만 대부분 창간호만 내거나 몇 호를 넘기지 못한 경우가 대부분이고, 연속성을 가지고 간행된 잡지로는 1920년대에 창간된 〈신여성〉과 1930년대에 등장한 〈신가정〉, 〈여성〉을 들 수 있다. 〈여성〉은 동아일보사가 발행한 〈신가정〉과 함께 해방 전 여성지의 쌍벽을 이룬 잡지였으며, 통권 57호로서 해방 전 여성잡지로는 최장수였다. 그런데 이러한 〈여성〉이라는 잡지를 보았던 주 독자층은 중등 이상의 교육을 받고 근대화에 적극적이었던 신여성들이었을 것이다. 따라서 기사에 나타난 조리법이나 식문화는 당시 일부 상류층에 향유되었던 것이고 대중적으로 보편화되었다고 볼 수는 없다는 점을 염두에 두어야 한다.

결국 이러한 신문잡지의 자료를 통해서는 첫째, 전통 음식의 대중화 과정을 추적할 수 있고 둘째, 지역 음식의 교류 과정을 확인할 수 있으며 셋째, 외래 음식의 토착화 과정을 이해할 수 있다고 보인다.

표7 근대 신문 속 음식관련 기사 목록

번호	기사명	출처
1	자랑할조선양념, 개량보다도 원상회복이 급한 세계에 자랑할만한 조선료리	동아일보, 1923.01.02.
2	위장병(胃腸病)과 조선음식(朝鮮飮食)	동아일보, 1924.03.31.
3	가뎡 개량에 대하여- 나는 이것부터(一(일))	동아일보, 1927.01.08.
4	가뎡 개량에 대하여- 나는 이것부터(二(이))	동아일보, 1927.01.09.
5	어육(魚肉)의 영양상가치(榮養上價値)(一)	동아일보, 1930.09.27.
6	어육(魚肉)의 영양상가치(榮養上價値)(二)	동아일보, 1930.10.01.
7	어육(魚肉)의 영양상가치(榮養上價値)(三)	동아일보, 1930.10.02.
8	어육(魚肉)의 영양상가치(榮養上價値)(四)	동아일보, 1930.10.03.
9	내고장 명산(名産) 연산 이만여 원(年産 二萬餘圓)의 산청 은어(山淸銀魚)	동아일보, 1930.11.09.
10	내고장 명산(名産) 장생불사약(長生不死藥)의 개성(開城)의 인삼(人蔘)	동아일보, 1930.11.26.
11	전조선음식점(全朝鮮飮食店) 작년말통계(昨年末統計)	동아일보, 1930.11.29.
12	내고장 명산(名産) 연산 오만여 원(年産 五萬餘圓)의 문천산 모려(文川産 牡蠣)	동아일보, 1930.12.03.

13	내고장 명산(名産)1) 보신(保身)으로 제일(第一)인 고원(高原)의 연어(鰱魚)	동아일보, 1930.12.07.
14	내고장 명산(名産)13 과실계(果實界)의 패왕(覇王) 남포(南浦)의 임금(林檎)	동아일보, 1930.12.20.
15	자랑거리 음식솜씨-쏙 알어둘 이달 료리법(1)	동아일보, 1931.01.20.
16	자랑거리 음식솜씨-쏙 알어둘 이달 료리법(2)	동아일보, 1931.01.21.
17	자랑거리 음식솜씨-쏙 알어둘 이달 료리법(3)	동아일보, 1931.01.22.
18	자랑거리 음식솜씨-쏙 알어둘 이달 료리법(4)	동아일보, 1931.01.23.
19	자랑거리 음식솜씨-쏙 알어둘 이달 료리법(5)	동아일보, 1931.01.24.
20	자랑거리 음식솜씨-쏙 알어둘 이달 료리법(6)	동아일보, 1931.01.25.
21	자랑거리 음식솜씨-쏙 알어둘 이달 료리법(7)	동아일보, 1931.01.27.
22	사랑거리 음식솜씨-쏙 알이둘 이달 료리법(8)	동아일보, 1931.01.28.
23	자랑거리 음식솜씨-쏙 알어둘 이달 료리법(9)	동아일보, 1931.01.30.
24	자랑거리 음식솜씨-쏙 알어둘 이달 료리법(10)	동아일보, 1931.01.31.
25	자랑거리 음식솜씨-쏙 알어둘 이달 료리법(11)	동아일보, 1931.02.03.
26	자랑거리 음식솜씨-쏙 알어둘 이달 료리법(12)	동아일보, 1931.02.04.
27	자랑거리 음식솜씨-쏙 알어둘 이달 료리법(13)	동아일보, 1931.02.05.
28	자랑거리 음식솜씨 – 쏙 알어둘 정월 료리법 (14)	동아일보, 1931.02.06.
29	자랑거리 음식솜씨 – 쏙 알어둘 정월 료리법 (15)	동아일보, 1931.02.07.
30	자랑거리 음식솜씨 – 쏙 알어둘 정월 료리법 (16)	동아일보, 1931.02.08.
31	자랑거리 음식솜씨 – 쏙 알어둘 정월 료리법 (17)	동아일보, 1931.02.10.
32	자랑거리 음식솜씨 – 쏙 알어둘 정월 료리법 (18)	동아일보, 1931.02.13.
33	자랑거리 음식솜씨 – 쏙 알어둘 정월 료리법 (19)	동아일보, 1931.02.14.
34	자랑거리 음식솜씨 – 쏙 알어둘 정월 료리법 (20)	동아일보, 1931.02.15.
35	자랑거리 음식솜씨 – 쏙 알어둘 정월 료리법 (21)	동아일보, 1931.02.17.
36	자랑거리 음식솜씨 – 쏙 알어둘 정월 료리법 (22)	동아일보, 1931.02.18.
37	자랑거리 음식솜씨 – 쏙 알어둘 정월 료리법 (23)	동아일보, 1931.02.19.
38	자랑거리 음식솜씨 – 쏙 알어둘 정월 료리법 (24)	동아일보, 1931.02.20.
39	자랑거리 음식솜씨-쏙 알어둘 이달 료리법(25)	동아일보, 1931.02.21.
40	자랑거리 음식솜씨-쏙 알어둘 이달 료리법(26)	동아일보, 1931.02.22.
41	자랑거리 음식솜씨-쏙 알어둘 이달 료리법(27)	동아일보, 1931.02.24.
42	자랑거리 음식솜씨-쏙 알어둘 이달 료리법(28)	동아일보, 1931.02.25.
43	자랑거리 음식솜씨-쏙 알어둘 이달 료리법(29)	동아일보, 1931.02.27.
44	자랑거리 음식솜씨-쏙 알어둘 이달 료리법(30)	동아일보, 1931.02.28.
45	자랑거리 음식솜씨-쏙 알어둘 이달 료리법(31)	동아일보, 1931.03.01.
46	자랑거리 음식솜씨-쏙 알어둘 이달 료리법(32)	동아일보, 1931.03.03.
47	자랑거리 음식솜씨-쏙 알어둘 이달 료리법(33)	동아일보, 1931.03.06.
48	자랑거리 음식솜씨-쏙 알어둘 이달 료리법(34)	동아일보, 1931.03.07.
49	자랑거리 음식솜씨-쏙 알어둘 이달 료리법(35)	동아일보, 1931.03.12.
50	자랑거리 음식솜씨-쏙 알어둘 이달 료리법(36)	동아일보, 1931.03.13.
51	자랑거리 음식솜씨-쏙 알어둘 이달 료리법(37)	동아일보, 1931.04.24.
52	자랑거리 음식솜씨-쏙 알어둘 이달 료리법(38)	동아일보, 1931.04.25.

53	자랑거리 음식솜씨-쏙 알어둘 이달 료리법(39)	동아일보, 1931.04.26.
54	자랑거리 음식솜씨-쏙 알어둘 이달 료리법(40)	동아일보, 1931.04.28.
55	자랑거리 음식솜씨-쏙 알어둘 이달 료리법(41)	동아일보, 1931.04.29.
56	자랑거리 음식솜씨-쏙 알어둘 이달 료리법(42)	동아일보, 1931.04.30.
57	조선 사람에게 밥에 다음 가는 김치는 불로초 (上(상))	동아일보, 1931.11.18.
58	조선 사람에게 밥에 다음 가는 김치는 불로초 (下(하))	동아일보, 1931.11.19.
삭제	우리 찬의 珍味(진미) 궤장(게장) 一部 解禁(일부해금)	동아일보, 1934.02.06
59	세계(世界)의 신령초(神靈草) 조선인삼고(朝鮮人蔘考) (一)	동아일보, 1934.05.09.
60	세계(世界)의 신령초(神靈草) 조선인삼고(朝鮮人蔘考) (二)	동아일보, 1934.05.10.
61	세계(世界)의 신령초(神靈草) 조선인삼고(朝鮮人蔘考) (三)	동아일보, 1934.05.11.
62	세계(世界)의 신령초(神靈草) 조선인삼고(朝鮮人蔘考) (四)	동아일보, 1934.05.13.
63	세계(世界)의 신령초(神靈草) 조선인삼고(朝鮮人蔘考) (五)	동아일보, 1934.05.15.
64	세계(世界)의 신령초(神靈草) 조선인삼고(朝鮮人蔘考) (六)	동아일보, 1934.05.19.
65	세계(世界)의 신령초(神靈草) 조선인삼고(朝鮮人蔘考) (七)	동아일보, 1934.05.20.
66	세계(世界)의 신령초(神靈草) 조선인삼고(朝鮮人蔘考) (八)	동아일보, 1934.05.22.
삭제	세계(世界)의 신령초(神靈草) 조선인삼고(朝鮮人蔘考) (九)	동아일보, 1934.05.23.
67	세계(世界)의 신령초(神靈草) 조선인삼고(朝鮮人蔘考) (完)	동아일보, 1934.05.23.
68	우리 지방(地方) 여름 음식제법(飮食製法) (1)	동아일보, 1934.08.10.
69	우리 지방(地方) 여름 음식제법(飮食製法) (2)	동아일보, 1934.08.11.
70	우리 지방(地方) 여름 음식제법(飮食製法) (3)	동아일보, 1934.08.12.
71	우리 지방(地方) 여름 음식제법(飮食製法) (4)	동아일보, 1934.08.19.
72	생량한 날씨 입맛 돕는 가을음식 (一)	동아일보, 1934.08.28.
73	생량한 날씨 입맛 돕는 가을음식 (二)	동아일보, 1934.08.29.
74	생량한 날씨 입맛 돕는 가을음식 (三)	동아일보, 1934.09.05.
75	생량한 날씨 입맛 돕는 가을음식 (四)	동아일보, 1934.09.11.
76	추기 가정 강좌(秋期 家庭 講座) 기십(其十) 조선요리(朝鮮料理) (1)	동아일보, 1934.10.31.
77	추기 가정 강좌(秋期 家庭 講座) 기십(其十) 조선요리(朝鮮料理) (2)	동아일보, 1934.11.02.
78	추기 가정 강좌(秋期 家庭 講座) 기십(其十) 조선요리(朝鮮料理) (3)	동아일보, 1934.11.03.
79	번거로운 조선음식 어떠케 고처볼가	동아일보, 1935.01.01.
80	아십니까? 고초의 영양가치를 – 비타민이 풍부	동아일보, 1935.06.15.
81	일상생활에 없지 못할 예의작법 몇 가지 (二)	동아일보, 1935.09.20.
82	일상생활에 없지 못할 예의작법 몇 가지 (三)	동아일보, 1935.09.21.
83	가을요리 내집의 자랑거리 음식 (一)	동아일보, 1935.10.29.
84	가을요리 내집의 자랑거리 음식 (二)	동아일보, 1935.11.05.
85	가을요리 내집의 자랑거리 음식 (三)	동아일보, 1935.11.06.
86	가을요리 내집의 자랑거리 음식 (四)	동아일보, 1935.11.07.
87	가을요리 내집의 자랑거리 음식 (五)	동아일보, 1935.11.08.
88	가을요리 내집의 자랑거리 음식 (六)	동아일보, 1935.11.09.
삭제	가을요리 내집의 자랑거리 음식 (一)	동아일보, 1935.11.12.
삭제	가을요리 내집의 자랑거리 음식 (二)	동아일보, 1935.11.13.
89	각처의 김장법 내 고향의 자랑거리 (一)	동아일보, 1935.11.12.

90	각처의 김장법 내 고향의 자랑거리 (二)	동아일보, 1935.11.13.
91	각처의 김장법 내 고향의 자랑거리 (三)	동아일보, 1935.11.14.
92	각처의 김장법 내 고향의 자랑거리 (完)	동아일보, 1935.11.15.
93	특산조선(特産朝鮮)의 이모저모(下) 전토(全土)에 점철(點綴)된 천혜(天惠)와 인공(人功)	동아일보, 1936.01.03.
94	조선음식 성분 계산표 (一)	동아일보, 1936.01.07.
95	조선음식 성분 계산표 (二)	동아일보, 1936.01.09.
96	조선음식 성분 계산표 (三)	동아일보, 1936.01.10.
97	조선음식 성분 계산표 (끝)	동아일보, 1936.01.11.
98	신선로(神仙爐)의 유래(由來)	동아일보, 1936.03.25.
99	첫여름에 해먹기 조흔 서양요리 몇 가지 (上(상))	동아일보, 1936.05.28.
100	첫여름에 해먹기 조흔 서양요리 몇 가지 (下(하))	동아일보, 1936.05.29.
삭제	신영양 요리법(新營養 料理法)	동아일보, 1936.06.18
101	마른 반찬에 귀물로 치는 어란(魚卵) 맨드는 법	동아일보, 1937.08.05
102	아모리 조흔 음식이라도 법잇게 잡수시요	동아일보, 1937.10.16.
103	젓갈 중에도 왕이 되는 창난젓의 영양	동아일보, 1937.10.27.
104	지상 김장 강습 (1) 일년 중 제일 큰 행사인 조선 가정의 김장	동아일보, 1937.11.09.
105	지상 김장 강습 (2) 일년 중 제일 큰 행사인 조선 가정의 김장	동아일보, 1937.11.10.
106	지상 김장 강습 (3) 일년 중 제일 큰 행사인 조선 가정의 김장	동아일보, 1937.11.11.
107	지상 김장 강습 (4) 일년 중 제일 큰 행사인 조선 가정의 김장	동아일보, 1937.11.12.
108	지상 김장 강습 (5) 일년 중 제일 큰 행사인 조선 가정의 김장	동아일보, 1937.11.13.
109	음식 중에는 대표적인 조선요리 몇 가지 (上(상))	동아일보, 1937.11.23.
110	음식 중에는 대표적인 조선요리 몇 가지 (下(하))	동아일보, 1937.11.24.
111	기나긴 겨울에 밤참 될 팥(팥)으로 맨든 요리	동아일보, 1937.11.26.
112	조선 요리로는 본격적인 정월 음식 몇 가지 (一)	동아일보, 1937.12.21.
113	조선 요리로는 본격적인 정월 음식 몇 가지 (二)	동아일보, 1937.12.22.
114	조선 요리로는 본격적인 정월 음식 몇 가지 (三)	동아일보, 1937.12.23.
115	조선 요리로는 본격적인 정월 음식 몇 가지 (四)	동아일보, 1937.12.24.
116	생각만 해도 입맛 나는 봄철의 조선요리 (上)	동아일보, 1938.03.04.
117	생각만 해도 입맛 나는 봄철의 조선요리 (下)	동아일보, 1938.03.05
118	조선요리(朝鮮料理)의 조미품(調味品)「멜치젓」제법가량(製法改良)	동아일보, 1938.03.04.
119	봄 타는 입에도 맞는 조선음식 몇 가지	동아일보, 1938.04.15.
120	철그릇이 없어진다면 대용으로 뚝배기	동아일보, 1938.05.25.
121	여름철에 더 별미인 조선 음식 몇 가지	동아일보, 1938.06.17.
122	조선(朝鮮) 담수산(淡水産) 명어(名魚) (一)	동아일보, 1938.07.22.
123	조선(朝鮮) 담수산(淡水産) 명어(名魚) (二)	동아일보, 1938.07.24.
124	조선(朝鮮) 담수산(淡水産) 명어(名魚) (三)	동아일보, 1938.07.26.
125	조선(朝鮮) 담수산(淡水産) 명어(名魚) (四)	동아일보, 1938.07.27.
126	조선(朝鮮) 담수산(淡水産) 명어(名魚) (五)	동아일보, 1938.07.29.
127	조선(朝鮮) 담수산(淡水産) 명어(名魚) (六)	동아일보, 1938.07.30.
128	조선(朝鮮) 담수산(淡水産) 명어(名魚) (七)	동아일보, 1938.07.22.
129	우리 식물(食物)과 영양가치(營養 價値) (一)	동아일보, 1939.01.01.

130	우리 식물(食物)과 영양가치(營養 價値) (二)	동아일보, 1939.01.03.
131	조선(朝鮮)사람의 체질(體質)과 김치	동아일보, 1939.01.04
132	세계에 자랑하고도 남는 조선음식의 재인식	동아일보, 1939.01.05.
133	조선 사람과 기생충	동아일보, 1939.04.12.
134	조선음식의 발달과 변천은 지나로부터 왓다 (上(상))	동아일보, 1939.05.16.
135	조선음식의 발달과 변천은 지나로부터 왓다 (下(하))	동아일보, 1939.05.18.
136	필요하면서 해독 잇는 지방의 영양 지식 (上(상))	동아일보, 1939.05.31.
137	필요하면서 해독 잇는 지방의 영양 지식 (下(하))	동아일보, 1939.06.02.

표8 근대기 잡지 속 음식관련문헌

번호	기사명	출처
1	두부(豆腐)의 효용(效用)	『가정지우(家庭之友)』 제16호, 1905.04.21.
2	거의 조선에 공통되는 정초 음식	『가정지우(家庭之友)』 제17호, 1939.01.01.
3	주세법시행세칙(酒稅法施行稅則)	『교남교육회잡지(嶠南敎育會雜誌)』 1909.06.25.
4	천하명물고려인삼(天下名物高麗人蔘)	『개벽』 제47호, 1924.05.01.
5	함남열읍대관(咸南列邑大觀), 명태왕국(明太王國)인 완산부(元山府)	『개벽』 1924.12.01.
6	함남열읍대관(咸南列邑大觀), 대두특산지(大豆特産地) 안변군(安邊郡)	『개벽』 1924.12.01.
7	황해도답사기(黃海道踏査記)	『개벽』 제60호, 1925.06.01.
8	팔도대표(八道代表)의 팔도(八道)자랑	『개벽』 제61호, 1925.07.01.
9	식물(食物)의 화학적(化學的) 가치(價値)	『동광(東光)』 제26호, 1931.10.04.
10	감옥(監獄)의 향토색(鄕土色), 부산(釜山)·대구(大邱)·서대문(西大門)·해주(海洲)·평양(平壤)(감옥음식)	『동광(東光)』 제27호, 1931.11.10.
11	상식강좌(常識講座) 기일(其一) 쌔타민이란 무엇인가?	『별건곤(別乾坤)』 제11호, 1928.02.01.
12	뇌수(腦髓)의 개조(改造)와 식물(食物)	『별건곤(別乾坤)』 제16·17 합호, 1928.12.01.
13	녀름의 과물(果物)이야기-녀름 상식(常識)	『별건곤(別乾坤)』 제8호, 1927.08.17.
14	조선요리(朝鮮料理)의 특색(特色)	『별건곤(別乾坤)』 제 호, 1928.05.01.
15	요모조모로본 조선(朝鮮)사람과 외국(外國)사람-요리점(料理店)에서 본 조선(朝鮮)손님과 외국(外國)손님	『별건곤(別乾坤)』 제 호, 1928.05.01.
16	외국(外國)에 가서 생각나든 조선(朝鮮)것-음식(飮食), 산수(山水), 인정(人情)	『별건곤(別乾坤)』 제 호, 1928.05.01.
17	조선(朝鮮) 김치 예찬(禮讚)	『별건곤(別乾坤)』 제 호, 1928.05.01.
18	외국(外國)에 가서 생각나든 조선(朝鮮)것-온돌(溫突)과 김치	『별건곤(別乾坤)』 제 호, 1928.05.01.
19	화초동물(花草動物)자랑-세계적특산물(世界的特産物), 천하영약고려인삼(天下靈藥高麗人蔘)	『별건곤(別乾坤)』 제 호, 1928.05.01.

203

20	외국(外國)에 가서 생각나든 조선(朝鮮)것- 조선(朝鮮)의 달과 꽃, 음식(飮食)으로는 김치, 갈비, 냉면(冷麵)도	『별건곤(別乾坤)』 제 호, 1928.05.01.
21	팔도여자(八道女子) 살님사리 평판기(評判記)	『별건곤(別乾坤)』 제16·17호, 1928.12.01.
22	경성명물집(京城名物集)	『별건곤(別乾坤)』 제23호, 1929.09.27.
23	경성어록(京城語錄)	『별건곤(別乾坤)』 제 호, 1929.09.27.
24	사랑의 떡 운치의 떡 연백(延白)의 인절미, 진품(珍品)·명품(名品)· 천하명식(天下名食)팔도명식물(八道名食物)예찬(禮讚)	『별건곤(別乾坤)』 제24호, 1929.12.01.
25	사시명물(四時名物) 평양냉면(平壤冷麵), 진품(珍品)·명품(名品)· 천하명식(天下名食)팔도명식물(八道名食物)예찬(禮讚)	『별건곤(別乾坤)』 제24호, 1929.12.01.
26	진품중진품(珍品中珍品) 신선로(神仙爐), 신품(珍品)·명품(名品)· 천하명식(天下名食)팔도명식물(八道名食物)예찬(禮讚)	『별건곤(別乾坤)』 제24호, 1929.12.01.
27	충청도명물(忠淸道名物) 진천(鎭川)메물묵, 진품(珍品)·명품(名品)· 천하명식(天下名食)팔도명식물(八道名食物)예찬(禮讚)(박찬희)	『별건곤(別乾坤)』 제24호, 1929.12.01.
28	충청도명물(忠淸道名物) 진천(鎭川)메물묵, 진품(珍品)·명품(名品)· 천하명식(天下名食)팔도명식물(八道名食物)예찬(禮讚)(진주비빔밥, 비봉산인)	『별건곤(別乾坤)』 제24호, 1929.12.01.
29	대구(大邱)의 자랑 대구(大邱)의 대구탕반(大邱湯飯), 진품(珍品)· 명품(名品)·천하명식(天下名食)팔도명식물(八道名食物)예찬(禮讚)	『별건곤(別乾坤)』 제 호, 1929.12.01.
30	전주명물(全州名物) 탁백이국, 진품(珍品)·명품(名品)· 천하명식(天下名食)팔도명식물(八道名食物)예찬(禮讚)	『별건곤(別乾坤)』 제 호, 1929.12.01.
31	천하진미(天下珍味) 개성(開城)의 편수, 진품(珍品)·명품(名品)· 천하명식(天下名食)팔도명식물(八道名食物)예찬(禮讚)	『별건곤(別乾坤)』 제 호, 1929.12.01.
32	조선고습조사(朝鮮古習調査) 음력정월행사(陰曆正月行事)	『별건곤(別乾坤)』 제26호, 1930.02.01.
33	〈현지보고(現地報告)〉한口(漢口)와 조선인근황(朝鮮人近況)	『별건곤(別乾坤)』 제 호, 1941.06.01.
34	금주(禁酒)	『서울』 제2호, 1920.02.19.
35	식물중(食物中)의 영양소(營養素)	『신동아(新東亞)』 제3권, 1933.03.01.
36	육식(肉食)과 채식(菜食)의 이해(利害)	『신동아(新東亞)』 제3권, 1933.03.01.
37	서양요리 제법	『신동아(新東亞)』 제 권, 1932.08.01.
38	초추간이양요리제법(初秋簡易洋料理製法)	『신동아(新東亞)』 제 권, 1932.09.01.
39	조선음식(朝鮮飮食)과 영양가치(榮養價値)	『신동아(新東亞)』 제 권, 1933.03.01.
40	음식물(飮食物)의 방부급저장법(防腐及貯藏法)(1)	『신문계(新聞界)』 2권8호, 1914.08.01.
41	육식이 좋은가 채식이 좋은가	『신시대(新時代)』 4권1호, 1905.04.27.
42	가정에서 읽을것(二) 녀름의 음료	『신여성(新女性)』 4권7호, 1926.07.01.
43	우기(雨期)의 위생(衛生)	『신여성(新女性)』 4권8호, 1926.08.01.
44	들노리에 적당한 점심 맨드는 법	『여성(女性)』 1권3호, 1936.06.01.
45	쉽게 만들 수 있는 식후(食後)의 과자(菓子) 오종(五種)	『여성(女性)』 1권3호, 1936.06.01.

46	정월 명절음식은 이렇게	『여성(女性)』 1937.01.01.
47	요새철에 맞는 중국요리(中國料理) 몇 가지	『여성(女性)』 2권11호, 1937.11.01.
48	한여름철에 즐기는 야채요리(野菜料理) 수종(數種)	『여성(女性)』 1937.06.01.
49	여름철 요리 몇가지	『여성(女性)』 2권7호, 1937.07.01.
50	초하 가정 양요리 제법(初夏 家庭 洋料理 製法)	『여성(女性)』 1938.05.01.
51	음녁 정초의 색다른 요리(음料理)	『여성(女性)』 3권2호, 1938.06.01.
52	반찬 어떻게 할까-나의 한 가지 설계(設計)	『여성(女性)』 3권7호, 1938.07.01.
53	김장 교과서(教科書)	『여성(女性)』 4권11호, 1939.11.01.
54	겨울 반찬(飯饌)	『여성(女性)』 4권12호, 1939.12.01.
55	영양가치(榮養價値)의 음식물(飲食物) 이야기	『여성(女性)』 4권1호, 1939.01.01.
56	양식(洋食) 먹는 법(法)-빵먹는 법(法)	『여성(女性)』 4권5호, 1939.05.01.
57	양식(洋食) 먹는 법(法)-나이프, 폭크, 스픈 쓰는 법	『여성(女性)』 4권6호, 1939.06.01.
58	유경식보(柳京食譜)	『女性』 4권6호, 1939.06.01.
59	과실(果實) 먹는 법(法)	『여성(女性)』 4권9호, 1939.09.01.
60	가을 진미(味覺)의 왕자(王者)인 송이(松茸)	『여성(女性)』 5권10호, 1939.10.01.
61	한 끼에 십전으로 되는 반찬	『여성(女性)』 1940.01.01.
62	하이킹 벤또 일곱가지	『여성(女性)』 1940.06.01.
63	평안(平安) 경기(京畿) 전라(全羅) 삼도대표(三道代表) 김장 소개판(紹介版)	『여성女性』 1940.11.01.
64	괴이진기(怪異珍奇) 먹고지	『여성(女性)』 5권12호, 1940.12.01.
65	하절의 조선요리	『조광(朝光)』 1936.08.01.
66	여름철의 조선요리	『조광(朝光)』 2권6호, 1936.06.01.
67	업서진 민속(民俗)-꽁밥	『조광(朝光)』 2권7호, 1936.07.01.
68	여름철에 적당(的當)한 서양요리(西洋料理)	『조광(朝光)』 2권7호, 1936.07.01.
69	여자로서알어둘일-신추미각(新秋味覺)의 서양요리제법(西洋料理製法)	『조광(朝光)』 2권9호, 1936.01.01.
70	가을의 서양요리(西洋料理)	『조광(朝光)』 2권10호, 1936.10.01.
71	차(茶)의 육체(肉體)와 정신(情神)	『조광(朝光)』 3권8호, 1937.08.01.
72	김장 당그는 법(法)	『조광(朝光)』 5권11호, 1939.11.01.
73	조선찬만화(朝鮮饌漫話)	『조광(朝光)』 1940.06.01.
74	조선음식(朝鮮飲食)의 과학화(科學化)-맛있고 깨끗하고 영양있는 음식을 먹자!	『춘추(春秋)』 1941.04.01.
75	여름의 미각(味覺) 예찬(禮讚)	『춘추(春秋)』 2권6호, 1947.07.01.
76	여름철 조선요리(朝鮮料理)	『춘추(春秋)』 2권6호, 1947.07.01.
77	조선인구(朝鮮人口)와 농촌(農村)의 영양개선문제(榮養改善問題)	『삼천리』 제13권제6호, 1941.06.01.
78	떠나가는 대이권(大利權) (三), 개성인삼(開城人蔘)의 전도(前途)-연산수량(年産數量)15만근(萬斤)	『삼천리』 제14호, 1931.04.01.
79	어린이의 영양(榮養)을 해(害)케하는 기생충(寄生蟲)에 대(對)하야	『삼천리』제7권제6호, 1935.07.01.
80	동방불로선제백죽비방(東方不老仙劑百粥秘方)	『야담』 1939.01.01.
81	조선요리법	영남춘추사 1934.01.01.
82	집안에셔 어린 아히 기라는 법	『태극학보』 1907.06.24.

4. 근대 서양인의 식생활 관련 기록

개화기 이후 이 땅에는 다양한 목적을 가지고 서양인들이 들어오기 시작하였다. 서구 열강들의 이권쟁탈 과정의 일환이었거나 혹은 순수한 선교사의 입장에서 그들이 이 땅에 혜택을 주기 위해 들어왔거나 간에 구한말 이후 전개된 개화의 일환이라고 볼 수 있다. 즉 1876년 이루어진 개항은 일본인들 및 외국 선교사를 비롯한 수많은 외국인들이 이 땅에 들어 온 계기가 되었다. 또한 각국과의 통상조약이 체결됨으로써 사람들의 상호왕래가 활발해지고 외국의 식생활이 들어오는 계기가 되기도 하였다. 심지어는 19세기 말기로 오면 서양화의 물결이 거세어지면서 서양의 식품이나 식생활풍속, 서양요리법 등이 전래되면서 이 시대를 전래의 한식과 양식이 혼합을 이룬 시대라고 정의하기도 한다. 그러나 이 시대에 들어 온 외국인들에 의한 외국문물이 식생활에 미친 영향은 광범위하지 못하고 일부 계층에 제한되었던 것으로 보인다.

반면, 이 땅에 들어 온 서양인들은 그들이 본 조선의 모습을 기록으로 남겨 출판하는 경우가 많았다. 따라서 이들이 본 우리의 식생활의 모습은 자료가 많지 않은 근대를 추적하는 데 도움이 된다. 이 책들은 대개 이 땅에 들어와서 교육이나 통상, 외교 혹은 선교에 종사했던 서양인들의 기록으로 그들은 대개 이 땅에서 느꼈던 이국적인 풍경을 자세히 기록하는 것이 우선이었다. 즉, 그들이 이 땅에 사는 사람들이 느끼지 못하는 것들을 이방인들의 입장에서 자세히 볼 수 있었고 이를 비교적 타인의 시선에서 기록하였기 이 때문에 이들의 시각으로 이 땅의 근대기 음식문화를 돌아보게 되는 것이다.

여기서 우리가 주의하여야 할 점은 이러한 기록들이 어디까지나 그들 서양인의 시각으로 쓰여졌다는 점이다. 즉 대부분의 기록에서 백인우월주의적인 시각을 배제하지는 못한 것을 볼 수 있다. 따라서 이 문헌들을 비판 없이 본다면 우리 민족은 다소 미개한 식생활을 했다는 편견에서 벗어날 수 없다. 그럼에도 이 문헌들을 우리가 공부해야 하는 이유는 그들이 이 시대를 살았던 역사적 증인이며 우리가 미처 깨닫지 못하는 부분을 그들은 보고 정확히 기록하였다는 점 때문일 것이다. 여기서는 이 시대의 기록으로 인정되는 총 31권의 외국인의 출판도서를 살펴보고 이에 대한 해제를 하였다.

표9 근대 서양인의 식생활관련 기록물

	방문 시기	방문자	국가	최초 출판 년도	번역 년도	직업	방문목적	저서
1	1781년 이전	알드(Jean-Baptiste Du Halde)	프랑스 파리	1741	1999	신부	선교	조선전
2	1653- 1666	하멜(Hendrick Hamel)	홀란드	1813	1999	선무원	표류	하멜표류기
3	1816. 9.01-09.10	홀(Basil Hall)	영국	1818	1999	해군 장교	탐사	조선서해 탐사기
4	1883	로웰(Percival Lowell)	미국	1885	2001	조선의 수교사절단 안내	고종 황제의 초청	내 기억 속의 조선, 조선 사람들
5	1884- 1905	알렌(Horace Newton Allen)	미국	1908	1999	의사, 외교관	의료, 선교활동	조선 견문기
6	1885- 1890	데니(Owen Nickerson Denny)	미국	1888	1999	판사, 외교 고문	조선 국왕의 외교 고문 봉직	청한론
7	1866- 1868	오페르트(Ernst Jacob Oppert)	독일	1880	2000	여행가, 인종학자	연구, 탐사	금단의 나라 조선
8	1869	묄렌도르프(P.G. von Moellendorff)	독일	1930	1999	영사관 해관직	근무	묄렌도르프 자전
9	1885	칼스(William Richard Carles)	영국	1888	1999	상해 부영사, 텐진 및 북경 영사 및 총영사	외교	조선 풍물지
10	?-1886	길모어(George William Gilmore)	미국	1892	1999	육영공원의 교사	교육	서울풍물지
11	1886	헐버트(Homer Bezaleel Hulbert)	미국	1906	1999	교사	교육	대한제국 멸망사
12	1888- 1890	바라 / 롱(Varat, Charles/Long, Chaille)	프랑스/미국	1884	2001	지리학자, 민속학자, 여행가, 변호사, 서기관	여행	조선기행
13	1888- 1921	호튼(Lillias Sterling Horton)	미국	1904	1998	의사	선교활동	상투의 나라
14	1888- 1928	게일(James Scanth Gale)	캐나다	1909	1999	목사	선교	전환기의 조선
15	1890	랜더(Anold H. Savage- Landor)	영국	1895	1999	탐험가, 화가	여행	고요한 아침의 나라 조선
16	1894- 1897	루시(Bird, Isabella Lucy)	영국	1905	1994/ 1998	여행자, 작가	여행	조선과 그 이웃나라들
17	1888- 1921	샌드(William Franklin Sands)	미국	1975	1999	외교관	외교	조선 비망록
18	1888- 1928	무스(J. Robert Moose)	미국	1911	2008	선교사	선교활동	1900, 조선에 살다
19	1902	프랑뎅(Madame Claire Vautier, Hippolyte Frandin)	프랑스	1902	2002	외교관	여행	프랑스 외교관이 본 개화기 조선
20	1903	에밀(Bourdaret, Emile)	프랑스	1904	2009	고고학자	조사, 탐사	대한제국 최후의 숨결
21	1903	시에로제프스 키(Sieroszewski, Waclaw)	폴란드	1905	2006	민속학자	연구 중 경유지	코레야 1903년 가을

				1911	1999			
22	1904-1922	와그너(Ellasue Canter Wagner)	미국	1911	1999	파송선교사	선교	한국의 아동 생활
23	1904	그렙(W. A: son Grebst)	스웨덴	1912	2005	기자	여행	스웨덴 기자 아손, 100년 전 한국을 걷다
24	1906-1907	멕켄지(Frederick Arthur McKenzie)	캐나다-스코틀랜드계 영국인	1920	1999	해외 특파원	특파원, 한국에 대한 관심	한국의 독립운동
25	1906-1907	멕켄지(Frederick Arthur McKenzie)	캐나다- 스코틀랜드계 영국인	1908	1999	해외 특파원	특파원, 한국에 대한 관심	대한제국의 비극
26	1907	베네덕(Barathosi Balogh Benedek)	헝가리	1929	2005	민속학자	여행	코리아, 조용한 아침의 나라
27	1910	켐프(Emily Georgiana Kemp)	스코틀랜드	1911	1999	화가, 왕립 스코틀랜드지리학회 회원	여행	조선의 모습
28	1919년 이전	켄달(Carlton Waldo Kendall)	미국	1919	1999	문필가, 언론인	국제문제에 관심	한국 독립운동의 진상
29	1926-1927	그리피스(Wiliam Elliot Griffis)	미국	1905	1999	목사	한국사 연구	은자의 나라 한국
30	1928-1930	드레이크(henry burgess Drake)	영국	1930	2000	소설가, 교육자, 동양학자	영어 교사	일제시대 조선의 생활상
31	1935-1936	버그만(Sten Bergman)	캄차카와 쿠릴 열도	1938	1999	사냥꾼, 생태계 연구학자, 동물학자	연구	한국의 야생동물지

* 최초 출판년도 : 국립중앙도서관 기록을 중심으로 출판일을 기록하였음

* 번역년도 : 번역도서의 출판일을 기록하였음

맺음말

한식은 우리 민족의 정신이자 혼이다. 하지만 한국인들은 물론이고 한식조리사들조차도 예를 들어 김치 만드는 법은 잘 알지만 실제로 김치의 역사와 전통에 대해서는 잘 모르는 경우가 많다. 김치의 경우만 해도 예로부터 전해 내려오는 우리의 문화유산이지만, 우리는 이 귀한 전통에 대한 자부심만 강할 뿐 실제로 이 김치가 시대적으로 어떻게 변해오고 우리 삶속에 자리 잡게 되었는지에 대한 공부는 부족하였다. 우리는 이제 한식세계화를 외치기만 할 것이 아니라 우리 전통 한식의 원형을 발굴해내고 이의 변천을 공부하고 또한 이러한 새로운 전통 위에서 새로운 한식의 시대를 열어가야 할 필요성을 절실히 느낀다.

이러한 기초와 토대 위에서 한식세계화도 가능할 것이다. 또한 한식이 걸어온 과정

또한 우리 민족의 역사이다. 우리가 우수한 음식문화를 지켜올 수 있었던 것은 끊임 없이 한국음식에 대해 공부하고 이를 기록해 남긴 조상들의 노력이 있었기 때문이다. 놀랍게도 조선시대에 학자들은 음식문화 기록에 무척 관심이 많았다. 유학자뿐 아니라 궁중 내의관, 실학자들도 음식관련 서적을 여러 권 집필하였다. 또한 아시아 최고의 식경으로 인정받는 『음식디미방』과 여성 실학자의 저서인 『규합총서』도 있었다. 이러한 전통은 근대기에도 그대로 이어진다. 예를 들어 근대 요리서인 『조선요리제법』은 우리 음식을 이해하는 아주 흥미로운 요리서이다. 우리가 우리 한식을 제대로 이해하기 위해서는 이러한 고문헌에 관한 연구가 필수적이다.

우리는 한식의 긴 역사 중에서 근대 시기에 주목하였다. 우리 한식의 급격한 변화가 이루어지는 근대시기를 제대로 이해하기 위한 문헌들을 정리하고 이에 대한 해제를 하였다. 이상에서 소개한 문헌들을 통하여 우리 근대한식에 대한 이해의 폭이 넓어지고, 이로부터 새로운 현대 한식들이 창조되고, 한식에 대한 더 많은 사랑이 생겨나기를 기대한다.

근대 매스미디어에 나타난 음식 산업

오세영(경희대학교)
안효진(경희대학교)

머리말

'매스미디어'(mass media)라는 단어에는 '근대' 혹은 '현대' 라는 뜻이 은근히 내포되어 있다. 우리가 흔히 알고 있는 매스미디어인 신문, 잡지, 라디오, TV, 영화 등은 대부분 근대와 현대 이후에 일반화된 것들이며 그 중 신문, 잡지 등은 근대 시기의 가장 대표적인 매스미디어 형태로 볼 수 있다. 이 장에서는 매스미디어를 통하여 근대 이후의 우리나라의 식문화를 고찰함에 있어 매스미디어와 불가분의 관계를 맺고 있는 광고를 통하여 근 100년 간 우리 식생활의 변천의 몇 가지 특징을 알아보고자 하였다.

1) 근대의 시작을 어디로 볼 것인가

근대(modernity, modern times)라는 시기를 정확히 어디서부터 어디까지로 규정하느냐의 문제는 쉽지 않은 문제이다. 근대라는 용어 자체가 주로 서양에서 시대를 구분할 때 자주 사용되는 용어이기도 하며 시간적인 위치로는 중세, 근세를 거쳐 현대가 되기 전의 교량적 의미의 시기이다. 약간의 차이는 있지만 유럽 사회에서는 17, 18세기를 근대의 시작으로 보고 있는데 르네상스를 거쳐 산업혁명 이후로 본다면 크게 틀리지 않으리라 본다.

또 다르게는 정치, 경제, 사회, 문화 면에서의 변화, 특히 인간의 정신, 가치관 등에서 소수 특수계층이 아닌 다수의 일반계층에게 일어난 합리적인 변화와 생활 향상을 또 하나의 의미로 들 수 있다. '신(神)' 중심, 소수의 지배자에게 권력이 집중되어 있던 봉건체제, 왕권체제의 중세시대를 벗어나 개인 하나하나의 인권에 관심을 가지며 정치적으로는 계몽주의, 자유주의, 사회주의, 민족주의, 민주주의 등의 여러 정치 사상이 대두하며 경제적으로는 자본주의가 나타나기 시작한 시기이기도 하다. 그러나 중세와 현대를 이어주는 시기인만큼 시간적으로 앞선 현대와 비교될 때에는 '다소 좋지 않은 인습이 남아 있는', '인습에서 벗어나기는 했지만 무언가가 완전히 아직 완성되지 않은', '변화를 겪고 있는 중' 등의 개념으로 사용되기도 한다. 김영연(2008) 등은 근대의 성격을 이성에 대한 믿음, 진보에 대한 믿음, 기계주의 자연관으로 특정지었다. 근대를 표현하는 가장 기본적인 요소는 이성이며 진보에 대한 믿음으로 근대화가 이루어지며 사회 변화 양상은 커지게 되고 기계주의 자연관이 일반화되면서, 더 이상 시간적, 공간적 자연 제약에 순응하지 않게 된다고 보았다.

2) 우리나라의 근대화

우리의 근대화 과정에 있어 반드시 생각해 보아야 할 문제는, 조선의 근대화는 다시 말해 우리나라의 근대화는 서양 대부분 국가의 근대화 과정과는 다른 성격을 지녔다는 점이다. 강력하게 잠겨 있던 조선의 대문은 외부인에 의해 강제로 열려야 했고 불행히도 강제로 문을 열었던 세력은 한둘이 아니었다. 청, 일본, 러시아, 미국, 영국 등의 여러 나라가 얽혀 있는 정세였는데 어찌 보면 지금의 대한민국 상황과 별반 다르지 않다는 느낌이 들기도 한다. 대륙의 끝이기도 하며 다른 대륙의 시발점일 수도 있는 지정학적 위치도 한 몫을 한다고 본다. 여하튼 강제로 열린 대문으로, 강제로 물밀듯이 밀려 들어온 외부의 문물은 거의 무조건적으로 조선의 것은 비과학적, 비이성적인 것이며 조선의 것이 아닌 것, 특히 서구적인 것은 과학적, 이성적인 것으로 받아들여지게 되는 현상을 낳게 하였다. 황실과 일부 통상개화파들이 조선의 자주적인 근대화를 위해 청, 일본, 미국 등에 나름대로 사신을 파견하고 문물을 배우고자 했지만 자주적 근대화를 주도하기에는 이미 늦은 상태였을 것이다. 지배층의 이러한 좌충우돌 과정 속에 민초들이 몸으로 느끼는 근대화라는 것은 전기, 전차, 전신, 철도, 활동사진 등 당시로서는 기상천외한 물건으로 '동경'과 '두려움'을 동시에 낳게 하는 혼란의 단어였으리라는 것은 쉽게 짐작할 수 있다.

조선의 문을 강제로 열고 문물을 강제로 받아들이게 한 외부 세력 중에 가장 끈질기고도 집요했던 세력은 일본이었다. 일본에 의해 많은 문물이 받아들여지고 또 그 과정이 근대화와 겹치면서 '근대화는 일본'이라는 등식을 가지게 하는 부작용도 낳았는데 바로 이것이 일본 일부 부류에서 주장하는 '식민지근대화론'의 기초이기도 하다. 그러나 이는 단지 산업통계에 의존한 통계수치일 뿐이며 실제 근대 시기에 일제가 우리나라에 건설한 공장, 철도 등은 조선자원 수탈의 용이성을 위한 것이었다고 해석하는 것이 옳다. 철도, 공장 등 산업기반시설이 근대화의 필요조건이기는 하지만 충분조건이지는 않은 것이다.

식생활에서 일어난 근대화에서도 우리의 전통 식생활, 식문화는 다소 홀대받은 느낌이 강하다. 정확하지 못하고, 청결하지 못하고, 복잡하고, 영양적으로 풍부하지 못하다는 '전통'에 비해 '근대화된 식생활'이란 정확한 조리법에 정확한 정량, 청결하고 간소한 방법으로 영양적으로 우수한 음식을 만들 수 있는 것으로 인식되었다.

매스미디어와 광고

1) 매스미디어

네이버 포털사이트의 두산백과와 매스컴대사전을 빌려 사전적 의미를 보자면 '미디어'란 매체(媒體)·수단(手段)이란 뜻으로, 매스미디어는 불특정 대중에게 공적, 간접적, 일방적으로 많은 사회정보와 사상(事象)을 전달하는 신문, TV, 라디오, 영화, 잡지 등을 예로 들 수 있으며 우리말로는 대중매체(大衆媒體)라 한다. 시각적·청각적·시청각적인 것으로 구분하여 신문·잡지·무성영화 등의 시각적 미디어, 라디오·음반 등의 청각적 미디어, 유성영화, TV 등의 시청각적 미디어로 구분하기도 하며 인쇄매체, 시청각 매체로 구분하기도 한다. 인쇄매체는 19세기 중엽, 시청각매체는 19세기 말부터 20세기에 걸쳐 시작, 발전하게 되는 만큼 매스미디어와 근대라는 개념은 떼어놓고 이해할 수 없다. 현대에 들어와 광범위하게 보급되면서 정보와 오락거리를 제공하고 광고를 통한 사회적, 정치적 소식이 전해지고 흐름이 형성되기도 한다.

신문은 우리나라에서 가장 먼저 나타난 매스미디어 형태이다. 1883년 고종이 일본인 후쿠자와 유우기치의 영향을 받은 박영효, 유길준 등 개화파 청년들에게 〈한성순보〉의 제작을 맡긴 것이 시작이었으며 이어 독립신문 등이 나오게 된다. 일제하의 한국 신문은 〈동아일보〉, 〈조선일보〉, 〈시대일보〉 등이 대표적이었다(유일상, 2007). 우리민족 자체의 근대 인쇄 시기는 해방 이후로 보는 것이 정확한데 이는 해방 이전에는 근대식 인쇄가 별로 없었고 그나마 일제가 운영하던 인쇄소가 대부분이었기 때문이다(프린팅코리아, 8월호, 2007).

근대 대중매체에 있어 또한 중요한 미디어는 잡지였다. 1920년대는 근대사에 있어 여성잡지의 전성기로 그 중에 대표적인 잡지가 「신여성」이었다(김윤선, 2009). 「신여성」은 1923년 9월에 창간되어 1934년 4월 통권 38호로 종간한 여성 잡지로 3호부터는 우리가 잘 알고 있는 방정환(方定煥) 선생이 편집을 맡기도 하였다. 「신여성」은 여성들을 위한 일반교양이나 계몽을 촉구하는 논문·시·소설·수필 등의 문학작품을 실었고, 아동문학에도 관심을 보여 동요나 동화를 싣기도 하였다. 여기서 강조하고 싶은 부분은 잡지로서의 「신여성」보다는 광고 매체로서의 「신여성」이다. 「신여성」은 후기(1931~1934)에 광고란이 1920년대보다 3배~4배 이상 증가하였다. 이는 근대 매체로서 「신여성」의 성격과 자본주의적 소비 경제 체제로의 전환을 보여주는 징후이기도 하다(김윤선, 2009).

2) 광고

광고란 상품, 아이디어, 정책 등을 대중에게 알려 판매 및 금전적 이윤을 위한 것은 물론 그 이외의 목적을 위한 모든 활동으로 매스미디어와는 달리 근대가 아닌 오래 전부터 있어 왔던 형태이다. 기원전 1,700년 경의 그 유명한 바빌로니아 함부라비 법전도 광고 형태를 띄었다고 할 수 있다. 법을 성문화하여 사람이 많이 다니는 신전에 세워 놓아 누구든지 보고 지킬 수 있게 한 것은 광고의 중요 요소인 메시지, 목적, 평가 등이 잘 나타나 있다고 볼 수 있다. 매스미디어가 본격적으로 발달하기 이전에는 주로 서적, 간판 등의 방법도 많이 이루어졌고 특히 전쟁 시 전투 깃발도 일종의 광고라 할 수 있다. 인쇄술의 발달과 근대화에 힘입어 광고는 근대 이후 신문, 잡지 등의 매체의 힘을 빌리게 된다. 이후 라디오, TV 등 영상매체를 통한 광고가 일반화되었다.

광고에는 당시 생활세계를 구성했던 대중문화, 소비문화, 성, 가족, 의식주, 질병 등 구체적인 영역이 담겨 있다(이병주 등, 2006). 어떠한 제품을 어떠한 방법으로 광고하고 주 초점을 누구에게 맞추었는지를 살펴본다면 그 당시의 생활상은 물론 그 시대를 살았던 사람들이 무엇에 관심을 가지고 무엇을 갖고 싶어했는지에 대해 대략의 윤곽을 잡을 수 있을 것이다.

3) 우리나라에서의 광고

한국 광고의 역사는 1886년 2월 22일 한성주보의 세창양행 광고에서 출발하였다. 세창양행은 한국에서 무역을 하던 독일회사로서 본명은 에드워드 마이어(Edward Meyer)가 설립한 무역상사였다. 「신여성」이 발간되었던 1920년대와 30년대는 식민정치가 문화정치로 변화하면서 신문잡지의 융성과 함께 소비대중문화의 번성기로 신문 잡지를 통해 해방 전 가장 활발하게 광고가 발표 유통된 시기였다(김윤선, 2009) 앞서 말한 바와 같이 그 당시 가장 인기를 끌었던 잡지에서 광고 분량이 서너 배 이상 증가했다는 것은 광고가 이미 사회적, 문화적 표현이 되었으며 소비문화를 주도할 수 있는 수단이 되었다는 뜻으로도 해석이 가능할 것이다. 특히 여성이 주 독자층인 여성잡지에서 광고량이 증가한 것은 여성을 소비의 중요한 주체로 인식했다는 뜻이 될 수도 있다. 현대에도 여성은 소비문화를 앞서 주도하는 편이다.

한국 광고 역사가 정착된 것은 일본식 광고 제도가 기반이 되었으며 일본 상품 소비를 위해 국내 신문에 본격적으로 실려 1920년대 중반에 본격화되었다. 1931년~1934년 주요 광고 상품은 가정상비약, 부인병 약, 화장품이 주를 이루었고 손난로, 사진기, 월경대, 음료, 조미료, 병원, 사진관, 음식점, 영화 광고도 이에 속한다(김윤선, 2009).

식생활 근대화와 조미료, 라면

근대화와 더불어 '식'생활에 일어난 변화를 생각해 볼 때 '조미료'의 출현을 언급하지 않을 수 없다. 근대화의 가장 큰 특징인 합리성, 과학성은 그 이전의 우리 민족의 집안마다 다른 손맛을 비과학적인 것으로 인식하게 하였다. '음식 맛은 장맛'이라는 말이 있을 정도로 같은 콩을 같은 방법으로 제조한 장이라도 집안마다 그 맛이 미묘하게 다르며 그 '장'으로 모든 음식의 밑간을 함에 따라 집집마다 같은 원재료의 나물, 같은 재료의 국이라도 조금씩의 맛의 차이가 있던 것이 당연하였던 우리 식생활에 큰 변화가 일어난 것이다.

당시 집집마다 맛이 다른 것은 정확하고 과학적인 표준 조리법이 없기 때문이며 그렇기 때문에 우리의 음식 제조법은 점차 비근대적인 것으로 치부되게 되었다. 그 전초전으로 균질화되고 획일화된 맛을 낼 수 있는 조미료가 식생활의 근대화에 선두주자로 나타났고 이 조미료에 대한 광고가 근대 광고에 압도적인 부분을 차지하게 되었다. 합리적이고 과학적인 것에 기반을 둔 맛. 이전의 개별적인 기호에 근거했던 맛은 인정받을 수 없었고 대중의 취향을 반영한 맛이 근대화된 맛이라는 것이다. 과거의 음식의 맛은 여러 가지 다른 조건들로 인해서 쉽게 변하는 맛이라면 과학적이고 합리적인 근대화된 상황에서는 맛의 가변성이 없어야 한다는 것이다(김영연, 2008).

'대중적이고 획일화된 맛'을 대표하면서도 우리나라의 근대화와 함께 한 식품을 찾아볼 때 '라면'만큼 들어맞는 식품을 생각하기 어려울 것 같다. 부족한 쌀의 양을 보충하기 위해 일본의 기술을 빌려 시작된 라면산업은 1960년대 중반 이후 어떤 시기에는 구불거리는 국수가 기가 막힌 맛을 내는 신기한 음식, 어떤 시기에는 가난한 이의 상징, 또 어떤 시기는 안전하지 못한 첨가물과 믿을 수 없는 가공공정의 상징이 되기도 하여 우리 식문화의 근대화와 함께 하였다.

다음 본론에서는 조미료, 라면이 우리나라에 처음 나타나게 된 때부터 이 땅에 자리 잡게 된 과정을 광고를 통하여 알아보았다.

표1 분석에 사용된 광고 건수(광고문화원)

서 명	인쇄	라디오	계
화학조미료	81	15	96
라면	57	23	80
계	138	38	176

1)조미료 (화학조미료)

조미료란 그 자체로 열량을 내기보다는 다른 음식의 맛과 풍미를 증진시키는 역할을 하는 일체의 양념류를 뜻하며 짠맛을 증진시키는 함미료, 단맛을 증진시키는 감미료, 신맛을 증진시키는 산미료, 감칠맛을 증진시키는 지미료 등으로 나뉘는데 여기서 말하는 조미료란 엄밀히 말해 '지미료'이며 그것도 공장에서 화학적인 방법을 통하여 만든 인공화학지미료를 지칭한다. 보통 조미료, 감미료, 향신료 등의 단어가 혼용되어 사용되는데 여기서는 인공화학지미료를 '조미료'로 간단히 줄여 기술하고자 한다. 요즘의 조미료는 대부분 화학조미료를 가리키는 경우가 많으며 화학조미료란 천연 식품에서 맛을 내는 특정 성분을 추출하여 인공적인 가공과정을 거쳐 생산되는 제품을 말한다. 인간이 느끼는 맛에는 짠맛, 단맛, 신맛, 쓴맛 외에 제5의 맛이라고도 하는 '감칠맛'이 있는데 '감칠맛'은 다른 말로 '구수한 맛', '구수한 단맛'이라고도 표현하며 농축어육장, 콩장, 김치 등을 먹을 때 우리가 '맛있다'라고 느끼는 맛이다. 더욱 친숙한 감칠맛을 표현하자면 라면 스프 특유의 맛을 들 수 있다. 쉽게 말해 무언가를 먹었을 때 '맛있다'라고 느끼게 되는 맛으로 감칠맛은 본래 화학조미료가 아닌 어패류, 육류, 버섯류 등에서 얻어지는 맛으로 천연에서 얻어지는 맛을 천연의 재료를 이용하여 공장에서 가공과정을 거쳐 가정에서 직접 조미료를 만들어야 하는 번거로움을 줄여 간편화한 것이 화학조미료인 것이다.

전통적으로 우리나라에서 많이 사용하는 조미료로는 짠맛은 소금, 간장, 매운 맛은 고춧가루, 단맛은 꿀·조청·엿, 신맛은 식초, 그 외에 향미와 잡내 제거를 위한 파, 마늘 등을 사용하였다. 특히 간장, 된장, 고추장 등의 장류는 김장과 더불어 모든 가정의 기본적인 식량으로 장 자체도도 많이 먹었지만 음식에 간을 내는 성격으로 더 많이 사용되었다. 직접 콩으로 메주를 만들고 장을 담그는 일까지 가정 내에서 이루어졌으므로 집집마다 조금씩의 장맛의 차이가 있어 장으로 밑간을 하는 음식의 맛이 차이가 있을 수밖에 없었다. 그러나 이러한 차이는 근대화와 함께 비합리성, 비과학성의 상징이 되어버렸다. 산업화된 공장에서 정밀한 측량과 방법으로 일률화된 조미료가 근대화의 상징으로 우리 부엌에 서서히 침투하기 시작한 것이다.

215

화학조미료를 세계적으로 가장 먼저 발명한 나라는 일본이다. 그것도 일본이 우리나라를 지배하고자 본격적인 속내를 보이던 시기와 거의 맞물리는데 일본의 두 학자가 각기 1908년, 1913년에 다시마와 가다랭이의 맛 성분을 분석하여 그 맛을 화학적으로 만들어낸 것이 시작이었다. 일본에서 산업적으로 상품화되어 일본의 부엌을 강타한 화학조미료는 '아지노모도(味の素)'라는 이름으로 당연히 상품을 강제로 판매하기에 적격인 우리나라에 들어오게 된다. 이때가 1926년이었으며 그 당시는 매우 고가였으므로(1909년 '아지노모도' 작은 병 40전) 일부 부유층에서만 사용이 가능했다(한복진, 2001).

아지노모도는 '신문'이라는 매스미디어를 이용하여 광고를 시작하였는데 1920년대부터 매일신보, 동아일보를 통하여 아지노모도 광고가 나가게 된다. 1928년 11월 16일자 매일신보에는 〈근대여성은 모두 애용자〉라는 카피문구로 아지노모도를 사용하느냐 사용하지 않느냐에 따라 근대적이냐 근대적이지 못하냐를 이분화하였으며, 1937년 7월 6일자에는 〈음식솜씨가 좋고 나쁘다는 때는 지났습니다〉라는 문구로 아지노모도를 일종의 음식을 맛있게 만드는 마법 가루약처럼 선전하였다(안영희, 2010). 아지노모도 광고가 가장 많이 등장한 매체는 1930년대의 매일신보로. 매일신보는 1915년 9월 15일자를 시작으로 1930년대에 이르면서 다양한 카피와 이미지, 도안을 이용해서 적극적으로 광고하였다(김윤선, 2009). 1937년 12월 25일자 동아일보는 김치에도 아지노모도를 사용하면 1년 식량인 김장이 맛있어진다고 광고하였다(안영희, 2010).

앞서 설명하였던 일제강점기 시대의 우리나라의 대표적인 여성 잡지 「신여성」은 가정에서 조리를 맡고 있는 여성에게 '아지노모도'를 광고할 수 있는 좋은 매체였다. 모든 음식을 맛있게 하는 양념가루로 소개된 아지노모도는 특히 〈신여성은 아지노모도를〉, 〈근대 여성은 모두 애용자〉라는 문구로 맛과 근대화의 상징으로 표현하였고, 근대적 미각의 대명사가 된 아지노모도를 사용하면 신여성이 될 수 있듯이 표현하였다(김윤선, 2009).

화학조미료와 미각의 중요한 논쟁거리 중 하나는 '미각의 균질화'이다. 지금도 가정에서 직접 장을 담그는 집이 있기는 하지만 1900년대 초 근대화 시기에는 각 가정에서 장을 만들어 그 장으로 모든 음식의 간을 맞추는 것이 당연한 때였다. 앞서 언급한 바와 같이 '장맛'과 우리나라 식문화에 독특하게 존재하는 '손맛'이 어울려 집집마다 존재했던 독특한 음식 맛은 화학조미료의 등장으로 점차 소멸하게 되었고 급기야는 모든 집의 음식 맛이 동일해지기 시작한 것이다. 물론 화학조미료가 가정집에서 일반화되기까지는 시간이 필요했지만 일단 일반화된 후 그 파급효과는 강력했다. 화학조미료의 강점은 간편한 방법으로 감칠맛을 낸다는 것이다. 예전과 같이 복잡한 과정과 장시간을 들이지 않고 같은 맛을 낼 수 있다는 매력은 순식간에 일반 가정을 파고들었다. 다시 말해 음식 맛의 균일화가 시작된 것이다.

해방 이후 우리나라 최초의 화학조미료 '미원'은 지금의 대상그룹의 모체인 미왕산업사에서 1950년대 중반에 일본의 아지노모도 주식회사에서 기술을 배워 만들었다는 설과 순수하게 독자적 기술을 개발했다는 설이 있다. 여하튼 한국식 이름인 미원(味元)이란 상표를 붙인 것이 시초이다. 초기에는 일제 강점기 시대에서와 마찬가지로 매우 고가여서 일종의 사치품으로 여겨 일반 가정에서 상용화되지는 못했으나 1960년대 중반부터 서서히 일반가정에서도 많이 사용되기 시작하였다. 이는 마케팅 전략을 고가전략에서 저가전략으로 바꾼 것이 주효하였기 때문이다.

〈아빠가 외출이 잦지 않습니까 …… 늦게야 돌아온 아빠는 차려논 밥상을 거들떠 보지도 않습니다 …… 아빠의 식탁을 위한 주부의 상비, 단란한 가정을 위한 주부의 지혜. 그것이 바로 신설료표 미원입니다〉라는 문구로 주부의 눈을 끌고 있는 광고이다. 남편이 집에서 식사를 하지 않으려고 하는 것은 집에서 조리되는 음식이 외식보다 맛이 없기 때문이며 그 이유는 주부가 미원을 사용하지 않은 것이 이유이므로 현명한 주부라면 미원을 사용하여 음식을 조리하면 남편을 집으로 돌아오게 할 것이라는 다소 직설적인 표현의 광고 내용이다. 주부라면 솔깃한 내용이지 않을 수 없다. 화학조미료의 사용 권장도 그렇지만 불과 50년 전의 일이건만 돌아오지 않는 남편을 하염없이 기다리는 주부, 정성스럽게 차려놓은 식사를 남편이 먹어주기를 기다리는 주부의 모습이 현대의 주부 모습과 약간 이질적인 면도 느끼게 하는 광고이다.

1966년 미원 광고로 〈미원은 5인 가족 1개월분으로 100g이면 충분합니다. 미원 100g은 68원, 계란 1줄값보다 훨씬 싼 셈이죠. 즉, 하루 약 2원 30전(68원/30일=약 2원 30전)으로 온 가족이 맛있게 식사를 할 수 있으니 얼마나 싼 조미료입니까〉라며 미원의 저가마케팅을 잘 나타내고 있다. 〈미원은 사치품이 아니요, 기호품도 아닙니다, 생활필수품입니다〉라는 문구도 등장한다. 1966년 6월 7일자 매일경제를 참조하자면 〈사료값이 올라 닭은 식용으로 처분하는 경향이 늘어 달걀이 잘 나오지 않아 시중 달걀값이 줄에 2원이 올라 94원〉이라는 기사가 올라와 있다. 분명 미원 가격이 달걀 1줄 가격보다 저렴한 것은 사실인 듯하다. 지금은 양계업이 대량 산업화되어 계란 값이 크게 떨어져 가격을 비교하는 것이 이치에 맞지는 않지만 그래도 현재의 달걀 값과 조미료 값과 비교해 보면 2013년 현재, 대략 달걀 한 개의 가격이 150원~200원 정도로 한 줄이면 달걀 10개이니 달걀 값은 1500원~2000원, 조미료는 대상주식회사 미원 기준 100g에 1000원이 넘는 가격이 나온다.

표2 1966년, 2013년 화학조미료와 달걀 가격 비교

	1966년	2013년
화학조미료	68원	3,900원~4,500원(300g)
달걀 1줄	94원	1,500~2,000원

좀 더 확실하게 물가 비교를 위해 '짜장면 물가'라는 말이 있을 정도로 당대의 물가를 반영하는 지표인 짜장면 값을 생각해 보자. 쌀, 쇠고기, 달걀, 배추 등은 국가의 물가통계지표로 사용되는 만큼 가격이 정부 정책에 많이 좌우되고 있어 제외한다. 짜장면은 외래음식으로는 유일하게 한국의 100대 문화 상징에 들어가며 정부의 중점물가 관리 품목으로 선정되어 있지만 지역마다 가격 차이가 있고 밀 수입가격에 따라 가격 변동도 있는 편이라 비교적 서민의 물가를 가까이서 체감할 수 있는 지수로 인정되는데 미국의 '빅맥지수'로 생각해도 좋을 듯하다.

1967년 12월 23일자 동아일보를 보면 짜장면 가격이 종전에 〈사십원씩 받던 우동, 짜장면값을 오십원으로 대폭인상〉했다는 기사로 미루어 보면 1966년 짜장면 가격은 대체로 40원 정도로 짐작된다.

표3 조미료 물가비교

	조미료(100g 기준)	달걀 한줄(10알)	짜장면	시내버스가격
1966년	68원	94원	40원	10원
2013년	1000원	1500원	4500원	1100원
인상율 (%)	1370 (약 13.7배 인상)	1495 (약 14.95배 인상)	11150 (약 110배 인상)	10900 (약 109배 인상)

1966년 미원 가격은 짜장면 값보다 고가이다. 2013년 현재 미원은 짜장면 값의 1/4 정도밖에 되지 않는다. 다시 말해 1966년에는 미원을 살 돈이면 짜장면 한 그릇을 사 먹고도 돈이 남았지만 2013년인 지금은 조미료 100g 가격으로는 짜장면을 1/4밖에 먹을 수 없다는 뜻이다. 물론 더 정확히 계산한다면 조미료가 100g 단위로 판매되지 않고 최소 포장도 300g으로 판매되므로 가장 작은 조미료를 구입할 가격이면 짜장면 한 그릇의 2/3를 먹을 수 있지만 어차피 한 그릇을 사 먹을 수 없는 것은 마찬가지이다. 국가에서 비교적 물가를 중점관리하고 있는 달걀과 시내버스 가격은 48년 세월 동안 짜장면과 시내버스 가격보다 비교적 적은 폭으로 증가하였지만 1966년 당시 미원 가격이 지금의 살림살이 물가와 비교한다면 확실히 당시 가계에 더 큰 부담을 주는 가격인 것만은 분명하다.

음식 맛을 맛있게 하는 것은 분명히 인지하나 위와 같이 소비자들이 고가로 느껴 구매를 망설이자 기업은 저가전략으로 주부들에게 다가간 것이다. 이와 함께 일반 가정에서 화학조미료 일명 미원은 부엌의 필수품이 되어버렸다.

이와 같이 미원주식회사의 적극적인 마케팅으로 '조미료는 미원, 미원은 조미료'로 대부분 소비자에게 인식되었을 때 제일제당이 '미풍'이라는 화학조미료를 내세우며 화학조미료 업계에 뛰어들었다.

제일제당은 이미 시장을 장악한 미원을 염두에 두고 '미풍'의 효과와 함께 상품의 특성, 우수성을 강조하였다. 〈순도 99.81% 백설표 미풍〉, 〈일제보다도 높은 순도, 순백의 빛깔로 쉽게 구별되는〉 등의 문구는 미원과의 차별화를 강조한 광고이다. 역시 김장철에 나온 광고로 김장에는 조미료가 들어가야 맛이 좋다는 내용 또한 잊지 않았다.

그림 4. 1966년 제일제당 미풍 광고

그러나 이미 소비자의 뇌리에 있는 '화학조미료는 미원'이라는 개념을 깨기에는 역부족이라 화학조미료 시장에서 미원의 아성은 계속되었다. '화학조미료=食'의 '근대화=간편화=미원' 이라는 등식은 경제발전과 함께 국민들이 살림살이가 나아지고 건강한 식품에 관심을 가지게 되어 '화학'이라는 단어 자체에 거부감을 일으키게 될 때까지 계속된 것이다.

1970년 미원 광고이다. 〈무우 맛이 고기 맛 같아야 되겠어요〉, 〈미원은 음식물을 불에서 내려놓기 직전 또는 식탁에 놓기 직전에 넣어 먹는 것이 가장 효과적이며 너무 많이 넣어도 제맛을 내지 못하게 되오니 맛을 보아가며 알맞게 넣어서 잡수세요〉라는 내용의 광고이다. 사용량에 제한을 두는 문구가 눈에 띄는데 당시 특수한 상황에

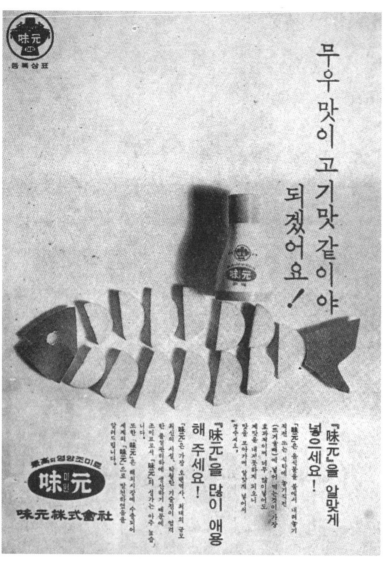

1970년대 미원 광고

기인한 것인지 아니면 조리법의 과학화를 염두에 둔 문구인지 진위를 알 수는 없으나 사용을 마냥 권장하던 몇 년 전과 달리 광고내용이 더욱 구체적으로 수정된 것은 분명해 보인다.

〈뚝배기보다는 장맛〉이라는 우리나라의 속담을 이용하여 미원은 우리나라 식생활에서 '장'이 차지하고 있는 위치만큼 미원도 대등한 위치일 수 있다는 점을 은근히 표현하고 있다.

그림 7. 1970년대 초반 미원 광고

221

위의 왼쪽 광고는 분유광고가 아니다. 1970년대 초반의 미원 광고로 아직 미각이 발달하지 않은 갓난아이도 아직은 모르지만 곧 미원의 맛을 알게 되고 한평생 즐기게 될 것이라는 내용과 오른쪽 광고에서 한 꼬마가 커피에 미원을 뿌리고 있다. 어떤 음식이든 미원을 넣으면 맛있어진다는 생각에 커피로 보이는 음료에 미원을 뿌리고 있는 모습이다. 성인의 입맛을 넘어 어린아이의 입맛도 사로잡고 있다는 뜻으로 해석할 수 있다. 어린 시기에 형성된 입맛은 평생 유지되기도 한다는 점을 감안하면 지금의 시각으로 봐서는 당장 인터넷을 들끓게 할 수 있는 가히 충격적인 내용의 광고로 보인다.

계속하여 미원에게 밀리던 제일제당은 미풍 대신 1977년 '아이미'라는 제품으로 드디어 시장점유율을 40%까지 차지하는 기염을 토하였다.

미풍은 〈국내 최초로 맛과 성분과 강도에서 시중의 조미료와는 본질적으로 차원을 달리하는 핵산복합조미료....〉 〈소고기와 송이버섯을 삶아 우려낸 국물 성분으로 신비한 맛을 지니고 있읍니다〉라는 문구로 미원을 겨냥하고 차별화에 중점을 두어 맛, 성분(쇠고기, 송이버섯, 기존 조미료의 주성분인 글루타민산나트륨에 이노신산나트륨과 구아닐나트륨 등을 복합한 핵산조미료)의 고급화 선전에 공을 들였다.

1975년에 제일제당은 '다시다'를 '어머니 손맛', '고향의 맛', '전통의 맛'이라는 컨셉으로 조미료로 등장시켰고 지금까지도 고향의 맛, 어머니의 손맛이라는 광고 문구는 소비자에게 강하게 어필되고 있다. 또한 제품 '아이미'와 같이 조미료에 쇠고기, 조개, 멸치 등 천연식품을 첨가한 복합조미료가 유행하게 되었다.

중화요리 신드롬(Chinese restaurant syndrome)으로 알려져 있는 MSG(monoso-dium glutamate)의 위해성은 1960년대 후반 미국에서 처음 발표되어 지금까지 갑론을박(甲論乙駁)하면서도 위해 쪽으로 많이 기울어져 있는 상태이다. 화학조미료의 주성분인 MSG를 많이 넣은 음식을 먹은 후 구토, 헛구역질, 두통, 마비 등의 증상이 미국에서 보고되었고 우리나라에서는 1993년에 럭키에서 MSG의 위해성을 처음 언급하며 '무MSG'를 강조하는 화학조미료를 소매시장에 내놓기 시작하였다. 럭키가 내놓은 조미료 광고의 특징은 MSG가 뇌세포 손상, 고온에서 발암물질 변화가능, 천식 유발 등의 원인이 될 수 있으나 화학적으로 제조하는 조미료도 MSG를 넣지 않고 천연식품의 아미노산만으로도 제조가 가능하다는 것이었다. 당시 많은 문제를 일으키며 과대광고 시정명령까지 받기는 했지만 지금은 MSG의 위해성에 대해서는 이미 정보가 넘쳐날 정도로 있어 소비자들은 되도록이면 MSG를 넣지 않은 조미료를 찾는데 많은 정성을 기울이고 있다.

근대화와 함께 일제의 의해 들어온 화학조미료는 초기에는 고가의 사치품으로 받아들여져 일부 부유층에서만 사용이 가능했으며 화학조미료 사용은 주부의 번거로움을 감소시켜주고 맛을 풍부하게 하는 마법가루, 부엌에서의 근대화 지표로 인식되었다. 1960년대 중반 우리의 힘으로 제조된 화학조미료 역시 초반에는 고가로 인해 소비자에게 큰 사랑을 받지 못했지만 저가 마케팅에 힘입어 빠르게 부엌의 찬장을 채워갔으며 곧이어 조미료 사용은 당연한 것으로 받아들여졌다. 세월에 지남에 따라 그 양을 조금씩 써도 맛을 풍부하게 할 수 있다는 사용량에 대한 권고 문구가 광고에 나타나기 시작하고, 생활이 더 풍부해짐에 따라 MSG의 위해성, 인공적인 것에 반감으로 천연식품으로 제조, 가공된 조미료에 관심이 모아지게 되었다. 발효조미료, 복합조미료, 천연조미료의 형태로 바뀌고 있는 것이다. 그러나 공장에서 만들어진 화학조미료가 부엌살림을 편하게 간소하게 해 준다는 인식은 변함이 없는 것 같다.

2) 라면

우리나라에 처음 라면이 등장한 것은 1963년으로 중량은 100g이고 가격은 10원이었다. 60년대 초 남대문 시장에서 꿀꿀이죽(여러 가지의 먹다 남은 음식을 섞어 끓인 죽)이 5원이었고 이 죽을 먹기 위해 장사진을 치르는 모습을 본 삼양그룹 회장이 일본에서 기술을 들여와 식량 대체원으로 판매한 것이 시작이라고 한다(매일경제

1963년 삼양식품 라면 광고

1999년 12월 29일). 당시 10원이라는 라면 가격을 역시 짜장면 값과 비교해 보면(표 4 참조) 짜장면의 1/3 가격, 달걀 5알을 살 수 있는 정도의 가격이다. 라면, 달걀, 짜장면 중 가장 고가의 식품은 1963년은 달걀, 2013년은 짜장면이다. 시내버스 가격과 비교해 본다면 1963년 당시는 교통비에 비해 라면 값은 2배인데 비해 현재는 라면 가격이 시내버스 교통비의 절반으로 줄었다. 극단적인 비유이기는 하지만 1963년 당시 라면을 먹기 위해서는 버스를 타고 갈 거리를 2번 도보로 가야만 했고 2013년 지금은 라면 1개를 사 먹기 위해서 굳이 버스를 타고 갈 거리를 도보로 갈 이유는 없다는 뜻이 될 것이다. 그만큼 라면이 처음 나왔을 당시, 라면 가격은 서민에게 그리 만만한 가격은 아니었을 것이다.

표4 라면 물가비교

	라면(100g 기준)	달걀 한줄(10알)	짜장면	시내버스가격
1963년	10원	45원	30원	5원
2013년	750원(평균가격)	1500원	4500원	1100원

가격적인 이유도 있었지만 출시 당시 라면은 사람들에게 큰 사랑을 받지 못했다. 식량이 절대적으로 부족한 시대였건만 유달리 쌀에 대한 애착이 강한 우리 민족은 '밥을 먹지 않고는 끼니를 때웠다 할 수 없다'라는 생각이 강한 편으로 나이 드신 어르신들이 '가루음식은 배가 쉽게 꺼진다'라고 생각하시는 것과 일맥상통하다 하겠다. 이런 까닭에 삼양그룹은 광고보다는 직접 시식을 통해 '라면'이라는 식품을 소비자

에게 알리는 방법을 택하였다. 이러한 노력 끝에 출시 6년 후인 1969년에는 초창기 매출액의 300배에 달하게 되었다(삼양라면 홈페이지). 라면 유행은 부족한 식량문제를 해결하려는 1960년대 정부의 혼·분식 장려정책과 그 맥을 같이 하였다. 아래의 광고를 보면 〈우리의 식생활은 해결됐다〉, 〈우리도 이제는 식생활 개선으로 시간과 돈의 여유를 만듭시다〉, 〈라면은 제2의 쌀입니다〉 등의 광고문구로 끼니를 때우기 위해 반드시 '밥'을 먹어야 하는 것은 아니고 '라면도 쌀'이라는 뜻을 전달하고 있다. '라면을 먹는 것이 식생활 개선'이라는 문구는 잦은 라면 섭취가 문제가 되고 있는 지금의 식생활과 비교하면 완전히 상반된 예이다.

라면의 등장은 '음식과 근대'에 있어 화학조미료와는 또 다른 의미를 내포한다. 이른바 '가공식품'의 등장으로 현대인의 식생활 중 큰 부분을 차지하고 있는 식품가공산업의 신호탄을 울린 것이다. 상기 그림 14의 광고 문구를 보면 〈우리나라 최초의 INSTANT 식품인 삼양라면은 여러분의 식생활에 혁명을 갖어왔습니다〉라는 문구로 '인스턴트'라는 말조차 흔하지 않았던 시대에 그 개념을 도입하기 시작하였다. 또한 〈값싸고 맛좋은... 가정에서 직장에서 산에서 값싸고 맛좋은…〉이라는 CM송으로 라면의 간편함과 맛을 강조하며 소비자에게 가까이 다가가고자 노력했다.

224

롯데라면 왈순마

1969년 1월 1일자 동아일보 왈순마 전면광고

1960년대 후반에는 라면이 유행하게 되었고 삼양에 이어 롯데공업(농심)에서 후발주자로 여러 종류의 라면 제품을 내놓는데 그 중의 하나인 '왈순마'는 1968년에 출시되어 월남 전쟁 시 군용으로 납품되기도 했으며 소고기 맛이 특징이었다.

위 광고는 1969년 1월 1일자 동아일보 전면광고로 나온 왈순마 광고이다. 〈맛좋은

라면, 하루에 한 끼, 식량부족해결〉이라는 문구로 라면은 맛도 있으며 끼니 해결로
도 손색이 없음을 강조하고 있다.

현재는 용기면, 소위 '컵라면'의 수많은 종류가 판매되고 있어 어느 것을 선택해야 할
지 고민이 될 정도이지만 1972년 삼양에서 '삼양컵라면'이라는 이름으로 처음 용기
면이 나왔을 때에 소비자들이 받아들이는 충격은 대단했을 것이다. 라면이 일반화
된 것도 그리 오래지 않은 때였으며 냄비 등의 조리 도구를 이용하지 않고 뜨거운
음식을 먹을 수 있다는 것은 약간 과장하여 표현하면 문화적 충격이라고도 표현할
수 있었을 것이다.

그 당시 광고를 보면 〈끓이지 않고 3분이면 OK〉라는 문구와 함께 〈끓이지 않고 3분
이면 먹을 수 있다니 희한한 얘기가 아닙니까, 쇠고기, 계란, 새우, 옥파 등…〉 등의
제품 설명을 넣어 광고하고 있다. 이동성과 간편성 등이 강조되기는 하였지만 용기
면이 나온 70년대 초 사회 분위기는 아직은 가난하고 배고픈 사람이 더 많은 시기였
다. 이동성과 간편성도 중요했지만 이동성과 간편성 이면에는 '바쁘게 움직이는, 무
언가를 즐기러 외부로 나가는 등'의 행간의 뜻도 읽을 수도 있다. 아직은 배불리 먹
을 수 있는 것이 무엇보다 중요했으며 또한 그 당시는 '밥은 한 곳에서 먹어야 한다'
라는 생각이 지배하고 있었는지도 모른다. 지금도 어르신들은 식사를 한 곳에서 하
지 않고 돌아다니는 어린아이들을 보면 야단을 치는 경우가 있는데 70년대 초기 당
시 '언제 어디서나'라는 뜻은 어쩌면 '아무 때나 아무 곳에서나'라는 뜻으로 받아들
였을지도 모를 일이다. 용기면은 어느 정도 경제 성장이 이루어지고 산업화가 안정
화 된 후인 1982년에 등장한 농심의 사발면은 소비자에게 더 잘 받아들여졌다. 농
심은 '왈순마'를 출시하였던 롯데공업이 사명을 바꾼 것이며 1982년 사발면 외에도
순식물성 기름사용을 강조한 '야자라면', 〈형님먼저 아우먼저〉라는 광고문구로 유명
한 '농심라면'을 1975년 출시하여 큰 인기를 얻게 되었다.

1970년대에 들어 어느 정도 라면이 시중에게 알려지게 되자 그 이전까지 라면 광고
에 들어갔던 '끼니 해결, 식생활 개선, 영양 풍부'라는 라면의 영양적 우수성을 광고
하기보다는 식물성유를 사용하여 느끼하지 않으며 소화흡수가 잘되고 피부, 미용
에 좋으며 노약자에게 좋다는 등의 다소 신빙성이 의심 가는 나름대로의 과학적 설

명과 함께 '형님먼저, 아우먼저'라는 본격적인 광고문구로 광고마케팅 전쟁이 시작되었다.

1980년대는 라면의 전성시기였다. 배를 채우던 라면에서 기호대로 먹을 수 있는 라면이 된 것이다. 우리에게 익숙한 너**, 안***, 짜***, 신** 모두 출신 연도가 1980년대이며 이미 확고하게 자리 잡은 국민기호식품에 걸맞게 여러 회사에서 여러 종류의 라면을 출시하여 소비자의 입맛에 맞추고자 노력했다. 그러나 소비자의 눈높이는 이미 많이 높아져 있는 상태여서 1986년 12월 25일자 경향신문에는 서울, 부산 등 5대 도시 주부 3천명을 대상으로 라면에 대한 설문조사에서 대부분의 응답자가 매주 1회에서 라면을 먹고는 있지만 영양가에 대해서는 68.4%가 회의적인 반응을 보였고 튀김기름, 첨가물, 스프원료에 대해 부정적인 견해를 가지고 있는 것으로 나타났다. 양적인 증가는 가져왔지만 질적인 변화가 요구되는 부분으로 현재 라면산업계에서는 마케팅 중의 하나로 프리미엄화, 재료의 고급화가 이루어지고 있다. 2009년에는 복고마케팅을 이용하여 '삼양라면 클래식'이라는 이름으로 삼양에서 최초의 라면포장과 거의 유사한 포장으로 제품을 내놓았는데 이는 소고기, 햄 등의 강한 스프 맛에 익숙해 있는 젊은이들과 달리 최초로 라면이 출시되었던 50년 전에 어린아이, 청소년기 혹은 청년기였던 세대를 대상으로 닭고기 맛을 강조한 라면이다.

현재 우리나라에서 생산되는 라면은 연간 약 35억 개이다. 이를 인구수로 나누면 1인당 1년에 60개가 넘는 라면을 먹었으며 유아나 어린아이를 제외한다면 일주일에 1회~2회 이상은 라면을 먹은 셈이 된다.

맺음말

우리의 근대는 가슴 아픈 사실을 안고 있다. 자주적 형태가 아니 타인에 의한 강제적인 근대화는 많은 부분에서 우리 전통을 나쁜 인습으로 치부하게 하였고 외부의 것은 무조건 좋고 과학적인 것으로 생각하게 하는 등 판단할 시간과 기회를 주지 않았다.

근대화가 시작되던 그 때의 우리 음식, 식생활은 다분히 서양인의 우월감이 가득한 것으로 풀이되었다. 조선의 것은 대부분 미개하며 과학적이지 못하다는 선입관이 있었고 인간의 가장 기본적인 '먹는 행위'를 바라보는 관점에도 이 같은 시선이 같이 했을 것이다. 쌀, 즉 밥이 한국음식의 기본이라는 점은 여행기를 쓴 서양 사람들도 같은 생각이었다. 한국인이 밥을 먹는 모습을 보면서 대식과 폭식에 놀라는 부분은 어느 기록이나 동일하다. 엄청난 밥의 양과 많은 반찬 가짓수, 매일 1.8kg의 밥을 먹는 대식가라는 사실, 숟가락, 젓가락을 모두 사용하는 것을 중국, 일본과 비교하여 기록을 남겼으며 김치, 비빔밥, 인삼에 대해 언급을 하기도 하고 술을 많이 마시고 과일 중 특히 감에 대한 예찬이 많았으며 곶감의 단 맛에 대해 극찬을 하기도 하였다(김호연, 2010). 그러나 역시 우리의 먹는 행위 자체가 그들의 것보다 미개하다는 생각은 변함이 없었다.

일제가 물러간 후 거의 모든 자원을 뺏긴 한반도에는 남은 것이 별로 없었다. 더구나 전란을 겪으면서 우리 민족의 궁핍함은 바닥을 치며 미국이 원조하는 밀가루와 우유가루에 의존할 수밖에 없었다. 1950년대 후반부터 시작된 영양개선 운동은 먹고 살아남아야 한다는 절박감의 국가적 표현이었고 국가적인 차원에서 밀가루 예찬론, 혼분식 장려운동, 국민절제 운동, 양곡수급계획 발표 등을 주도해야 했던 시기가 1960년대 중반이다. 1960년대 중반 이후부터 1970년대 중반까지는 경제성장에 힘입어 농업경제가 공업화되고 경제구조로 변화되어 식품산업도 대규모로 공업화되었다. 쌀 섭취를 억제하는 분식이 장려되고 밀가루로 만든 빵, 라면이 새로운 대체식품으로 등장하면서 배고픔이 해결되고 경제적 상황이 더욱 나아지면서 건강, 자연, 천연, 웰빙 등에 관심을 가지게 된다.

본고는 이러한 과정을 대변하는 식재료나 음식으로 화학조미료와 라면을 선택하여 인쇄광고를 중심으로 살펴보았다. 화학조미료는 간단한 조리과정과 통일된 조리법으로 우리의 입맛을 통일시켰고 식량부족이라는 절대 절명의 시기 앞에서 화학조미료를 기본으로 한 라면이라는 대체식품이 등장하였다. 라면은 입맛뿐만 아니라 식품가공 산업에서도 선두로 나서게 된다. MSG로 대표되는 화학조미료는 간편함, 영양학적 우수성으로 다가와 '고향으로', '전통으로', '자연으로', '천연으로'라는 수순을 밟고 있으며 라면 또한 간편함, 영양학적 우수성으로 다가와 '자연으로', '천연으로', '고급화'의 과정을 밟고 있다.

100년 전 서양인에게 미개인의 식사로 취급받던 우리나라의 음식은 지금은 건강식으로 관심을 모으고 있다. 그 당시 근대화되고 과학적이라고 여겨졌던 음식들은 만성질환과 연관되어 관심의 초점이 모아지고 있다. 실로 상전벽해(桑田碧海)에 격세지감(隔世之感)이 아닐 수 없다. 의식주 중 조상의 것과 비교하여 과거의 것을 그대로 가지고 기본 형태가 크게 변하지 않은 것은 '식'뿐이다. 근대화와 함께 의, 주는 서양의 것을 따르게 되었지만 밥을 기본으로 하여 반찬, 그리고 장을 밑간으로 하며 김치를 먹는 식사패턴은 크게 변하지 않은 것이다. '식(食)'이란 것은 쉽게 변하지도 않고 변할 수도 없는 끈질기고 보수적인 특성이 있다. 이런 면에서 본다면 불과 몇십 년만에 우리 입맛을 장악한 화학조미료와 라면의 매력은 과연 무엇인지 생각해 보아야 할 것이다. 앞으로 100년 후의 우리 자손들의 식탁에 어떤 음식이 올라와 있을지 궁금증을 느끼게 하는 부분이다.

근대는 시간적으로는 근세와 현대를 잇는 다리 역할을 하는 시기이다. 무언가 체계적으로 확립되지 않고 이곳과 저곳을 이어주기 위해 문화와 가치관이 혼재하는 시기이기도 하다. 우리 조상이 근대화를 거치면서 겪었던 '식(食)'의 변화가 앞으로 우리 후손에 어떤 영향을 미칠지 우리가 무엇을 어떻게 해야 할지에 대해서는 더 많은 고민과 연구가 필요할 것이다.

참 고 문 헌

김영연, 조미료 광고를 통해 본 미각의 근대화 과정, 디자인학 연구 21(4), 2008

김윤선, 여성소비주체의 등장과 여성의 소비문화 – 한국근대 일상생활과 매체, 단국대학교 출판부 동양학연구소, 2009

김호연, 서양인이 본 한국의 음식문화, 개화기 그리고 21세기의 시선 – 한국 근대 의식주와 일상의 제도, 단국대학교 출판부 동양학연구소, 2010

안영희, 아지노모토의 신문광고와 미각의 근대화, 일본학연구. 30집 ,pp 163-189, 2010

유일상, 매스미디어 입문, 개정판, 청년사, 2007

「역사속으로」 프린팅코리아 8월호, pp132-13,3 2007

이병주,마정미,. 초기근대 의약품 광고 담론분석, 한국언론정보학부, 봄, 통권 32호, 한국언론 정보학회, 2006

한복진, 우리생활 100년, 방일영문화재단 한국문화예술총서, 현암사, 2001

1920년 6월 14일자 동아일보

1963년 1월 19일자 동아일보

1963년 6월 28일자 동아일보

1963년 10월 30일자 경향신문

1966년 6월 7일자 매일경제

1967년 12월 23일자 동아일보

1972년 5월 6일자 동아일보

1999년 12월 29일자 매일경제

1972. 3월 31일자 매일경제

농심라면 홈페이지 http://www.nongshim.com/

삼양라면 홈페이지http://www.samyangfood.kr/

네이버 포털사이트 http://terms.naver.com/entry.nhn?cid=200000000&docld=1091929&mobile&categoryld=200000319

네이버포털사이트 http://terms.naver.com/entry.nhn?cid=200000000&docld=1119058&mobile&categoryld=200000326

네이버포털사이트 문화컨텐츠닷컴 http://terms.naver.com/entry.nhn?cid=4562&docld=1763561&mobile&categoryld=456

이상과 심훈을 통해 본 근대 문학 속 음식이야기

정혜경(호서대학교)

머리말

근대를 보는 다양한 시선, 문학 속 음식

한국의 근대는 많은 사람들의 관심이 집중되는 시대이다. 특히 문학, 미술, 복식, 의학 등의 다양한 분야에서 이 시대를 주목한다. 근대 시기가 우리나라의 역사상 가장 역동적인 시기라고 보기 때문이다. 근대는 조용한 아침의 나라인 조선에 외국문화가 밀려들어 온 시대이다. 우리들이 관심을 가지는 음식문화의 측면에서도 이 시대는 매우 흥미로운 시대이다. 즉 수천 년을 지속하여 온 한민족의 음식 문화가 가장 큰 변화를 겪는다. 물론 한국의 음식문화는 식생활의 계층화가 일어나는 삼국시대에도 그리고 한식이 발달하는 조선 전기 그리고 한식이 완성되는 조선 후기에도 감자, 고구마 같은 농작물이 유입되고 우리 식생활은 큰 변화를 겪는다. 그런데 왜 굳이 근대기에 가장 큰 변화를 겪었다고 단언하는가? 이는 다소 위험한 생각이기는 하지만 한 마디로 개화기에 들어서면 밥 위주의 오랜 식사에서 생소한 서구의 빵 문화가 들어오고 이로 인해 우리 식생활이 영향을 받기 때문이다. 그래서 다른 많은 분야에서 이 시대를 주목하듯이 음식문화전공자들도 개화기 및 일제강점기의 근대시기를 주목한다.

근대시대의 일부는 개화기라고도 불리어지는데 이는 실제로 쇄국이 풀리면서 외국의 새로운 문물이 이 땅에 물밀듯이 들어왔기 때문이다. 그래서 이 시대에는 이전의 조선후기와는 비교할 수 없을 정도의 다양한 음악, 미술, 연극 등의 분야에서 문화적 실험이 이루어진다. 물론 소설도 마찬가지이다. 소위 이 시기에는 근대 소설가들에 의한 다양한 근대소설들이 출판된다.

한국 근대 소설은 1906년부터 1945년까지의 소설로 구분되거나, 이광수의 『무정』(1917)을 20세기 한국근대소설의 출발점으로 내세워 1910년대로 보는 것이 일반적이다. 무엇보다 근대소설들은 이 시대를 설명하는 가장 좋은 문화매체라고 할 수 있다. 즉, 근대소설은 주로 일제 강점기의 소설을 의미하는데 특히 1920~30년대는 외국인들이 이 땅에 들어오면서 근대화의 물결이 시작되고 봉건적인 전통질서가 서로 조정을 하던 시기이다. 일제의 식민정책과 근대화의 담론이 이루어지던 시기로 규정하며 이 시기의 소설은 다양한 가치를 복합적으로 내포하고 있다고 여겨진다. 특히 소설들이 내포하는 다양한 가치 중에서도 음식이라는 기호는 흥미롭다. 그동안 음식은 단순히 영양과 건강이라는 양생의 관점에서 주로 다루어 온 경향이 있다. 근대의 소설 속 음식을 통해 근대음식문화를 살펴보고 이를 한국의 현대에 재조명해 보는 것도 의미가 있다. 또한 언어로 쓰여 진 소설에서 제시되는 음식은 시대의 실마리를 푸는 기호 즉 상징으로 작용할 수 있다. 즉, 소설에서 음식은 단순히 생리적인 본능을 해결하는 물리적인 실체가 아니라 관계성을 드러내거나 소통을 위한 그 사회를 설명하는 매개체로 작용할 수 있기 때문이다.

한편 한국 근대소설의 특징은 전통적인 소설양식과 서구소설의 영향이 교차되어 나타나게 된다. 개화기에 들어서면서 기독교에 의한 성경이나 찬송가가 보급되고 새로운 교육제도가 도입되고 저널리즘의 발전 등은 이 시대의 새로운 문학작품을 탄생시키고 새로운 독자층 형성에 결정적인 영향을 미치게 된다. 또한 이 시대의 새로운 독자층의 형성은 새로운 시대의 양상이었다.

231

그래서 본고에서는 소설을 포함하는 근대 문학을 텍스트로 삼되 특히 이 시대를 대표하는 두 작가인 이상과 심훈의 문학작품에 나타난 삶의 가장 기본이 되는 음식이야기를 다루어 보았다. 그런데 이 두 작가는 음식에 대한 언급을 특별히 많이 하고 있지는 않다. 예를 들어 비슷한 시기의 백석 같은 작가는 그의 시 자체가 음식을 테마로 할 만큼 중요한 위치를 점하고 백석시 연구는 대부분 음식에 대해 언급하고 있다.

다양한 근대 문학 중에서도 특히 이 시대를 살아간 대조적인 두 소설가인 심훈과 이상의 작품을 통해 근대의 음식문화를 살펴보는 것은 흥미롭다. 우리가 익히 알고 있는 심훈(1901-1936)과 이상(1910-1937)은 바로 근대라는 비슷한 시대를 산 작가들이다. 그들이 온 몸으로 살아낸 시대는 바로 근대기로 구분되는 우리나라의 전환기로 개항과 더불어 새로운 문물이 이 땅에 들어 온 이후 시기부터 일제 강점기를 포함한다. 심훈과 이상은 이러한 격변기를 살아 낸 지식인 소설가이지만 그들의 삶이나 추구하는 신념은 확연히 구분되어 문학적으로 서로 다른 길을 갔고 다른 평가를 받고 있다고 생각된다. 그래서 이 두 작가의 작품을 통해 근대기 음식문화를 비교해 보는 것은 근대 한국 음식문화를 이해하는데 도움이 되는 작업이 될 것이라 판단했기 때문이다.

근대문학과 음식문화에 대한 이해

이상과 심훈의 작품을 통한 근대음식문화를 이해하기 위해서는 근대가 시작되면서 음식에 일어난 중요한 변화를 이해하여야 한다. 근대 음식문화에 대한 이해에서 중요한 것은 근대라는 시대에 대한 이해이다. 첫째, 무엇보다 이 시대에는 다양한 서양문물이 들어오면서 음식문화가 교류되고 다양해졌다는 사실이다. 그러면서도 둘째, 이 시대는 일제 강점기로서 어느 시대보다도 궁핍한 식생활을 하고 있었다는 점이다. 셋째, 이 시대에는 외국문물이 들어오지만 한편 민족 고유의 정서로서 음식문화는 그대로 유지되면서 우리 민족의 삶의 정서를 대변한다는 점이다. 넷째, 음식이 인간의 원초적인 욕망에 부응하면서 생명력이나 사랑에 대한 갈망의 표현물로 등장한다는 사실이다. 다섯째, 공동체와 민족적 유대감을 회복하기 위한 시도로서 음식이 작용하느냐는 점이다. 이러한 관점에서 이상과 심훈의 작품 속 음식을 보고 이를 통해 복잡하고 다양했던 근대시기 음식문화를 이해하는 단초를 찾을 수 있으리라고 본다.

그런데 근대의 음식을 보는 시선은 다양하다. 음식의 과학적 사실과 문화적 측면까지 음식학자의 눈으로 근대의 가장 모던한 두 작가인 심훈과 이상의 작품을 통해 근대음식문화를 있는 그대로 그려보고자 하였다. 단지 근대를 이해하는 하나의 방식으로 그들이 음식에 대한 생각을 찾아서 살펴보고 근대 음식문화의 한 단면을 살펴보고자 한다. 특히 심훈의 『상록수』는 조금 다른 관점으로 살펴보았는데 그의 작품에 나타난 음식으로 그 시대에 음식상을 통한 문화 콘텐츠를 구성하는 작업을 해보았고 이를 소개하고자 한다. 이를 통해 다양한 근대의 음식문화에 대한 담론들이 생겨나기를 바란다.

1. 이상의 작품에 나타난 음식미학, 1920-30년대의 음식담론

본고에서 테마로 삼는 이상(1910-1937)은 근대를 대표하는 시인이자 소설가였으며 건축설계와 미술에도 뛰어난 재주가 있었다고 한다. 본명은 김해경으로 알려져 있으며 1929년 경성고등공업학교 건축과를 졸업하였다. 그 해 총독부 내무국 건축과 기사로 근무하다가 1933년에는 각혈로 기사의 직을 버리게 된다.

이상이 살았던 지금의 서울인 경성에는 소위 모던 보이들이 생겨나고 서구문화의 상징인 커피가 유행하고 다방이 곳곳에 있었다. 커피를 무척이나 좋아하고 즐겼던 이상 자신도 이 당시 통인동에서 제비라는 다방까지 운영했다. 다방 '제비'는 이상이 폐결핵 요양 차 황해도 배천 온천에 갔다 만난 금홍을 마담으로 앉히고 경영한 30년대의 모더니스트들이 모이는 장소였다고 한다. 그러나 경영은 쉽지 않아 제대로 차도 갖춰 놓지 못하고 금홍이 떠나면서 그 뒤 1935년 다방을 폐업하고 카페 '쓰루(鶴)', 다방 '무기(麥)' 등을 개업하였으나 경영에는 실패하였다. 이후에도 이상은 계속 다방을 개업했다가 닫았다를 반복하였다. 이상은 커피를 좋아했으며 서구문물의 취향을 가진 사람이었다. 이후 변동림과 혼인한 뒤 곧 일본 동경으로 건너갔으나 1937년 사상불온혐의로 구속되었다. 이로 인하여 건강이 더욱 악화되어 그 해 4월 동경대학 부속병원에서 젊은 나이에 사망하였다.

이상의 작품은 예전이나 지금이나 가장 많은 사람들의 연구대상이다. 현재도 많은 사람들이 이상의 작품을 분석하고 해석하고 이를 엮어 책으로 내놓은 사람들이 많다. 심지어 가수이자 화가인 조영남도 이상의 작품 중 시를 해석한 책을 내어 놓았다. 만 27세에 세상을 떠난 이상, 그의 작품을 연구하는 사람들은 현대에도 이렇게 많다. 필자 또한 그의 작품 속에 등장하는 음식이야기를 해석해보고 분석하고자 한다. 이상은 그 자체로도 근대문화의 하나의 상징이었으므로 그가 음식에 대해 생각한 것은 무엇이며, 이를 통해 이 시대의 근대의 음식문화를 설명하는 실마리를 잡겠다는 생각에서였다.

이상은 그의 시와 수필 그리고 소설 속에서 음식에 대한 이야기를 다양하게 풀어놓는다.

굿바이. 그대는 이따금 그대가 제일 싫어하는 飮食(음식)을 貪食(탐식)하는 아이러니를 實踐(실천)해 보는 것도 좋을 것 같소. 위트와 패러독스와,...

이상. 권영민책임편집, 이상소설전집 중 「날개」. 세계문학전집300. 민음사, 2012.84쪽

나는 우선 배가 고팠다. 한 숟갈을 입에 넣었을 때 그 촉감은 참 너무도 냉회와 같이 써늘하였다.

이상. 권영민책임편집, 이상소설전집 중 「날개」. 세계문학전집300. 민음사, 2012. 91쪽

이상의 「날개」의 프롤로그에 '제일 싫어하는 음식을 탐식하는 아이러니를 실천해 보라는 글이 나온다. 제일 싫어하는 음식을 탐식하는 것은 주체와 타자, 시각과 촉각을 종합하는 날개의 인식론이자 소통방식이다. 다시 말해 싫어하는 음식을 탐식하는 것은 주인공이 경성역 티룸에서 '잘 끓인 커피'를 마신 일과는 대비되지만, 아달린을 꺼내 여섯 알을 먹어버린 일과는 상통한다는 것이다. '향기로운 MJB의 미각(산촌여정)을 그리워하는 것에서도 알 수 있듯이 커피는 '주인공의 중요한 기호'이지만 싫어하는 음식을 탐식을 해 봄으로서 가장 확실하게 실체에 접근해 보라는 것이다. 즉, 이상은 이런 방식으로 그의 작품 곳곳에서 음식을 하나의 상징으로서 등장시키고 있음을 볼 수 있다. 또한 배가 고파서 밥을 먹었지만 아내가 냉대 속에 차려준 밥이라 그런지 그는 이 촉감을 냉회와 같다고 표현하고 있다. 그래서 음식의 비유를 통하여 끊임없이 자신의 내밀한 욕망을 이야기하고 있음을 관찰할 수 있다.

이상의 시에서도 음식을 하나의 상징기호로 상징한 구절을 만날 수 있다. 즉, 「오감도1. 얼굴」이라는 시가 있는데 여기에서 '배고픈 얼굴을 본다'라는 구절이 있다. 이를 시인 자신의 얼굴이라고 하기도 하는데 가난해서 궁핍한 얼굴이라기보다는 고민하는 얼굴이라는 것이다. 또한 '건축무한육면각체'라는 시에는 설탕도 등장한다. 파랑잉크가엎질러진각설탕이삼륜차에적하된다는 것이다. 그러면서 정육설탕(각설탕을 칭함)이라는 구절도 「선에 관한 각서 4」에 등장한다. 그는 여러 이미지를 설명함에 있어서 음식을 많이 차용하고 있음을 볼 수 있다. 또 다른 흥미로운 시도 있다. 「금제」라는 시에는 "내가치던개狗는튼튼하대서모조리실험동물로공양되고그중에비타민E를지닌개는學究(학구)의未及(미급)과 생물다운질투로해서박사에게흠씬얻어맞는다."라는 구절이 나온다. 이미 이 시대에 비타민E가 보편적인 지식이었던 모양으로 이 시를 통해서 근대시기의 영양소지식이 어느 정도였는지를 이해하는 재미도 있다. 그런데 「수염」이라는 시에는 홍당무라는 아무 설명 없는 한 줄이 등장한다. 당근이라는 말보다도 더

일반적으로 홍당무가 쓰였을까 하는 생각을 하게 하지만 아무 의미 없는 홍당무가 무엇을 의미하는지 아무것도 짐작할 수가 없다.

다음은 그의 수필 곳곳에 등장하는 다양한 음식명을 볼 수 있는 글들을 모아보았다. 이를 통해 그 시대의 식생활의 다양한 모습을 알아낼 수도 있다고 보인다. 예를 들어 그의 글에서 보면 이 당시에 밀가루 빵이 아닌 쌀로 만든 현미빵이 있었으며 난찌, 칼피스, 아지노모도, 간쓰메(통조림), 맥주, 붕어과자, 장국밥 또한 흔한 흰떡과 과 지짐이도 등장하고 있다.

"점심시간에 현미빵을 교내에서 팔아 그것으로 학비를 댔다고 하는데, 후에 오빠가 다방 같은 장사를 시작한 것도 아마 이때부터 싹튼 돈에 대한 집념 때문이 아닌가 생각됩니다."

"서양식 레스토랑에서 먹는 '난찌'와 청량음료 '칼피스'와 경성의 여염집에서 요리할 때 쓰던 조미료 '아지노모도'"

"이상은 금홍에게 맥주와 붕어과자와 장국밥을 사먹이며…"

그리고 누깔사탕도 나오는데 이상은 이보다는 댕구알이라는 표현이 더 좋다고 하고 있다.

"또 누깔사탕을 댕구알이라고들 그립니다. 누깔사탕의 깜쯕스럽고 無味(무미)한 語感(어감)에하야 댕구알이 풍기는……. "

'노서아빵의 등어리'라는 표현에서도 이 당시에 등 부분이 거무죽죽하고 단단한 노서아 빵이 있었음을 알 수 있다. 그리고 크림, 아이스크림, 카스텔라, 산양유 등과 같은 서양음식들도 등장한다. 또 '야채 사라다'라는 말도 등장하는데 이미 이 시대에 서양음식이 들어와 있음을 알려주고 마스파라가스는 아스파라가스의 오타로 보이지만 수필 속에 등장하고 있다.

"『간쓰메』어렌지, 여주, 당콩, 호박넝클, 露西亞(노서아) 빵의등어리, 葡萄酒(포도주), 힌떡, 지짐이만부첫다."

"野菜(야채)사라다에노히는 『마스파라가스』"

"크림을 타먹으면 구보씨가 그랬다 -쥐오줌내가 난다고, "

"아이스크림, 카스텔라와 산양유(山羊乳)를 책보에 싸가지고 왔다."

그리고 청요릿집에 들러 배갈을 마시고 또한 목노를 들렀다고 하는데 이 당시의 흔했던 것이 목로주점이었음을 확인하게 해 주는 대목이다.

"그러더니 이상은 '배갈한잔 하세'하더니 우리가 그 때 도스또예프스키집이라고 부르던 대한문(大韓門)앞 누추한 청요리집으로 나를 끌고 들어갔다"

"개ㅅ가에서 한집목노를들넛다. 손이없다. 무명조개껍질이너덧 석시놓인 火爐(화로)가에 헤뜨려저있을뿐..."

이상의 수필에는 구첩반상이라는 표현이 나온다. '반찬이 열 가지나 되는데' 라고 하면서 이를 10첩 반상이라고 표현하지 않고 구첩반상이라고 표현하고 있다. 아마 그 당시 민가의 최고 밥상이 구첩반상이라는 표현으로 회자되었음을 알 수 있고 그는 이러한 한식 상차림을 좋아하고 있음을 알 수 있다.

"밥상이 들어왔습니다. 반찬이 열가지나 되는데 풋고추로 만든 것이 다섯가지-내 마음에 꼭 들었습니다. 여관 주인아주머니가 오더니 찬은 없지만 많이 먹으라고 그러기에 구첩반상이 찬이 없으면 찬 있는 반찬은 그럼 찬을 몇가지나 놓아야 되는냐고 그랬더니 가짓수는 많지만 입에 맞지 않을거이라고 그러면서 여전히 많이 먹으라고 그러기에 아주머니는 공연히 천만에 말씀이라고 그랬더니 그렇지만 소고기만은 서울서 얻어먹기 어려운 것이라고 그러기에 서울서도 소고기는 팔아도 경찰서에서 구지럼하지 않는다고 않는다고 그랬더니 그런게 아니라 송아지고기가 어디잇겟냐고 그럽니다. 나는 상에 놓인 송아지고기를 다먹은 뒤에 냉수를 청하였더니..."

이상. 권영민책임편집, 이상소설전집 중 「지팡이 역시」. 세계문학전집300. 민음사, 2012. 49쪽

이상의 소설과 수필에는 소오다, 코코아, 카스텔라, 아이스크림 초코레이트, 카라멜, 리그레 추윙껌 등 이 시대에 들어 온 서양식품들이 눈에 띤다. 또한 칼피스도 등장

하는데 이는 비슷한 시기의 소설가인 박태원이 1934년에 발표한 '소설가 구보씨의 일일'에도 등장한다. 즉, 칼피스 같은 음료는 패션을 통해 자신을 구별짓는 당대의 한 욕망을 상징하는데 이상의 작품에서도 커피를 비롯한 서양문화의 대표적인 상징이라고 할 수 있는 코코아, 아이스크림, 초코레이트, 카라멜 추잉껌 등이 심심치 않게 나온다.

또한 일제 강점기였던 만큼 일본식 채소장아찌인 후꾸진스께, 아지노모도 심지어 왜떡이라는 표현도 나오는 것으로 보아 실제로 일제 음식들을 많이 접하고 먹었던 것으로 생각된다. 일본 음식뿐만 아니라 아스파라가스같은 서양 채소와 과일은 물론이고 조선과일이라고 보기 어려운 오렌지, 바나나 등도 심심치 않게 그의 글에서 만날 수 있다.

> "변동림이 이상의 귀에 대고 속삭였다.
> "무얼 먹고 싶어?"
> 그걸 듣고 이상이 대답했다.
> "센비키야(千匹屋)의 멜론."
> 변동림은 이상의 가느다란 목소리를 알아듣고 멜론을 사러 밖으로 나섰다. 변동림이 센비키야 농원에서 나오는 멜론을 사갖고 들어와서 깎았다. 이상은 그 향기를 맡은 듯 편안한 표정으로 미소를 지었다. 그러나 변동림이 깎아 내민 멜론 한 조각을 받아넘기지 못했다. 그것뿐이다."

장석주, 「이상-시작을 위한 에필로그」, 『이상과 모던뽀이들』, 현암사, 2011년, 350쪽

실제로 그가 27세의 젊은 나이로 죽어가면서 먹고 싶어 한 것도 다름 아닌 멜론이었다. 그것도 센비키야 농원의 멜론이라고 그의 아내 변동림은 추억하고 있다. 그러니까 이상은 모던 보이라는 말답게 이 당시 근대의 산물인 커피, 홍차, 코코아같은 서양음료와 서양과자, 그리고 서양과일들에 대한 기호를 가지고 있었던 것이다.

그런데 일반적으로 이상이 가진 음식에 대한 근대적 취향과는 다른 내용을 볼 수 있다. 이상의 수필 중에는 「어리석은 석반(夕飯)」이 있다. 그 내용을 일부 옮겨보면 다음과 같다.

"滿腹(만복)의 狀態(상태)는 거의 苦痛(고통)에 가깝다. 나는 마늘과 닭고기를 먹었다.
또 어디까지나 사람을 無視(무시)하는 후꾸진쓰께(福神漬) 와 지우개 고무 같은 豆腐(두
부)와 고추 가루가 들어 있지 않는 뎃도마수같은 배추 조린 것과 짜다는 것 以外(이외) 아
무 味覺(미각)도 느낄 수 없는 熟卵(숙란)을 먹었다. 모든 반찬이 짜기만 하다. 이것은 이
미 여러 가지 外形(외형)을 한 소금의 類族(류족, '동류의 족속'이란 뜻으로 소금으로부터
나온 동일한 무리를 말함)에 지나지 않는다. 이건 바로 生命(생명)을 維持(유지)하는 데
目的(목적)을 두고 있는 完全(완전)한 快適(쾌적) 行爲(행위)이다. 나는 이런 食事(식사)
를 이젠 벌써 尊敬之念(존경지념)까지 품고서 對(대)하는 것이다."

김주현 주해, 「어리석은 夕飯」, 『정본 이상문학전집 3』, 소명출판, 2009년, 173쪽

일본 음식에 대한 혐오와 더불어 물질적인 굶주림에 속수무책인 자신에 대한 자조
적인 내용이다. 즉, '어리석은 석반' 이란 제목에서 추측되듯이 짜기만 하고 어쩔 수
없이 선택할 수밖에 없는 어리석은 저녁밥이라는 의미지만 그것이 생명을 유지하
기 위해 필수적이라고 할 수 없이 인정한다. 사실 예민한 미각으로 늘 힘들었던 이
상 그도 음식을 먹고 생명을 유지할 수밖에 없는 세속적인 인간임을 고백하고 있
다. 그러니 살기 위해 먹을 수밖에 없는 음식을 이제는 존경지심까지 가지고 대한
다는 것이다. 생리적인 것을 해결해야 살 수 있는 인간의 나약함을 표현하고 있다
고 봐도 될까?

"청등호박이 열렸습니다 호박꼬자리에 무시루떡 — 그훅ㅅ끼치는 구수한김에 조차서 曾
祖(증조)할아버지의 시골뚜기亡靈(망령)들은 正月初(정월초)하룻날 寒食(한식)날 오시는
것입니다. 그러나 저 國家百年(국가백면)의 基盤(기반)을 생각게하는 넓적하고도 묵직
한 安定感(안정감)과 沈着(침착)한 色彩(색채)는 『럭비』球(구)를 안고뛰는 이 『제너레슌』
의젊은 勇士(용사)의 굵직한팔둑을 기다리는것도 갓습니다."

김주현 주해, 「山村餘情」, 『정본 이상문학전집 3』, 소명출판, 2009년, 51쪽

무시루떡 끼치는 시골뚜기 뛰는 등과 같은 단어의 복자음 ㅺ을 ㄲ으로 표기하였다
마눌장아찌와 날된장, 풋고추조림은 일상의 음식이었지만 매번 다르게 느낀다고 하
였다.

밥상에는 마늘장아찌와 날된장과 풋고추조림이 慣性(관성)의 法則(법칙)처럼노혀잇다. 그러나 먹을 때마다 이 飮食(음식)이 내입에 내혀에 달르다, 그러나 나는 그까닭을 說明(설명)할수업다.

김주현 주해, 「권태」, 『정본 이상문학전집 3』, 소명출판, 2009년, 127쪽

유자라는 과채 하나를 실 끝에 매달아 두고 보면서 그는 여러 가지 상념을 풀어 놓는다. 풍염한 미각이라는 그의 표현을 읽을 수 있다.

"유자가익으면 껍질이 벌어지면서 속이비저나옵니다. 흐를 따서 실끝헤매여서 에다가걸어 둡니다. 불밤울저 떨어지는 豐艶(풍염)한味覺(미각)밋헤서 鉛筆(연필)가치 (몸이마르고 파리함)하야가는 이몸에 조곰式조곰式 살이오르는 것갓습니다. 그러나 이 野菜(야채)도 果實(실과)도 아닌『유모리스』한 容積(용적)에...

"山蔘(산삼)이 풀어저흘으는시내징검다리우에는 白菜(백채)씨슨자최가 잇습니다. 풋김치의 淸新(청신)한味覺(미각)이 眼藥(안약)『스마일』을 연상식힘니다. 『고-아(코코아)』빗입설은 머루와다래로저젓습니다...

그런데 이렇게 근대의 서구적인 미각을 추구했던 이상이지만 마지막으로 그가 목말라하고 진정으로 먹고 싶어 한 음식이 무엇인가를 보여주는 글을 수필 「H 형에게 보낸 편지」에서 읽어 낼 수 있다.

"正直(정직)하게 살겠습니다. 孤獨(고독)과 싸우며 오직 그것만을 생각하며 있습니다. 오늘은 陰曆(음력)으로 除夜(제야)입니다. 빈자떡, 수정과, 약주, 너비아니, 이 모든 飢渴(기갈)의 鄕愁(향수)가 저를 못살게 굽니다. 生理的(생리적)입니다. 이길 수가 없습니다."

김주현 주해, 「H형에게 보낸 편지」, 『정본 이상문학전집 3』, 소명출판, 2009년, 58쪽

결국 이상이 고독한 제야의 밤에 그토록 먹고 싶어 한 음식은 커피가 아닌 유년의 시절 섣달 명절이면 먹었을 빈자떡, 수정과, 너비아니였으며 술도 그 당시 유행했던 비어(맥주)나 양주가 아닌 우리의 전통 약주였던 것으로 고백하고 있다. 그는 가까운 형에게 보낸 편지에서 한식에 대한 갈망을 생리적인 욕구로 표현하며 그가 이길 수

가 없는 정도라고까지 고백하고 있다.

마지막으로 이상의 밥상을 한 번 차려보자. 한때 이상이 경영했던 제비다방의 통인동 가게 터는 이제 이상의 집으로 운영되고 있다. 이곳에서 2012년 9월에 (재)아름지기 후원으로 이상의 밤 추모행사가 열렸다. 이상이 제야의 밤에 그토록 갈망했던 음식으로 초혼상도 차리고 이상의 글에 등장하는 초코렛이나 누깔사탕. 커피를 나누어 먹으면서 이상을 생각해 보는 시간을 가졌다. 또한 이날 행사의 저녁으로는 이상의 수필인 「어리석은 석반」에 등장하는 음식 위주로 현대에 맞게 재구성해 본 도시락이 제공되었다. 이날 모인 사람들은 이상의 삶을 새삼 생각하면서 이상과 함께 그의 수필 속 음식을 먹는 체험을 한 셈이다.

'어리석은 석반'에 등장하는 밥, 후꾸진스께, 배추조림, 숙란으로 구성해본 도시락

2.『상록수』의 음식이야기

『상록수』는 일제 강점기인 1935년에 쓰여진 농촌 계몽소설로 중장년층 대부분이 기억하는 한국의 대표 소설이다.『상록수』는 발표된 당시에도 영향을 받은 많은 젊은이들이 농촌으로 들어가 계몽운동을 하였지만 그 이후에도 많은 젊은이들에게 농촌 활동의 꿈을 갖게 한 소설이다. 교과서에도 실렸고 오늘날에도 읽히고 있는 소설 중 하나이다. 1981년에는 일본에서도 이 책이 출판되어 좋은 반응을 얻기까지 하였다. 지금도 가끔 이 책을 든 일본인들이『상록수』의 배경이 되는 충남 당진에 찾아온다고 한다.

『상록수』는 당시 풍조였던 '브나로드 운동'을 실천한 소설이다. 즉, '브나로드는 '민중 속으로'를 표방하며 19세기 후반 러시아에서 일어난 농촌계몽운동을 뜻하는 말로 지식계층이 민중계몽을 위해 농촌으로 파고들었을 때에 '브나로드'를 슬로건으로 내세웠다. 1930년대 우리나라에서도 널리 유행한 풍조였다.

『상록수』는 '박동혁'과 '채영신'이라는 젊은 두 청년의 '계몽운동'과 '사랑'에 대한 이야기로 두 주인공은 문화운동으로서의 농촌운동을 극복하고 경제운동으로서 농촌운동을 펼쳐야 함을 주장한다. 그 당시 농촌에 만연했던 고리대금업을 금지하고 농지령을 개혁해야 하며 반상철폐와 관혼상제의 비용 절약 등을 주장한다. 그 후 1970년대까지도 우리나라의 농촌은 문제가 많았기 때문에 많은 젊은이들이 농촌운동을 하게 된 계기를 만든 소설이기도 하다. 그래서『상록수』는 모두의 마음속에 각인되어 있는 농촌을 대상으로 한 아름다운 소설로 생각된다.

이렇게 많은 의미를 갖고 있는 우리의 대표 소설이라고 할 수 있는『상록수』를 다른 측면에서 보려고 한다. 현재 일본인들까지 읽고 당진을 찾아오게 만드는 소설『상록수』를 하나의 콘텐츠로 삼아 음식이야기를 해 보고 또 이를 통해 '상록수 밥상'을 발굴해 보려 하는 것이다. 사실 소설 중의 음식이야기와 상상력만을 가지고 스토리 밥상을 발굴한다는 것은 위험한 작업일 수 있다. 그러나 수많은 향토음식이 존재하지만 오히려 특색이 없고 비슷한 음식축제가 전국적으로 이루어지는 상황에서 새로운 지역음식의 발굴이라는 측면에서도 충분히 이 작업은 의미가 있을 것이다. 그래서『상록수』의 저자인 심훈의 고장, 충남 당진을 모태로 한 '상록수 밥상' 발굴이야기도 함께 다룬다.

241

심훈(1901년~1936년)과 소설『상록수』

심훈은 농촌계몽소설인『상록수』를 쓴 소설가이면서 영화인으로 본명은 대섭(大燮)이다. 경성제일고보 재학 시에 3·1운동에 참가하여 4개월간 복역하고 출옥 후 상하이로 가서 대학을 다녔다. 그 후 1923년부터 기자생활을 하면서 시와 소설을 쓰기 시작했다. 1926년 동아일보에 영화소설 '탈춤'을 연재한 것이 계기가 되어 영화를 만들기도 하고 그 후 신문에 다양한 소설을 연재하였다. 그러다가 1935년에는 농촌계몽소설『상록수』가 동아일보 창간 15주년기념 현상소설에 당선되면서 크게 각광을 받았다.

소설가 심훈(1901-1936)은 35년이라는 짧은 생애 동안 일제 식민지시기에 문화계 전반에 걸쳐 활동한 인물이었다. 100여 편이 넘는 시를 쓴 시인이며 〈먼동이 틀 때〉를 감독한 영화감독이기도 했으며『직녀성』,『상록수』등의 작가이며 올곧은 소리를 해서 거듭 해직당한 신문기자이기도 했다. 짧은 생애 동안의 이러한 문화계의 전반에서 활동한 문화계의 대표 인물이었고 소설가로서의 활동은 오히려 일부분이었다. 심훈의 이러한 다양한 이력을 염두에 두고 보면『상록수』는 더욱 새롭게 읽힌다.

심훈은 1932년 서울 생활을 청산하고 그의 아버지가 살고 있는 당진으로 내려와 필경사라는 이름의 집을 직접 설계하여 짓게 된다. 지금 필경사는 충청남도기념물 제107호로 지정되어 있고 당진군에서 소유 및 관리하고 있다. 소설가이자 영화인인 심훈의 문학 산실이었던 집으로, 대지 661㎡에 건평 62㎡(18.7평)인 아담한 팔작지붕의 목조건물이다.

1934년 심훈이 직접 설계해 지은 필경사와 3.1운동 무렵의 심훈

『상록수』 속 음식 이야기

『상록수』에 대한 그간의 평가는 당대의 브나로드 운동과 연계한 농민문학 범주 속에서 주로 이루어져 왔다. 『상록수』는 1930년대 중반 이광수의 〈흙〉과 이기영의 〈고향〉등에서 제기한 민족주의와 계급주의라는 이념을 극복해야하는 과제에서 출발한 소설이다. 그러나 주인공 박동혁의 농촌계몽 운동은 긍정적인 평가와 부정적인 평가를 동시에 받기도 하였다. 즉 『상록수』가 농민문학의 선구적인 작품이라는 긍정적인 평가를 받게 하면서도, 주인공의 시혜적인 자세와 농민계몽의 의지가 낭만적인 형태를 띠고 있다는 점에서 인해 부정적인 평가를 받기도 한다. 어쨌든 『상록수』는 뚜렷한 목적을 가지고 쓴 계몽소설이면서도 대중적 호응을 작품 속에 담고 있다는 점에서 뛰어나다.

여기서는 『상록수』의 이러한 소설적인 관점을 벗어버리고 『상록수』에 등장하는 음식을 통해 새로운 음식문화 읽기를 시도해 보자.

먼저, 이 시기에 서양음식으로 '라이스카레'와 '오믈렛'이 등장하고 유성기, 오케스트라 같은 서양문화를 즐기고 있었음을 알 수 있다. 또한 일본 음식인 '미소시루'와 '다꾸앙'도 이미 기숙사의 일상음식으로 등장하고 있다.

243

"유성기를 틀어 오케스트라를 반주 삼으며, 여러 사람은 영신이가 만든 라이스카레와 오믈렛 같은 양식을 먹으면서 이야기판이 벌어졌다".

"통배추김치에 된장찌개를 보니, 영신은 눈이 버언해져서 저도 모르는 겨를에 일어나 앉았다. 보기만 해도 입에 침이 고여서, 기숙사 식탁에 허구한 날 놓이는 미소시루 (된장국) 와 다꾸앙쪽을 생각하였다. 영신은 이야기도 못 하고, 위장에 밴 고향의 음식을 걸터듬해서 먹었다."

심훈 저, 『상록수』, 서울:문학사상사, 1996(이하 같음)

과일로는 참외나 수박이 등장하고 황률이나 대추도 등장하지만 도토리조차 고픈 배를 채우는 간식의 역할을 하였다.

"몇 사람은 밭으로 내려가서, 단내가 물큰하고 코를 찌르는 참외나, 한 아름이나 되는 수박을 둥둥 두드려 보고는 꼭지를 비틀어서 이빨이 저리도록 찬 샘물에다가 흠씬 담가 두거든요."

"...황률이나 대추 같은 것을 슬그머니 손에 쥐어 주고는 부끄러워서 꼬리가 빠질 듯이 달아나던 그 정든 아이들... 하면서도 영신은 어린애의 정을 물리칠 수가 없어서, "왜콩이나 밤톨이거니"하고 만져 보지도 않고 가저 재킷을 벗어 거는데 방바닥으로 우르르 쏟아지는 것을 보니 껍질을 말끔 깐 도토리였다. 영신은 떫어서 먹지도 못하는 그 도토리를...."

『상록수』에는 농촌을 배경으로 한 소설답게 많은 나물 등이 등장하고 있다. 참죽나무, 갯줄나물, 짠지 등이 반찬으로 등장하고 있다. 이 시대에 주로 먹었던 나물찬이었다. 새우, 준치. 숭어도 증장하고 거기다 사정이 좀 나아지면 새우가 들어간 충청도식 지짐이가 등장한다.

"참죽나무에 순이 나는 걸 보니깐 못자리 할 때두 지났는데...."
"장물을 찔금 친 갯줄나물과 짠지쪽이 반찬이다."
"해변에서 새우를 잡아 말리고 준치나 숭어를 잡는 철이 되면, 막살이를 나오는 술장수에게 빌려 주는 오막살이의 방 한 간을 빌렸다."

"그들의 점심은 쌀을 양념처럼 둔 보리밥이나, 조가 반 넘어 섞인 덩어리를 짠지쪽과 고추장만으로 먹는다. 그 중에서는 돌나물 김치에 마른 새우를 넣고, 지짐이(국물이 적고 짭짤하게 끓인 음식물. 국물이 찌개보다는 적고 조림보다는 많게 한 것임)처럼 끓인 동혁이 형제의 반찬이 상찬(매우 좋은 반찬)이다."

술도 빼 놓을 수 없는 농촌 풍경이라 술에 관한 이야기가 많이 등장한다. 막걸리가 가장 일반적이었던 술로 수수막걸리가 등장한다. 약물과 누룩국물이라는 표현도 나오는데 이는 약주인 청주와 밑에 가라앉은 막걸리를 지칭하는 것으로 보인다. 그리고 이때에도 술 담그는 것은 금지되어 있었지만 집집마다 밀주를 담근 것을 알 수 있다. 말라빠진 굴비, 낙지대가리, 마늘장아찌가 일상적인 안주였지만 고급안주로 어란과 육포도 등장하고 있어 다양한 식생활을 했음을 알 수 있다.

"건달패와 논다니들이 어우러져서 약물이 아닌 누룩 국물을 마시고 그 심부름을 하는 모양이다. 동혁은 다른 사람이 하는 대로 돈 십 전을 주고, 약물 한 주전자와 억지로 떠맡기는 말라 빠진 굴비 한 마리를 샀다. …더위에 들볶이던 오장은 탄산수를 마신 것처럼 쏴아 하고 씻겨 내려가는 것 같은데…"

"하고 뚝배기를 집어 들고 돌아앉아 훌훌 마시더니 건더기까지 두매한짝(다섯 손가락을 일컫는 말) 으로 건져 먹는다. …어둑어둑할 때꺼정 일을 하려면 허기가 지니까, 막걸리라두 한 사발 마셔야 견디지 않겠어요?"

"내 의견 같애선 막걸리 같은 곡기(곡식으로 만든 끼니로서의 음식) 있는 술은 요기두 되구 취하지 않을 만큼 먹으면 흥분두 돼서 일도 훨씬 붙건만…. 혼인이나 환갑 같은 때는 더러 밀주(허가없이 담그는 술)들을 해먹는 모양입디다. "

"나도 농군들이 단꿀 빨듯 하는 걸 먹어야 한다구 머슴들이 두레를 놀던 이월 초하룻날은 지푸라기를 꽂아두 안 넘어가는 그 텁텁한 수수막걸리를 두 사발이나 들이켜군…."

"술이란 저의 집에서 사철 떨어뜨리지 않고 밀주를 해먹는, 보기만 해도 고리타분한 막걸리 웃국 (간장이나 술 등에서 담근 후 맨 처음으로 떠내는 진한 국) 이요, 안주라고는 언제 보아도 낙지 대가리 말린 것에 마늘장아찌뿐이다."

"전일과 똑같은 대중의 술상이 나왔다. 그러나 오늘은 어란과 육포 조각까지 곁들여 내온 것을 보니…"

"동혁은 커다란 주발 뚜껑으로 밥풀이 동동 뜬 노오란 전죽을 주르르 따랐다."

그 당시에 주로 먹었던 육류로는 닭이었고, 제사때는 가장 귀한 닭인 씨암탉까지 잡았다. 조금 형편이 나으면 계란으로 만든 수란 정도였다. 그러나 송아지를 잡는 풍습은 그 이전부터 있었다.

"우리 아버지 제사 때 잡으려는 씨암탉인데, 우리가 청석골 가면, 송아지 한 마리는 잡으셔야 합니다. 이게 미끼니까…"

"수란을 뜨고 닭고기를 볶고 해서 세 사람은 아침을 맛있게 먹었다. 영신은 밥상으로 달려드는 두 어린것에게 닭의 다리를 하나씩 물려주고는…"

"아침에 먹다 남긴 것인지 미역을 넣고 끓인 닭국에는 노란 기름이 동동 떴다. 건배의 밥은 보리 반 섞임인데, 새로 닦은 주발에 고슬고슬하게 퍼 담은 영신의 밥은 외씨("오이씨"의 준말) 같은 이밥이다."

"찬은 없지만, 들밥이 맛있겠길래 가지고 나왔어요" 하고 밥 보자기로 어깨에 흐른 국 국물을 닦는다."

하얀 쌀밥을 외씨 같은 하얀쌀밥이라고 표현하고 이밥과 통배추 김치 고기반찬은 늘 먹고 싶었던 음식이었다.

"아 그러구설랑 개상(타작하는데 쓰던 농기구의 한 종류)을 놓고 바심(타작)을 한 뒤에 방아를 찧어서 외씨 같은 하얀 쌀밥을 지어 놓고 통배추 김치에....."
"이따금 우릴 청해서 그 집엘 가는 날이면 이밥에 고기반찬에 한턱 잘 먹어서 소복(병이 나은 뒤에 전과 같이 원기가 회복되거나 회복되게 하는 것)을 단단히 하고 나오는데, 저 동화하고 아주 옹추(늘 밉고 싫은 사람) 거든요. 술만 먹으면...."

소설『상록수』가 무대가 된 그 당시 어려웠던 농촌의 생활상은 여러 곳에서 만날 수 있다. 이미 근대기로 비타민과 같은 영양학적 지식이 보급되고 있었지만 농민들은 그러한 영양학적 설이 적용되지 않는다고 하고 있다. 오히려 칡뿌리나 나무껍질 등을 먹고도 살아남았음을 말한다.

"친목계원들이 춘잠을 쳐서 한 장치에 열너댓 말씩이나 땄건만, 고치금이 사뭇 떨어져서 예산한 금액까지 되려면 어림도 없다. 닭도 집집마다 개량식으로 쳤지만 모이를 사서 먹인 것과 레그혼 같은 서양 종자의 어미닭 값을 따지고 보면 계란값과 비겨 떨어진다."
"촌가로 찾아 들어가면 보리밥 한술이야 얻어먹을 수가 없는 것은 아니건만 굶으면 굶었지 비렁뱅이처럼........하고는 영신의 다리 팔을 주물러 주고, 더위를 먹었다고 영신환을 얻어다 먹이고 하였다."
"제가 밥상 앞에서 눈을 내리감고 기도를 올릴 때면 곁에서 일부러 헛기침을 칵칵 하기, 김이 무럭무럭 나는 찌개 냄비를 코밑에다 들이대기가 일쑤다."
"숨이 가쁜 듯 벽에 가 기대어 쌔근쌔근하며 한참이나 대물뿌리만 잘강잘강 씹다가"
"우리 농민들의 육체는 비타민 A가 어떠니 B가 어떠니 하는 현대의 영양학설은 당최 적용되지 않는데, 그래두 곧잘 살거든요, 그렇구 말구요, 칡뿌리를 캐거나 나무껍질을 벗겨 먹구두 사는 수가 용하지요...."

또한 『상록수』에서는 부잣집에서 벌리는 잔치상이 교자상이었음을 보여주는데 이미 이 시대에 교장상이 보편화되었음을 알 수 있다. 반면, 머슴이나 소작인들의 밥상이란 어려기만 한 시절이었음을 보여준다. 읍내에서는 자동차를 타고 다니고 교자상이 차려지지만 농촌의 머슴들은 겨우 콩나물과 북어, 두부를 넣은 찌개와 고명도 없는 밀국수를 먹는다고 하여 다 같이 어려운 시절임에도 음식에서는 계층차이가 컸음을 보여준다.

"교자상이 몇몇이 나와서, 주전자를 든 아이들은 손님 사이를 간신히 비비고 다닌다. 읍내서 자동차로 사랑 놀음에...."

"머슴들은 바깥마당에다가 멍석을 쭈욱 폈다. 막걸리가 동이로 나오는데 안에서는 고기 굽는 냄새가 코를 찌르건만, 그네들의 안주는 콩나물에 북어와 두부를 썰어 넣고 멀겋게 끓인 지짐이와, 시루떡 부스러기 뿐이다. 그러나 그것도 매방앗간에, 지난밤부터 진을 치고 있던 장타령꾼들이 수십 명이나 와르르 달려들어 아귀다툼을 해 가며 음식을 집어 들고...."

"조금 뒤에는 그 사발 대접을 부시지도 않고, 고명도 없는 밀국수에 국물을 찔끔찔끔 쳐 가지고 나와서는 그나마 두세 명에 한 그릇씩 안긴다"

명절은 많은 음식을 차리는 풍습이 있었지만 일제 강점기인 이 당시에는 사정이 매우 나빴으며 명절잔치의 상차림이 얼마나 빈곤했는지를 이를 통해 보여준다. 명절이라고 해도 인절미조차 충족하게 해 먹는 집이 없고 고기도 상해가는 돼지고기가 고작이었다고 한 어려운 실정이 이 일제강점기였음을 보여준다.

"명절이라 해도 계집아이들이 울긋불긋한 인조견 저고리 치마를 호사라고 입고 세배를 다닐 뿐, 흰떡 한 모태 (인절미나 흰떡 따위를 안반에 놓고 한 번에 칠 만한 떡의 분량을 나타내는 말) 해먹는 집이 없어...".

"그 날 저녁 동네의 육십 이상 된 노인이 있는 집에는 죽은 지 이틀이나 되어서 검푸르게 빛 변한 돼지고기가 두 근, 혹은 세근씩이나 세찬이란 명목으로 배달되었다. 복어 한 쾌 (북어 스무 마리를 한 단위로 세는 말) 못 사고 과세를 하는 그네들에게...".

"조석으로 한 숟가락씩 모은 쌀을 빻아 풋밤과 호박고지를 넣고 시루떡을 찌고, 그들이 손수 심고 거두어들인 햇팥과 콩으로 속을 넣어 송편을 빚는데, 금분이랑 창례랑 집 가까운 아이들이 모여 와서 한몫을 본다. 이 떡은...."

현대에 차려 본 심훈의 '상록수 밥상'

소설 『상록수』의 음식을 가지고 '상록수 밥상'을 만들어 보았다. 소설 속 음식분석에 그치지 말고 이를 활용해 새로운 콘텐츠 작업을 해보자는 시도에서 출발하였고 이를 통해 한식의 콘텐츠화 작업에도 기여해 보고 싶었다. 만족한 작업결과를 얻지는 못했지만 나름 의미를 찾을 수 있었고 이를 여기에 소개해 보고자 한다.

먼저 소설 『상록수』에 등장한 음식들을 살펴보니 '오믈렛' 같은 서양음식도 있었지만 대부분은 그 당시 농촌에서 즐겨 먹던 전통음식들로 이 당시 상황을 파악하는데 도움이 되었다. 이를 토대로 콘텐츠를 만들려다 보니 빈약하고 농촌 밥상이라 실용화가 어려운 밥상이라고 생각되었다. 즉, 『상록수』의 배경이 되는 일제 강점기의 식생활의 현실은 어렵고 비참한 시기를 보여주는 시절의 가난한 밥상이었기 때문이었다.

그러나 뒤집어 생각한다면 오늘날 먹을거리의 풍요로 인해 여러 가지 만성질환에 시달리고 있는 상황에서 '상록수 밥상'은 자연친화적이면서도 건강지향적인 밥상으로 재구성 될 수 있다는 생각을 하였다. 그래서 소설 『상록수』를 텍스트로 하되 여기에 등장하는 음식들로부터 '상록수밥상'의 이미지에 맞는 음식들을 선택하였고 이를 스토리로 만들었다.

이 과정에서 선택한 음식들은 '동부보리밥', '시루떡', '짠지', '가지된장구이', '도토리묵조림', '돌나물김치' 등이었다. 이는 자연 친화적이며 '건강 지향적인 이미지에도 잘 맞았다. 여기에다가 '박속 낙지탕'과 '젓갈류' 등과 같은 당진가까이의 해안지역의 지역적인 특징을 살린 음식들을 더 추가하여 보았다. 즉, '박속 낙지탕'은 특히 서해안에서 많이 잡히는 낙지와 연한 박속을 접목시킨 현재 이 지역에서 즐겨 먹고 있는 향토음식이다. 또한 '우렁 쌈장' 역시 바닷물과 민물이 만나는 삽교천 유역 우렁이 많이 난다는 지역적인 특징이 잘 반영된 음식이라 할 수 있고 여기에 여름의 '호박잎'을 쌈으로 준비하였다. '가지된장구이'는 여름에 가장 흔히 먹는 가지에 충청남도의 향토음식인 담북장을 된장소스로 접목시켜 구운 음식이다. '도토리묵조림' 역시 도토리묵을 말려서 조려 만든 음식이었다. 대부분이 충청도에서 먹을 수 있는 향토음식이다. 또한 이 밥상을 개발하면서 구체적인 활용을 위하여 제 철에 나는 로칼 푸드 즉 지역음식이라는 개념을 중요하게 생각하였다. 그 결과, 『상록수』가 주는 이미지에 여름이라는 제철의 음식재료들을 주로 활용한 자연친화적인 밥상이란 이미지가 자연스럽게 설정되었다. 마지막으로 독자들의 이해를 위하여 이렇게 구성된 '상록수 밥상'의 사진을 아래에 소개한다. 소설을 통해 구성된 '상록수 밥상'의 내용은 다음과 같다. 즉, '동부보리밥', '박속낙지탕', '우렁쌈장', '호박잎', '조개젓', '어리굴젓', '곤쟁이젓', '도토리묵조림', '가지된장구이', '돌나물김치', '호박지', '짠지', '수수막걸리', '시루떡'을 한 상 차림으로 한다.

249

동부보리밥, 박속낙지탕, 우렁쌈장, 호박잎, 조개젓, 어리굴젓, 곤쟁이젓, 도토리묵조림, 가지된장구이, 돌나물김치, 호박지, 짠지, 수수동동주, 시루떡. 소설 『상록수』를 소재로 꾸며 본 상록수 밥상

3. 이상과 심훈이 사랑한 음식, 한식

이상과 심훈의 작품을 통해 근대 음식문화에 대한 상세한 정보를 얻고자 했다면 그건 잘못된 생각이다. 실제로 근대는 다양한 소설들이 발표되는 문학의 르네상스 시기이다. 그래서 많은 근대소설들이 발표된 시기이고 또한 이 시대를 배경으로 한 소설을 통한 다양한 주제의 연구 등이 이루어진 바 있다. 따라서 근대 음식문화의 정보를 근대 소설을 통해 얻고자 하였다면 이 시기에 출판된 다양한 소설이나 수필, 시 등의 작품들을 많이 읽고 분석하는 것이 타당하다. 즉, 이 시대의 전체 소설을 텍스트로 삼아 근대 음식문화에 대한 상세한 정보를 수집하는 것이 바른 길이다. 그런데도 불구하고 필자가 굳이 이상과 심훈이라는 두 작가만을 선택하여 근대소설 속 음식문화를 유추해 보고자 한 것은 나름의 의도가 있었기 때문이다.

이 두 작가는 주지하다시피 서구의 근대화의 세례를 받은 사람이다. 심훈은 중국 유학을 다녀오고 영화를 제작한 근대의 모더니스트였다. 또한 이상도 모더니스트로서 살았으며 그 시대의 모던의 상징이었던 커피를 사랑하고, 실제로 다방까지 경영했던 인물이었다. 또한 이 시대에 들어 온 카라멜, 초코렛과 같은 서구의 다양한 기호식품들을 누구보다 즐긴 서구적 음식기호가 유별난 사람이었다. 그래서 오히려 이렇게 취향이 서구적이었던 두 사람의 한식에 대한 추향을 알고 싶었다는 것이 오히려 솔직한 표현이다. 그래서 이 두 사람의 작품들을 통해서 서구 식품이 들어오면서 전통 한식이 요동쳤던 근대 시기에 이들 두 작가의 한식에 대한 생각을 읽어내고 싶었다.

결과는 뜻밖이었다. 특히 이상은 그의 내밀한 속내를 보여 주는 수필 「H 형에게 보낸 편지」 속에서 외로운 섣달 그믐날 그토록 먹고 싶어 그리워한 음식이 너비아니, 빈자떡, 수정과 약식 등이었음을 고백한다. 심훈도 차이는 있지만 마찬가지로 영신이 기숙사 생활에서 결국 그리워 한 음식도 고향의 음식들임을 고백한다. 그리고 이 시대의 농민들의 아픈 고달픈 생활상을 그들이 굶주려야 했던 음식으로 자주 표현하고 있음을 볼 수 있었다.

지금 한식세계화와 더불어 가장 많이 이야기되는 것은 우리의 한식이 우수하다 혹은 건강하다라는 담론들이다. 물론 이는 한식을 바라보는 중요한 관점이다. 그러나 그 이전에 우리의 수천 년 역사 속에서 형성되어 온 우리 한식이 근대시기에는 어떻게 변했나는 것이었다. 즉 근대시기의 우리 음식에 대한 작가들의 견해는 무엇이고 근대시기에 이들은 어떻게 한식을 받아들이고 느꼈는지에 대한 실마리를 찾고 싶었다. 그런데 지금 행복한 느낌이다. 나름 답을 찾았기 때문이다. 우리 민족의 원형질과도 같았던 한식은 가장 모던 한 소설가였던 이상과 심훈의 작품 속에서도 가장 그리워하고 가장 아파한 민족정서의 음식임을 확인할 수 있었기 때문이다.

맺음말

이 글은 근대를 살아간 빼어난 두 문학인인 이상과 심훈의 작품을 통하여 근대의 음식문화 풍경을 그려보고자 하였다. 다양한 근대의 음식풍경을 그림에 있어서 두 작가의 작품들을 차용하였다. 주로 음식을 물질적인 것으로만 해석하는 기존의 관점에서 벗어나 음식의 의미는 문학 속에서 어떻게 나타나는 가를 살펴보고자 하였다.

이런 작업을 하게 된 직접적인 이유는 다음과 같다. 근대는 한국의 음식생활사에서 있어서 가장 중요한 격변의 시기이다. 가장 급격한 음식문화의 변천시기를 겪으면서 현대의 서구적 생활이 시작이 이루어지는 시기라고 이야기한다. 근대의 소설 속에 나타나는 다양한 서양음식들은 실제로 이를 잘 반영하다. 그러나 과연 근대시기의 주된 음식들이 서양과 일본의 음식이었는가에 대한 물음으로 이 논고는 시작되었다.

251

실제로 가장 근대적인 작가로 분류되는 이상의 작품을 통하여 그는 이 시대의 근대음식들을 어떻게 이해하였느냐는 것이다. '모던 뽀이'라고 불린 그가 느끼는 음식미학은 무엇인가? 그는 전통적인 한국 음식을 어떻게 받아들이고 있었는가에 대한 질문을 하였다. 그리고 또 다른 작가인 심훈에도 주목함으로서 이 시대 근대작가들의 음식에 대한 기호성이 무엇인지를 보고자 하였다. 심훈은 소설가로서 소설 『상록수』가 가장 잘 알려져 있지만 사실 그는 영화인이고 근대적인 인물로 근대적인 삶을 살았다. 그런 그가 근대 시대에 들어 온 서양음식과 더불어 한국 음식에 대해 생각한 것은 무엇이었는지 알고 싶었다. 특히 농촌을 배경으로 하고 있는 소설 『상록수』에 등장 하는 음식들은 그 시대의 가장 보편적인 민중의 음식을 대변한다고 볼 수 있으므로 이를 토대로 한 상록수 밥상을 만들어 보았다.

 이 글을 끝난 지금 근대음식문화에 대한 상세한 정보를 제공하지는 못했다는 생각이 든다. 그렇지만 근대적 작가인 이상과 심훈의 문학들을 읽고 분석하고 이들 작품 속에 나타난 음식들은 분석해 봄으로서 근대 음식문화를 다양하게 해석한 한 가지 방향성을 제시했다. 또한 의미 있었던 것은 특히 소설 상록수를 통하여 이 소설에 등장하는 음식들로 상록수 밥상을 현대에 맞게 재현해 본 것이다. 앞으로 이러한 한식의 문화 콘텐츠화 작업들이 많이 이루어지기를 바라고 이 원고가 이러한 방향성에 자그마한 도움이 되기를 기대해 본다.

⬤참⬤고⬤문⬤헌

김주현 주해, 「어리석은 夕飯」, 『정본이상문학전집』 3, 소명출판, 2009.

심훈, 『책제목』, 문학사상사, 1996.

양문규, 『한국근대소설사연구』, 국학자료원, 1994.

이경, 『근대 소설과 음식의 기호학』, 『현상과 인식』 통권 92호, 2004.

이경훈, 「박제의 조감도 -이상의 「날개」에 대한 일 고찰」, 『사이(SAI)』 8호, 국제한국문화학회, 2010.

이상, 「날개」, 『이상소설전집』(권영민 책임편집), 세계문학전집 300, 민음사, 2012.

전광영, 『한국 근대소설의 이해』(3), 민음사, 1982.

전현실, 홍나영, 「한국근대소설의 여성복식에 나타난 문화현상 분석」, 『服飾』 61호, 한국복식학회, 2011.

조영남, 『이상은 이상이상이었다』, 한길사, 2010.

최인학, 「일제강점기의 식문화 지속과 변용」, 『남도민속연구』, 남도민속학회, 2010.

*상록수밥상은 호서대에코푸드연구소에서 충남농업기술원의 지원을 받아 만들어 본 밥상이고 이후 '조희숙의 상록수 밥상'이라는 농가맛집으로 발전하였음을 밝혀둔다.

한식문화총서 3

근대 한식의
풍경

2014년 3월 20일 1판 1쇄 발행
2014년 11월 20일 2판 1쇄 발행

기 획 　K-FF 한식재단 KOREAN FOOD FOUNDATION
글쓴이 　김미혜(호서대학교), 배은석(한국외국어대학교), 우나리야(호서대학교), 주영하(한국학중앙연구원),
　　　　한복진(전주대학교)
펴낸이 　임상백
편 집 　Hollym 기획편집팀
디자인 　Hollym 디자인팀
표지디자인　더그라프

펴낸곳 　한림출판사
　　　　Hollym

주 소 　(110-111) 서울 종로구 종로12길 15
등 록 　1963년 1월 18일 제 300-1963-1호
전 화 　02-735-7551~4　　　　전 송 　02-730-5149
전자우편 　info@hollym.co.kr　　홈페이지 　www.hollym.co.kr

ISBN 978-89-7094-799-0 04910

한림출판사는 Hollym 이란 이름으로 한국을 세계에 알리는 도서도 출판합니다.